高等法律职业教育系列教材
审定委员会

主　　任　万安中
副 主 任　王　亮
委　　员　陈碧红　刘　洁　李定忠　刘宇翔
　　　　　刘树桥　顾　伟　杨旭军　黄惠萍
　　　　　蒋崇良　侯　伟

高等法律职业教育系列教材

刑事执行专业综合实训教程

XINGSHI ZHIXING ZHUANYE ZONGHE SHIXUN JIAOCHENG

（活页式）

主　编　○　顾　伟　　马　洁
副主编　○　赵天虹　　侯　伟
撰稿人　○　顾　伟　　马　洁　　赵天虹　　侯　伟
　　　　　　温天元　　罗观清　　田　琳　　李小英
　　　　　　曾德梅　　邹　惠　　周小凤

中国政法大学出版社

2023·北京

声　　明　　1. 版权所有，侵权必究。

　　　　　　2. 如有缺页、倒装问题，由出版社负责退换。

图书在版编目（CIP）数据

刑事执行专业综合实训教程：活页式/顾伟，马洁主编.—北京：中国政法大学出版社，2023.7
ISBN 978-7-5764-0998-7

Ⅰ.①刑… Ⅱ.①顾…②马… Ⅲ.刑事诉讼－执行(法律)－中国－教材 Ⅳ.①D925.218.1

中国版本图书馆CIP数据核字(2023)第130370号

出 版 者	中国政法大学出版社
地　　址	北京市海淀区西土城路25号
邮　　箱	fadapress@163.com
网　　址	http://www.cuplpress.com（网络实名：中国政法大学出版社）
电　　话	010-58908435(第一编辑部) 58908334(邮购部)
承　　印	北京中科印刷有限公司
开　　本	787mm×1092mm　1/16
印　　张	19.5
字　　数	426千字
版　　次	2023年7月第1版
印　　次	2023年7月第1次印刷
印　　数	1~3000册
定　　价	69.00元

　　高等法律职业化教育已成为社会的广泛共识。2008年，由中央政法委等15部委联合启动的全国政法干警招录体制改革试点工作，更成为中国法律职业化教育发展的里程碑。这也必将带来高等法律职业教育人才培养机制的深层次变革。顺应时代法治发展需要，培养高素质、技能型的法律职业人才，是高等法律职业教育亟待破解的重大实践课题。

　　目前，受高等职业教育大趋势的牵引、拉动，我国高等法律职业教育开始了教育观念和人才培养模式的重塑。改革传统的理论灌输型学科教学模式，吸收、内化"校企合作、工学结合"的高等职业教育办学理念，从办学"基因"——专业建设、课程设置上"颠覆"教学模式："校警合作"办专业，以"工作过程导向"为基点，设计开发课程，探索出了富有成效的法律职业化教学之路。为积累教学经验、深化教学改革、凝塑教育成果，我们着手推出"基于工作过程导向系统化"的法律职业系列教材。

　　《国家中长期教育改革和发展规划纲要（2010～2020年）》明确指出，高等教育要注重知行统一，坚持教育教学与生产劳动、社会实践相结合。该系列教材的一个重要出发点就是尝试为高等法律职业教育在"知"与"行"之间搭建平台，努力对法律教育如何职业化这一教育课题进行研究、破解。在编排形式上，打破了传统篇、章、节的体例，以司法行政工作的法律应用过程为学习单元设计体例，以职业岗位的真实任务为基础，突出职业核心技能的培养；在内容设计上，改变传统历史、原则、概念的理论型解读，采取"教、学、练、训"一体化的编写模式。以案例等导出问题，根据内容设计相应的情境训练,将相关原理与实操训练有机地结合,围绕关键知识点引入相关实例,归纳总结理论,分析判断解决问题的途径,充分展现法律职业活动的演进过程和应用法律的流程。

法律的生命不在于逻辑,而在于实践。法律职业化教育之舟只有驶入法律实践的海洋当中,才能激发出勃勃生机。在以高等职业教育实践性教学改革为平台进行法律职业化教育改革的路径探索过程中,有一个不容忽视的现实问题:高等职业教育人才培养模式主要适用于机械工程制造等以"物"作为工作对象的职业领域,而法律职业教育主要针对的是司法机关、行政机关等以"人"作为工作对象的职业领域,这就要求在法律职业教育中对高等职业教育人才培养模式进行"辩证"地吸纳与深化,而不是简单、盲目地照搬照抄。我们所培养的人才不应是"无生命"的执法机器,而是有法律智慧、正义良知、训练有素的有生命的法律职业人员。但愿这套系列教材能为我国高等法律职业化教育改革作出有益的探索,为法律职业人才的培养提供宝贵的经验、借鉴。

2016 年 6 月

  党的二十大报告指出，要办好人民满意的教育，全面贯彻党的教育方针，落实立德树人根本任务，培养德智体美劳全面发展的社会主义建设者和接班人。

  刑事执行专业是培养德智体美劳全面发展，掌握监狱基础理论和刑罚执行等知识，具备执行刑罚、管理和教育罪犯等能力，具有强烈的社会责任感和忠诚奉献担当精神，具备法治意识和信息素养，能够从事刑罚执行和罪犯教育管理等工作的高素质技术技能型警务人才。新时代对社会主义现代化监狱工作赋予了新使命、提出了新要求，针对全国司法警官职业教育现状中存在的职业技能实践课程不足的问题，根据《国家职业教育改革实施方案》中提出的在职业教育中倡导使用新型活页式教材的具体要求，在保留原有刑事执行专业实训教程内容的基础上，组织富有教学和实践经验的一线教师，根据学生特点和就业需求编写了《刑事执行专业综合实训教程》一书。

  本教程以监所工作过程中实践操作性强的典型工作任务为本专业的重点实训项目。在设计上，不单是在教材形式上的转变，还在教材理念和内容上进行了深刻变革，结合新时代司法警官职业教育的新特点、新要求，让教材真正"活"起来，更好地为职业教育高质量发展服务，更好地为培育高素质技术技能人才服务。

  本教程是帮助学生实现有效学习的重要工具，其核心任务是帮助学生学会如何工作，其特征体现在以下几个方面：

  第一，在教程的功能上，本教程除了具有一般教材的思想品德教育功能外，还着重突出监所人民警察的职业引导功能。为加强重大主题教育内容的建设，本教程在编写中将课程思政与刑事执行专业学习深度融合，着力打造学生忠于党、忠于国家、忠于人民、忠于法律的政治思想素质，以及尊重生命、关怀他人、与他人有效沟通、团队合作的社会人文素养。

第二，在内容的遴选方面，本教程按照工作的流程和学生自主学习的要求进行设计，更突出教学内容的实用性和实践性。坚持以监所民警职业能力为本位，以应用为目的，以必需、够用为度，满足职业岗位的需要，并与相应的职业资格标准或 1+X 职业技能等级证书标准接轨。

第三，在内容的表达、呈现方面，本教程更加符合学生的心理特点和认知习惯，语言简明通顺、浅显易懂、生动有趣，同时采用与真实工作过程一致的图像，做到了图文并茂。为了增加学生完成学习任务的主动性，本教程还设计了需要系统化思考的学习问题，即"引导问题"，并将"引导问题"作为学习工作的主线贯穿于完成学习任务的全部过程，让学生有目标地在学习资源中查找到所需的专业知识，思考并解决专业问题。

第四，在内容的组织结构方面，本教程坚持以监所实际工作应用为主线，结合数字化特色资源设计，包括微课视频、虚拟仿真自助实训技术、网络学习空间、在线开放课程等，同时本教程由传统的纸质教材转变为立体化活页式教材，更便于师生进行实训课的操作及知识点的更新和完善。本教程在每个项目都配有相应的评价反馈板块，从学生自评、学生互评、教师综合评价、行业专家评价等多个维度对学生的学习实训过程进行记录和评价。

本教程的体系是在主编拟定的框架的基础上经集体讨论而定的，编写的过程中得到了多位监狱系统和戒毒系统行业专家的支持和帮助。本教程由顾伟、马洁担任主编，赵天虹、侯伟担任副主编，参编者分工如下：

顾伟负责项目六；

马洁负责项目四；

赵天虹负责项目九；

侯伟负责项目五；

温天元负责项目一；

罗观清负责项目二；

田琳负责项目三；

李小英负责项目七；

曾德梅负责项目八；

邹惠负责项目十；

周小凤负责项目十一。

马洁对全书进行了修订、整理和统稿。

本教程是新型活页式教材的尝试之作，由于时间仓促，编者水平有限，难免有考虑不周和错漏之处，敬请读者批评指正。

编 者

2023 年 7 月 16 日

项目一　监门管理 ··· 1

　【任务 1.1】人员进出管理 ··· 1
　【任务 1.2】罪犯进出管理 ··· 8
　【任务 1.3】车辆进出管理 ·· 16
　【任务 1.4】物品进出管理 ·· 22

项目二　罪犯劳动管理 ·· 28

　【任务 2.1】罪犯出工管理 ·· 28
　【任务 2.2】罪犯收工管理 ·· 33

项目三　罪犯教育 ·· 42

　【任务 3.1】集体教育 ·· 42
　【任务 3.2】个别教育 ·· 55
　【任务 3.3】分类教育 ·· 66

项目四　罪犯生活管理 ·· 76

　【任务 4.1】罪犯一日生活管理 ·· 76
　【任务 4.2】罪犯生活现场管理 ·· 90

项目五　罪犯会见通讯管理 ·· 102

　【任务 5.1】会见管理 ··· 102
　【任务 5.2】通讯管理 ··· 109

项目六　狱内安全检查 ·· 118

　【任务 6.1】人身检查 ··· 118

【任务6.2】物品检查 ·· 124
　　【任务6.3】监管场所检查 ··· 131

项目七　罪犯心理危机干预 ··· 145
　　【任务7.1】罪犯心理危机识别技术 ····································· 145
　　【任务7.2】罪犯心理危机干预工作流程 ································· 155
　　【任务7.3】脱逃罪犯心理危机干预 ····································· 166
　　【任务7.4】自杀罪犯心理危机干预 ····································· 177

项目八　狱内突发事件应急处置 ··· 190
　　【任务8.1】罪犯脱逃事件的应急处置 ··································· 190
　　【任务8.2】罪犯自杀事件的应急处置 ··································· 201
　　【任务8.3】罪犯哄监闹狱事件的应急处置 ······························· 206

项目九　收监与释放 ··· 212
　　【任务9.1】收监 ··· 212
　　【任务9.2】释放 ··· 230

项目十　监所文书制作 ··· 244
　　【任务10.1】提请减刑环节执法文书的制作 ····························· 244
　　【任务10.2】对罪犯申诉、控告、检举环节执法文书的制作 ··············· 255

项目十一　狱内侦查 ··· 264
　　【任务11.1】狱内犯罪防控 ··· 264
　　【任务11.2】狱内案件侦查工作程序 ··································· 284

项目一

监门管理

走进二十大：深入贯彻总体国家安全观，助推平安监狱建设再上新台阶

党的二十大，习近平总书记高瞻远瞩地提出总体国家安全观，把我们党对维护国家安全基本规律的认识提升到新的境界，为我们做好新时代国家安全工作提供了根本遵循和行动指南。监狱工作是国家安全工作的重要组成部分，也是维护社会和谐稳定的"压舱石"，要深入贯彻总体国家安全观，以践行党的改造宗旨为原则，不断推进监狱工作治理体系和治理能力现代化，促进新时代平安监狱建设再上新台阶。不忘初心，方得始终。随着平安中国建设的深入推进，要坚持把人民群众对平安监狱建设要求作为努力方向，不断增强人民群众获得感、幸福感、安全感。

【任务1.1】人员进出管理

任务描述

监狱作为监管改造、防止罪犯再犯罪的重要场所，其起到的隔绝作用十分重要。监门作为监狱进出的唯一途径，保障监门进出的安全是监狱安全的前提条件。通过对监门管理的学习，掌握监门管理的程序、要点，能够确保监狱的安全状况。

实训目标

能力目标	思政目标
培养学生的刑罚执行能力。 使学生了解监门管理的基本内容和要求，掌握监门管理的基本方法和工作流程。 使学生学会核验证件、进出要求、人员管理、检查要点等实操关键点和相应技能。	培养学生公正执法、爱岗敬业的职业素养。

实训重难点

【实训重点】掌握监门管理的流程和实操技能。

【实训难点】掌握监门管理过程中各项工作的操作规范和具体要求。

【实训情境1.1.1】 人员进出管理

人员进出管理流程图

1. 进入监区。

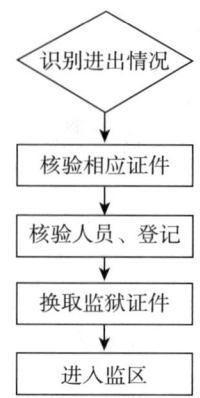

2. 离开监区。

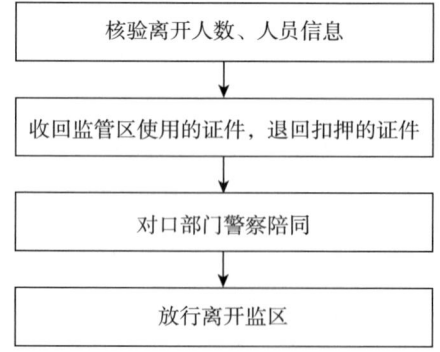

实训情境描述

按照省（市、区）监狱管理局规定的人员进出监门要求、证件制作和核验规范等相关规定及人员进出监门流程，掌握识别进出情况、核验证件、核验人员、登记的方法及注意事项。假设你现在是某监狱监门执勤民警，随机遇到八种进出情况之一，请按以下流程执行并回答相应问题。

图 1-1　监门人行通道

实训任务书

1. 按照人员进出管理流程，分小组进行演练，拍摄演练视频，上传到教学平台。
2. 在三维模拟仿真实训中心自助完成人员进出管理的仿真实训。

```
识别进出情况
1. 本监狱人民警察、职工进出；
2. 上级领导或宾客进出；
3. 持特许通行证人员进出；
4. 外来人员进出；
5. 驻监检察室工作人员进出；
6. 友邻单位人员进出；
7. 会见、帮教人员进出；
8. 其他人员进出。
```

⬇

```
核验相应证件
1.《警官证》、《职工工作证》，着装；
2. 监狱警察陪同，《工作证》；
3.《安全检查特许通行证》、《警官证》；
4. 和 6.《外来人员车辆进出监管区审批表》；
5. 专用出入证件,仅有1人或其他检察院人员需有监狱警察陪同；
7.《会见通知单》；
8.《外来人员车辆进出监管区审批表》，监狱警察陪同；
```

⬇

| 核验人员、登记 | ➡ | 换取监狱证件 | ➡ | 进入监区 |

检对人员与证件是否相符、登记相应的证件号码、进入时间等信息

扣下《警官证》、《工作证》、《审批表》等，发予《出入证》或《会见卡》

图 1-2　人员进出管理流程

📝 **任务分组**

学生任务分配表

班级		组号		指导老师	
组长		学号			
组员	姓名	学号	姓名	学号	
任务分工					

📝 **实训准备**

1. 复习《狱政管理》课程中人员进出管理的理论知识，熟记人员进出管理的相关流程及注意事项。
2. 阅读实训任务书，了解人员进出管理的工作流程和工作要点。
3. 结合实训任务书，分析人员进出管理的实训重点和难点。
4. 按照实训任务书的要求完成分组。

📝 **实训实施**

1. 人员进出管理工作流程。

⇨引导问题1：完成人员进出管理的工作有哪些步骤？

_____
_____
_____
_____
_____
_____

2. 人员进出管理各环节工作内容。

⇨引导问题2：人员进出管理情况类别具体分为：①本监狱人民警察、职工；②上级领导和宾客；③_____；④_____；⑤_____；⑥友邻单位人员；⑦_____；⑧_____八种情况。

⇨引导问题3：对人员进行证件检查包括哪些内容？

⇨引导问题4：对非本单位人员的核验包括哪些内容？

> **小提示**
>
> **进出监门人员管理的注意事项**
>
> 对进出监门人员的管理，要注意以下管理要求：
> (1) 所有人员应徒手进出监管区大门，应主动接受检查，违禁品不得带入监管区；
> (2) 女、男性人员进出男、女犯监狱监管区大门时，应由监狱男、女性警察陪同进出，否则不得放行；
> (3) 罪犯出工收工期间，外来人员不得进出监管区；
> (4) 进出监管区大门的人员有不出示证件、携带未经批准的管制物品、未按规定的时间进出监管区、进出监管区大门时不下车、形迹可疑、衣冠不整或女性人员着装过于暴露、不服从监门值班人员指挥以及未经批准或没有有效身份证明的情况，不得放行。

⇨引导问题5：为什么要扣押进入人员的证件？

⇨引导问题6：需要警察陪同进入的情况有哪些？

⇨引导问题7：核验证件时的注意事项有哪些？
_____
_____
_____

⇨引导问题8：《外来人员（车辆）进入监管区审批表》的核查要点有哪些？
_____
_____
_____

⇨引导问题9：请求进监人员不配合工作时，如何处置？
_____
_____
_____

⇨引导问题10：当发现请求进监人员携带违禁品时，应当怎样做？
_____
_____
_____
_____

小提示

出监狱时也需检查

对于人员出监狱监管区的，也需要检查人员是否有违规携带监狱内物品出监狱的情况。如无违规行为，则收回《会见卡》或《出入证》，返还扣押证件。

⇨引导问题11：根据人员进出管理的流程，画出任意一种情况下的人员进出管理的流程思维导图。

📋 **评价反馈**

学生进行自评，评价自己是否能够完成人员进出管理的学习，是否能够按时完成报告内容等实训成果资料，有无任务遗漏。老师对学生的评价内容包括：检查要点是否到位、规范，安全意识是否到位，相应情况是否真实合理，认识体会是否深刻，实训结果分析是否合理，是否起到实训作用。

1. 学生自评。学生进行自我评价，并将结果填入学生自评表中。

学生自评表

班级：	姓名：	学号：	
学习情境	人员进出管理		
评价项目	评价标准	分值	得分
识别进出情况	对应证件和要点是否到位	20	
核验相应证件	证件检查细致	20	
核验人员、登记	人证相对应、登记齐全	20	
换取证件	换取相应的入监证件	20	
整体安全意识	有合理应对突发情况的预案，有时刻保障监狱安全的意识	20	
合计		100	

2. 生生互评。学生以小组为单位，对以上学习情境的过程与结果进行互评，将互评结果填入学生互评表中。

学生互评表

学习情境		人员进出管理					
评价项目	分值	等级				评价对象（组别）	
						1	2	3
团队合作	20	A	B	C	D			
组织有序	20	A	B	C	D			
工作质量	20	A	B	C	D			
工作效率	20	A	B	C	D			
工作规范	20	A	B	C	D			
合计	100	A	B	C	D			

3. 教师评价。教师对学生工作过程与工作结果进行评价，并将结果填入教师综合评价表中。

教师综合评价表

班级：	姓名：	学号：	
学习情境	人员进出管理		
评价项目	评价标准	分值	得分
识别进出情况	对应证件和要点是否到位	20	
核验相应证件	证件检查细致	20	
核验人员、登记	人证相对应、登记齐全	20	
换取证件	换取相应的入监证件	20	
整体安全意识	有合理应对突发情况的预案，有时刻保障监狱安全的意识	20	
合计		100	

拓展阅读

1. 吴丙林主编：《狱政管理学》，法律出版社 2018 年版。
2. 唐新礼主编：《狱政管理》，法律出版社 2015 年版。

数字化资源

【任务 1.2】 罪犯进出管理

【实训情境 1.2.1】 罪犯进出管理

罪犯进出管理流程图

一、进入监管区大门

1. 新入监罪犯、调入罪犯、离监就医罪犯和撤销假释、保外就医情形消失后被重新收监、脱逃捕回等罪犯。

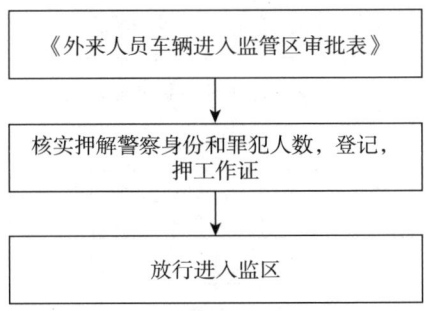

2. 临时寄押。

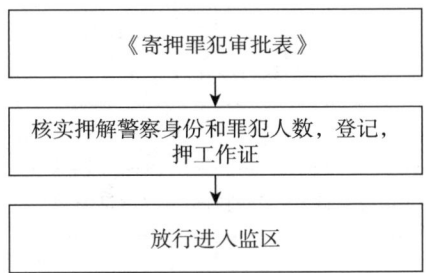

二、离开监管区大门

1. 刑满释放人员。

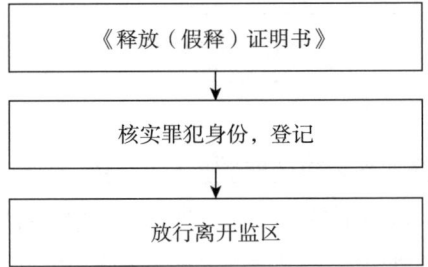

2. 寄押罪犯。

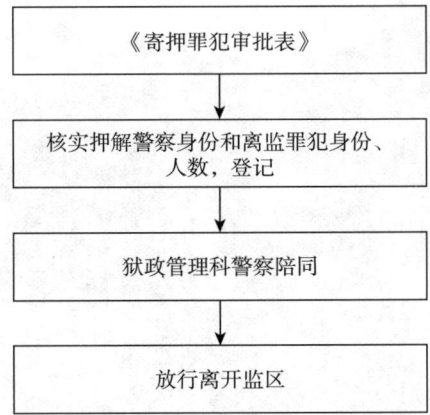

3. 不符合收押条件、公安部门需要提走的新收押罪犯。

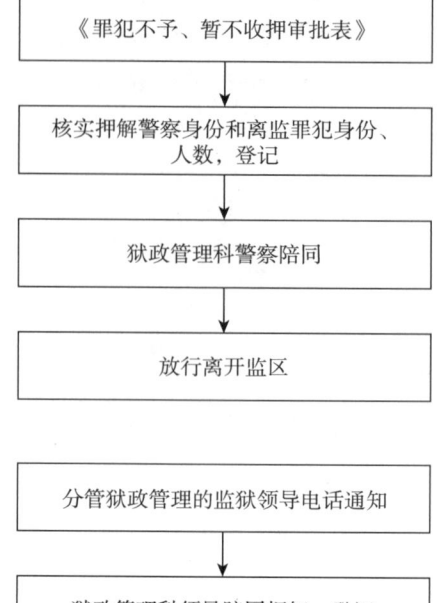

4. 紧急病情。

```
┌─────────────────────────────┐
│ 分管狱政管理的监狱领导电话通知 │
└─────────────────────────────┘
              ↓
┌─────────────────────────────┐
│ 狱政管理科领导陪同押解，登记  │
└─────────────────────────────┘
              ↓
┌─────────────────────────────┐
│       放行离开监区            │
└─────────────────────────────┘
```

实训情境描述

按照省（市、区）监狱管理局规定的罪犯进出监门要求、规范等相关规定及罪犯进出监门流程，掌握不同进出情况、核验证件、核验人员、登记的方法及注意事项。假设你现在是某监狱监门执勤民警，随机遇到以上进出情况之一，请按以下流程执行并回答相应问题。

图 1-3 监狱罪犯进出

实训任务书

1. 按照罪犯进出管理流程，分小组进行演练，拍摄演练视频，上传到教学平台。

2. 在三维模拟仿真实训中心自助完成罪犯进出管理的仿真实训。

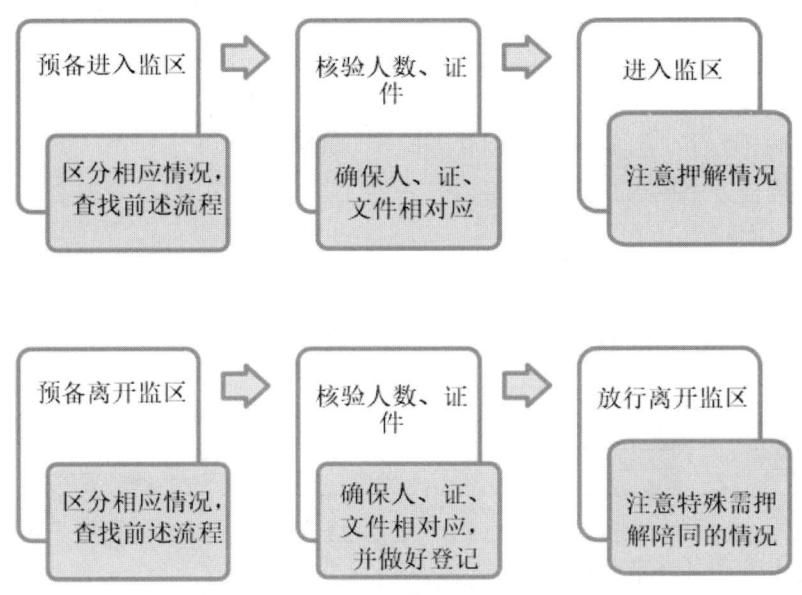

图1-4 罪犯进出管理流程

任务分组

学生任务分配表

班级		组号		指导老师	
组长		学号			
组员	姓名		学号	姓名	学号
任务分工					

实训准备

1. 复习《狱政管理》课程中罪犯进出管理的理论知识，熟记罪犯进出管理的相关流程及注意事项。
2. 阅读实训任务书，了解罪犯进出管理的工作流程和工作要点。
3. 结合实训任务书，分析罪犯进出管理的实训重点和难点。
4. 按照实训任务书的需求完成分组。

实训实施

1. 罪犯进出管理工作流程。

⇨引导问题1：完成罪犯进出管理的工作有哪些步骤？

_____
_____
_____
_____

2. 罪犯进出管理各环节工作内容。

⇨引导问题2：现规定的押解警察和罪犯人数的比例是多少？

_____
_____
_____

⇨引导问题3：对入监罪犯进行证件检查包括哪些内容？

_____
_____
_____

⇨引导问题4：对离监罪犯的核验包括哪些内容？

_____
_____
_____

小提示

罪犯进出监门管理应注意的事项

在没有进出手续或手续不完备，没有警察押解，押解警察人数不符合规定，罪犯不着囚服的（刑满释放罪犯和看守所投送新收押罪犯的除外）以及押解警察不清点人数、不搜身、不签名等严重影响监管安全的情况，不得让罪犯进出监管区大门。

⇨引导问题 5：为什么要扣押进入人员的证件？

⇨引导问题 6：紧急病情处置设置的重要离监条件有哪些？

⇨引导问题 7：押解警察人数不符合规定时，如何处置？

⇨引导问题 8：押解警察不清点人数、不搜身、不签名等情形发生时，如何处置？

⇨引导问题 9：发现有罪犯未着囚服时，如何处置？

⇨引导问题 10：公安民警是否可以自行押解提走罪犯，为什么？

⇨引导问题 11：根据罪犯进出管理的流程，画出任意一种情况的罪犯进出监管区大门的流程思维导图。

📝 评价反馈

学生进行自评，评价自己是否能够完成罪犯进出管理的学习，是否能够按时完成报告内容等实训成果资料，有无任务遗漏。老师对学生的评价内容包括：检查要点是否到位、规范，安全意识是否到位，相应情况是否真实合理，认识体会是否深刻，实训结果分析是否合理，是否起到实训作用。

1. 学生自评。学生进行自我评价，并将结果填入学生自评表中。

学生自评表

班级：	姓名：	学号：
学习情境	罪犯进出管理	
评价项目	评价标准	分值	得分

评价项目	评价标准	分值	得分
某一进出情况	要求的文件和要点是否到位	20	
核验相应证件	证件检查细致	20	
核验人员、登记	人证相对应、登记齐全	20	
特殊情形	特别情况的要求是否做到	20	
整体安全意识	有合理应对突发情况的预案，有时刻保障监狱安全的意识	20	
合计		100	

2. 生生互评。学生以小组为单位，对以上学习情境的过程与结果进行互评，将互评结果填入学生互评表中。

学生互评表

学习情境			罪犯进出管理					
评价项目	分值	等级				评价对象（组别）		
						1	2	3
团队合作	20	A	B	C	D			
组织有序	20	A	B	C	D			
工作质量	20	A	B	C	D			
工作效率	20	A	B	C	D			
工作规范	20	A	B	C	D			
合计	100	A	B	C	D			

3. 教师评价。教师对学生工作过程与工作结果进行评价，并将结果填入教师综合评价表中。

教师综合评价表

班级：	姓名：	学号：	
学习情境	罪犯进出管理		
评价项目	评价标准	分值	得分
某一进出情况	要求的文件和要点是否到位	20	
核验相应证件	证件检查细致	20	
核验人员、登记	人证相对应、登记齐全	20	
特殊情形	特别情况的要求是否做到	20	
整体安全意识	有合理应对突发情况的预案，有时刻保障监狱安全的意识	20	
合计		100	

拓展阅读

1. 胡文华主编：《狱政管理理论与应用》，中国法制出版社2015年版。
2. 万安中、李忠源主编：《狱政管理》，中国政法大学出版社2011年版。
3. 王志亮主编：《狱政管理学》，广西师范大学出版社2009年版。

📓 数字化资源

【任务1.3】车辆进出管理

【实训情境1.3.1】车辆进出管理

📓 车辆进出管理流程图

一、车辆进入监管区大门

1. 本监狱车辆因公进入。

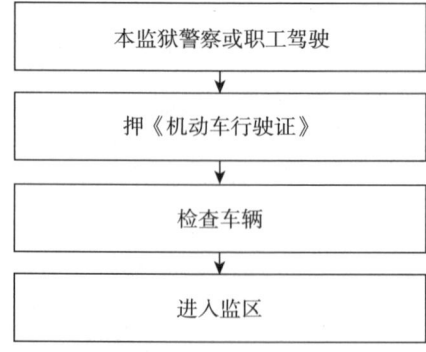

2. 外来车辆进入。

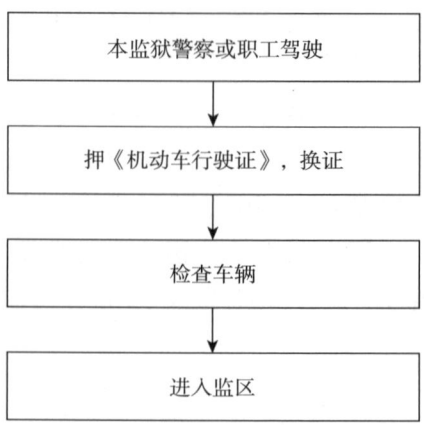

3. 特种车辆且监狱无具备此类车辆驾驶资质人员或公安部门投送新收押罪犯。

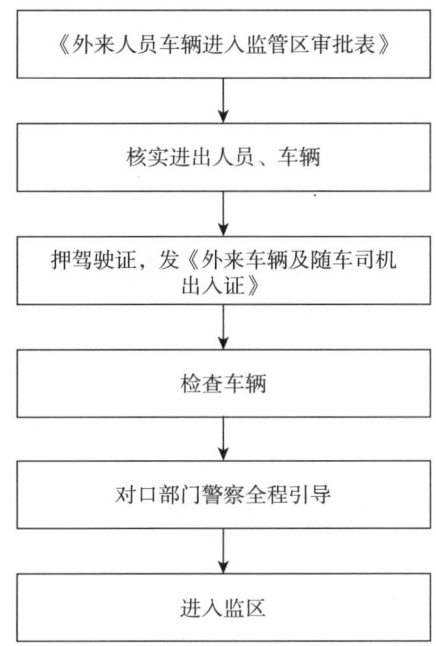

二、车辆离开监管区大门

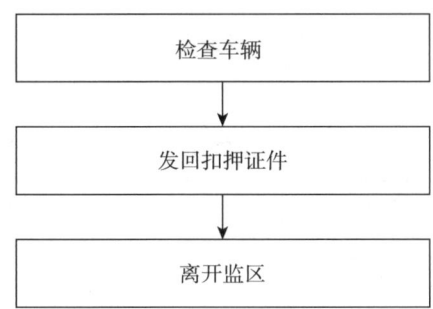

实训情境描述

按照省（市、区）监狱管理局规定的车辆进出监门要求、规范等相关规定及车辆进出监门流程，掌握识别进出情况、核验证件、核验人员、查验车辆、登记的方法及注意事项。假设你现在是某监狱监门执勤民警，随机遇到以上进出情况之一，请按以下流程执行并回答相应问题。

图 1-5　车辆进出监门

图 1-6　3D 模拟车辆进出监门时的检查情况

📖 **实训任务书**

1. 按照车辆进出管理流程，分小组进行演练，拍摄演练视频，上传到教学平台。
2. 在三维模拟仿真实训中心自助完成车辆进出管理的仿真实训。

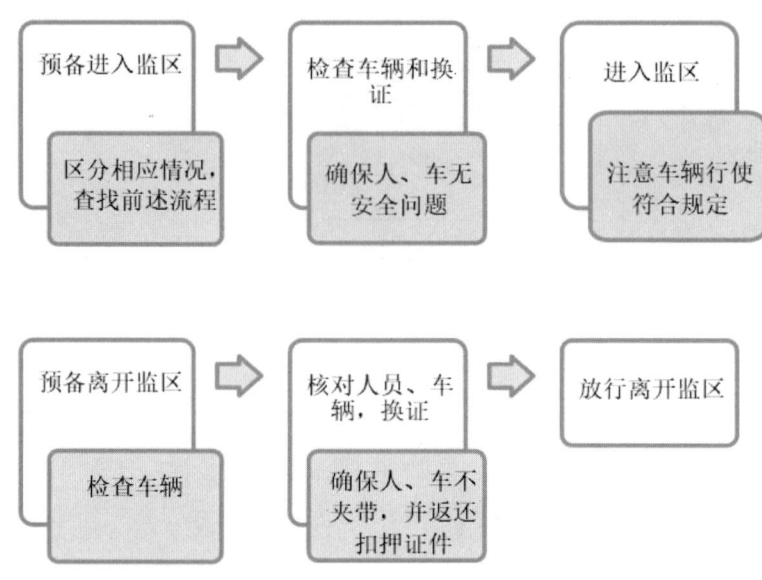

图1-7　车辆进出管理流程

📖 **任务分组**

学生任务分配表

班级		组号		指导老师	
组长		学号			
组员	姓名		学号	姓名	学号
任务分工					

实训准备

1. 复习《狱政管理》课程中车辆进出管理的理论知识，熟记车辆进出管理的相关流程及注意事项。
2. 阅读实训任务书，了解车辆进出管理的工作流程和工作要点。
3. 结合实训任务书，分析车辆进出管理的实训重点和难点。
4. 按照实训任务书的要求完成分组。

实训实施

1. 车辆进出管理工作流程。

➡引导问题1：完成车辆进出管理的工作有哪些步骤？

_____
_____
_____
_____

2. 车辆进出管理各环节工作内容。

➡引导问题2：车辆进出检查的要点有哪些？

_____
_____
_____
_____

➡引导问题3：对非本监狱警察或职工驾驶的车辆进入监区有什么特别要求？

_____
_____
_____
_____

➡引导问题4：发现进监车辆违规带人带物应如何处置？

_____
_____
_____
_____

小提示

进出监门车辆管理的注意事项

对进出监门的车辆管理，要注意以下管理要求：
（1）进出监管区大门时必须一人一证一车，除司机外的人员不得随车辆进出监管区；
（2）车辆在监管区行驶期间时速不得超过20公里/小时；

（3）对符合进出条件的车辆和司机，由陪同警察在《外来人员、车辆进出登记表》上作好登记，并签名确认。

（4）罪犯出工、收工期间，禁止车辆进出监管区；

（5）任何车辆一律不得在监管区内停留过夜。

⇨引导问题5：监门是否可以人车同时进出？

_____
_____
_____

⇨引导问题6：车辆是否可以在监管区过夜？

_____
_____
_____

⇨引导问题7：车辆在监管区内的行驶要求有哪些？

_____
_____
_____

⇨引导问题8：本监狱警察或职工忘带证件如何处置？

_____
_____
_____
_____

⇨引导问题9：根据车辆进出管理的流程，画出任意一种情况下的车辆进出监管区大门的流程思维导图。

📝 **评价反馈**

学生进行自评,评价自己是否能够完成车辆进出管理的学习,是否能够按时完成报告内容等实训成果资料,有无任务遗漏。老师对学生的评价内容包括:检查要点是否到位、规范,安全意识是否到位,相应情况是否真实合理,认识体会是否深刻,实训结果分析是否合理,是否起到实训作用。

1. 学生自评。学生进行自我评价,并将结果填入学生自评表中。

学生自评表

班级:		姓名:		学号:	
学习情境		车辆进出管理			
评价项目		评价标准		分值	得分
某一进出情况		要求的文件和要点是否到位		20	
核验相应证件		证件检查细致、进行相应扣押		20	
核验人员、登记		人证相对应、登记齐全		20	
车辆检查		检查是否全面、细致		20	
整体安全意识		有合理应对突发情况的预案,有时刻保障监狱安全的意识		20	
		合计		100	

2. 生生互评。学生以小组为单位,对以上学习情境的过程与结果进行互评,将互评结果填入学生互评表中。

学生互评表

学习情境		罪犯进出管理					
评价项目	分值	等级				评价对象(组别)		
						1	2	3
团队合作	20	A	B	C	D			
组织有序	20	A	B	C	D			
工作质量	20	A	B	C	D			
工作效率	20	A	B	C	D			
工作规范	20	A	B	C	D			
合计	100	A	B	C	D			

3. 教师评价。教师对学生工作过程与工作结果进行评价,并将结果填入教师综合评价表中。

教师综合评价表

班级：		姓名：		学号：	
学习情境		车辆进出管理			
评价项目		评价标准		分值	得分
某一进出情况		要求的文件和要点是否到位		20	
核验相应证件		证件检查细致、进行相应扣押		20	
核验人员、登记		人证相对应、登记齐全		20	
车辆检查		检查是否全面、细致		20	
整体安全意识		有合理应对突发情况的预案，有时刻保障监狱安全的意识		20	
合计				100	

数字化资源

【任务1.4】物品进出管理

【实训情境1.4.1】物品进出管理

物品进出管理流程图

一、进入监管区大门

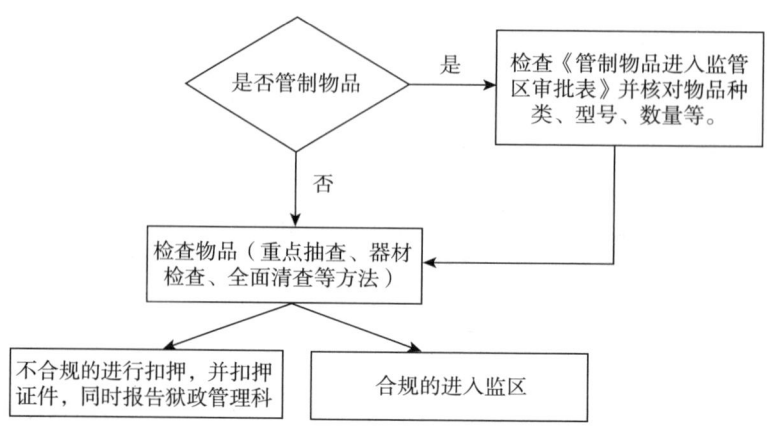

二、离开监管区大门

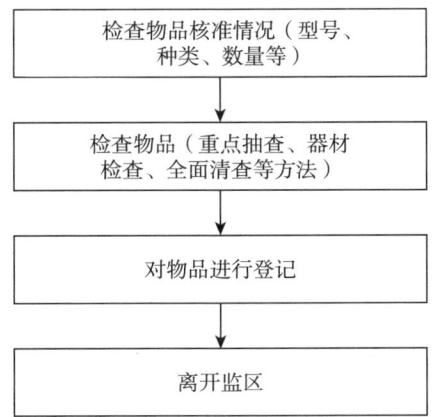

实训情境描述

按照省（市、区）监狱管理局规定的物品进出监门要求、规范等相关规定及物品进出监门流程，掌握物品进出的清查方法、文件要求、登记的方法及注意事项。假设你现在是某监狱监门执勤民警，随机遇到以上物品进出情况之一，请按以下流程执行并回答相应问题。

图 1-8　监狱人员、物品检查示意图

实训任务书

1. 按照物品进出管理流程，分小组进行演练，拍摄演练视频，上传到教学平台。
2. 在三维模拟仿真实训中心自助完成物品进出管理的仿真实训。

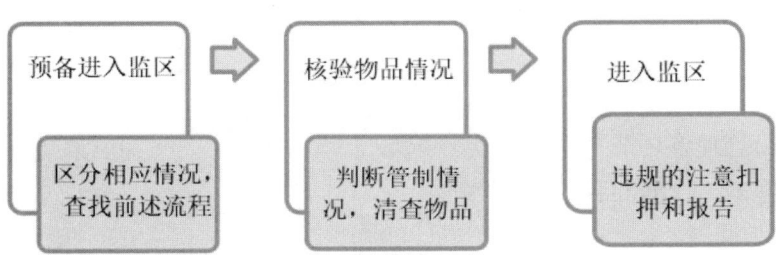

图 1-9　物品进出管理流程

📝 **任务分组**

学生任务分配表

班级		组号		指导老师	
组长		学号			
组员	姓名	学号	姓名	学号	
任务分工					

📝 **实训准备**

1. 复习《狱政管理》课程中物品进出管理的理论知识，熟记物品进出管理的相关流程及注意事项。

2. 阅读实训任务书，了解物品进出管理的工作流程和工作要点。

3. 结合实训任务书，分析物品进出管理的实训重点和难点。

4. 按照实训任务书的要求完成分组。

📝 **实训实施**

1. 物品进出管理工作流程。

➪引导问题1：完成物品进出管理的工作有哪些步骤？

_____
_____
_____

2. 物品进出管理各环节工作内容。

➪引导问题2：管制物品都有哪些？

_____
_____

⇨引导问题3：各种检查方法在什么情况下使用较为得当？请举例说明。

⇨引导问题4：对物品进行清查、登记的要点有哪些？

⇨引导问题5：目前已有的清查物品的技术手段有哪些？

⇨引导问题6：根据物品进出管理的流程，画出任意一种情况下的物品进出监管区大门的流程思维导图。

评价反馈

学生进行自评，评价自己是否能够完成物品进出管理的学习，是否能够按时完成报告内容等实训成果资料，有无任务遗漏。老师对学生的评价内容包括：检查要点是否到位、规范，安全意识是否到位，相应情况是否真实合理，认识体会是否深刻，实训结果分析是否合理，是否起到实训作用。

1. 学生自评。学生进行自我评价，并将结果填入学生自评表中。

学生自评表

班级：	姓名：		学号：	
学习情境	物品进出管理			
评价项目	评价标准		分值	得分
物品清查方法	清查的质量和效率是否得当		25	
管制物品检查	要点是否做到		25	
违规物品处置	处置要点是否做到		25	
整体安全意识	有合理应对突发情况的预案，有时刻保障监狱安全的意识		25	
	合计		100	

2. 生生互评。学生以小组为单位，对以上学习情境的过程与结果进行互评，将互评结果填入学生互评表中。

学生互评表

学习情境		物品进出管理					
评价项目	分值	等级				评价对象（组别）	
						1	2	3
团队合作	20	A	B	C	D			
组织有序	20	A	B	C	D			
工作质量	20	A	B	C	D			
工作效率	20	A	B	C	D			
工作规范	20	A	B	C	D			
合计	100	A	B	C	D			

3. 教师评价。教师对学生工作过程与工作结果进行评价，并将结果填入教师综合评价表中。

教师综合评价表

班级：	姓名：		学号：	
学习情境	物品进出管理			
评价项目	评价标准		分值	得分
物品清查方法	清查的质量和效率是否得当		25	
管制物品检查	要点是否做到		25	
违规物品处置	处置要点是否做到		25	
整体安全意识	有合理应对突发情况的预案，有时刻保障监狱安全的意识		25	
	合计		100	

拓展阅读

1. 龙学群主编：《新时期狱政管理问题研究》，中国市场出版社 2010 年版。
2. 严浩仁主编：《监狱执法岗位职责规范》，上海交通大学出版社 2018 年版。
3. 王金仙主编：《监狱安全防范》，中国政法大学出版社 2019 年版。

数字化资源

项目二

罪犯劳动管理

走进二十大：坚持全面依法治国，推进法治中国建设

全面依法治国是国家治理的一场深刻革命。公正司法作为维护社会公平正义的最后一道防线，其重要性不言而喻。深化司法体制综合配套改革，全面准确落实司法责任制，加快建设公正高效权威的社会主义司法制度，努力让人民群众在每一个司法案件中感受到公平正义。规范司法权力运行，健全公安机关、检察机关、审判机关、司法行政机关各司其职、相互配合、相互制约的体制机制。强化对司法活动的制约监督，促进司法公正。

【任务2.1】罪犯出工管理

任务描述

按照《中华人民共和国监狱法》（以下简称《监狱法》）第3条、第4条关于对罪犯实行惩罚与改造相结合、劳动和教育相结合的原则，监狱应当依法监管，根据改造罪犯的需要，遵守组织罪犯从事生产劳动的规定以及掌握监狱行刑事务管理的相关知识，组织罪犯进行出工执勤管理工作，掌握罪犯出工各环节的工作流程和工作要点，能够独立或配合完成出工工作。

实训目标

知识目标	能力目标	思政目标
组织罪犯从事生产劳动是监狱工作的重要环节，而罪犯出工收工的执勤管理是该环节中重要一环。	培养学生的刑罚执行能力，使学生了解罪犯出工收工的基本内容和要求，掌握罪犯出工收工管理的基本方法和工作流程。 学会集合罪犯，清点人数，按要求进行安全检查，作出工报告，进行队列指挥、劳动纪律教育，组织罪犯进入车间。	培养学生立志奉献、主动担当、严于律己、执法文明的职业素养。

实训重难点

【实训重点】 掌握罪犯出工收工的流程和实操技能。

【实训难点】掌握罪犯出工收工中搜身、队列管理工作的操作规范。

罪犯出工收工管理工作流程图

罪犯出工管理 { 集合罪犯 / 搜身检查 / 出工报告 / 指挥队列行进 / 强调劳动纪律 / 进入生产车间

罪犯收工管理 { 响铃 / 回收工具 / 集队 / 清点人数 / 收工讲评与报告 / 组织返回监舍

【实训情境 2.1.1】 罪犯出工工作流程

实训情境描述

按照国家法律的规定，罪犯劳动是改造罪犯的三大基本手段之一，而罪犯劳动现场管理是改造罪犯手段的重要组成部分之一。根据《监狱法》第 70 条的规定，监狱根据罪犯的个人情况，合理组织劳动。假设你是某监狱执勤民警，现准备组织某分监区 50 名罪犯从事今天的劳动生产任务，请对以下情境问题作出安排。

图 2-1 监狱干警指导罪犯生产劳动

实训任务书

1. 按照罪犯出工流程，分小组进行罪犯出工的队列练习，完成实训报告，提交到学习通。

2. 在虚拟仿真实训基地自助完成罪犯出工的仿真实训模块练习。

图 2-2　监狱干警巡视监舍

任务分组

学生任务分配表

班级		组号		指导老师	
组长		学号			
组员	姓名		学号	姓名	学号
任务分工					

实训准备

1. 复习《罪犯劳动管理》课程中罪犯出工的理论知识，熟记罪犯出工管理的相关流程及注意事项。

2. 仔细阅读实训任务书，了解本次实训任务的流程和实训要点。

3. 结合实训任务书，分析罪犯出工工作的实训重点和难点。

4. 按照实训任务书的要求完成分组。

实训实施

1. 罪犯出工管理工作流程。

⇨引导问题1：完成罪犯出工管理的工作有哪些步骤？

_____
_____
_____
_____

2. 罪犯出工准备工作各环节工作内容。

⇨引导问题2：罪犯出工管理的具体内容有哪些？

_____
_____
_____
_____

⇨引导问题3：对集合罪犯进行出工准备包括哪些内容？

_____
_____
_____
_____

⇨引导问题4：对出工罪犯进行搜身的环节有哪些？

_____
_____
_____
_____

⇨引导问题5：搜身方式有哪些？

_____
_____
_____
_____

小提示

重点检查部位

选择题：在罪犯出工的搜身过程中，下列哪些部位需要重点搜身检查？（　　）

A. 口袋
B. 衣领
C. 鞋子
D. 袜子

⇨引导问题 6：为什么要对罪犯进行出工前的搜身检查？

⇨引导问题 7：除搜身外，还要检查罪犯的_____和_____。

⇨引导问题 8：罪犯分级制度中分为几级几等？

小提示

分级处遇

分级处遇，是指监狱在法律允许的范围内，根据一定的标准，将罪犯划分为不同的级别，并分别施以不同处置和待遇的管理方式及管理制度。

其法律依据是《监狱法》第 39 条第 2 款："监狱根据罪犯的犯罪类型、刑罚种类、刑期、改造表现等情况，对罪犯实行分别关押，采取不同方式管理。"

3. 罪犯出工阶段。

⇨引导问题 9：请就小组所制订的出工计划，整理出出工报告词。

⇨引导问题 10：指挥罪犯队列向生产车间行进时，2 名值班警察应当分别站立在队伍的什么位置？分别负责什么工作？

4. 罪犯出工进入车间阶段。

⇨引导问题 11：当罪犯到达生产区后，需要向罪犯宣布什么内容？

⇨引导问题 12：罪犯进入生产车间阶段，执勤警察应当如何分配站位？

> **小提示**
>
> **劳动现场巡查**
> （1）明确巡查任务；
> （2）设置执勤岗；
> （3）佩戴警械具；
> （4）巡查；
> （5）点名和清点人数；
> （6）记录。

⇨引导问题 13：根据罪犯出工的流程，画出罪犯出工流程思维导图。

【任务 2.2】罪犯收工管理

【实训情境 2.2.1】罪犯收工工作流程

> **实训情境描述**

《监狱法》第 71 条第 1 款规定："监狱对罪犯的劳动时间，参照国家有关劳动工时的规定执行；在季节性生产的特殊情况下，可以调整劳动时间。"现拟已达到罪犯的当日劳动时间，需要组织罪犯收工返回监舍。

📝 **实训任务书**

1. 学生以小组为单位，查阅以下在线资源，针对案例中罪犯利用收工时间强行脱逃的事件，制订工作方案，并上传到学习通。

"越狱！吉林监狱发布悬赏通告：一罪犯利用收工时间强行脱逃"，载 https://m.gmw.cn/baijia/2021-10/21/1302647728.html，访问日期：2022年9月23日。

2. 在虚拟仿真实训中心进行上机自助实训操作并完成在线考核。

图 2-3　罪犯出工

📝 **任务分组**

学生任务分配表

班级		组号		指导老师	
组长		学号			
组员	姓名		学号	姓名	学号
任务分工					

实训准备

1. 回顾《罪犯劳动管理》课程中关于罪犯收工流程的理论知识要点。
2. 阅读实训任务书,了解本次实训的工作任务,组织小组成员,准备相关场地。
3. 结合实训任务书,掌握关于罪犯收工管理工作的职业规范。
4. 按照实训任务书的要求完成分组。

实训实施

掌握罪犯排查认定的标准。

⇨引导问题1:罪犯每日劳动时间为多少小时?

_____
_____
_____

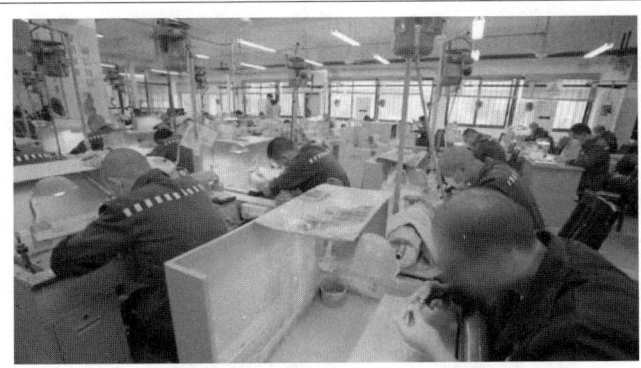

图 2-4　罪犯从事生产劳动

⇨引导问题2:罪犯收工的具体环节分为什么?

_____
_____
_____

⇨引导问题3:在回收劳动工具的阶段中,需要执勤警察和罪犯共同签字的文件是什么?

_____
_____
_____

> 拓展资源

曹×林案

2009年2月7日上午，××监狱三监区三分监区警察赵×中、副分监区长刘×党、管教干事王×良及警察徐×带领105名罪犯在三分监区服装加工车间进行劳动，其中，赵×中负责生产劳动现场及外协人员（外来产品加工技术人员）和产品质量的管理。9时40分，警察徐×在车间西头清点罪犯，赵×中在车间中间正常执勤。这时，罪犯曹×林将机位前操作板上的剪刀从栓系铁链上用力掰脱，突然窜到赵×中身后，欲向赵×中行凶。同组罪犯周×林发现后大声呵斥："曹×林，你想干啥？"说话间，罪犯曹×林持剪刀向赵×中后颈部猛刺下去，听到喊声的赵×中在扭头的同时被刺中后颈部左侧，赵×中迅速站起来与曹犯搏斗。他用左手挡抓曹犯所持凶器，被曹犯划伤左手掌，外协人员看到这种情景十分恐惧，慌忙起身向车间西头跑去，被堆放的衣物绊倒。而这时，赵×中用手死死地抓着曹犯，怕伤及外协人员，穷凶极恶的曹犯又举起剪刀向赵×中的左面颊部、右下巴部、头顶部猛刺。突如其来的变故，使相邻罪犯闪×玉来不及多想，迅速冲上去从后边抱住曹犯后腰。搏斗中，在车间西头值勤的警察徐×迅速赶到，将曹犯踹倒在地，并在罪犯杨×伦、梁×虎等人的协助下合力将其制服，夺下了行凶的剪刀。

图2-5 罪犯曹×林指认现场

⇨引导问题4：回收劳动工具后，执勤警察应当分别负责哪些工作？请就具体内容进行分工。

_____

_____

⇨引导问题5（选择）：罪犯集合地点（需要/不需要）执勤警察提前到达等待。

_____

_____

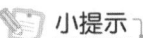 **小提示**

对零星分散劳动现场罪犯的管理

（1）数量上严格限制。由于零星分散劳动现场的罪犯活动范围大、行为较自由，因此，监管较为困难。故应严格限制零星劳动的罪犯人数。

（2）对象上表现良好。严格选用改造表现一贯较好、有相关技能、刑期短、余刑较短的罪犯，不能选用重刑犯，累犯，有严重暴力倾向、思想不稳定等罪犯。

（3）监管上严格落实。严格落实警察直接管理和互监组、点名、搜身、狱情排查处置等监管制度。

（4）期限上定期轮换。定期轮换零星分散劳动的罪犯，对检查中发现违纪违规行为或不再适宜从事零星分散劳动的罪犯，应及时撤换。

➯引导问题6：罪犯收工集队完成后，作为执勤警察请下达相应口令。

_____
_____
_____

图 2-6　监狱干警进行收工点评

➯引导问题7：请参照出工报告作收工报告。

_____
_____
_____
_____

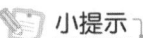 **小提示**

收工讲评

收工讲评是指由人民警察对本次罪犯所完成的劳动任务、安全生产、罪犯表现等情况进行讲评。

⇨引导问题8：罪犯收工时的行进队列指挥与罪犯出工时的行进队列指挥要求有何异同？

_____
_____
_____

⇨引导问题9：从哪些方面强化狱内重要场所的安全保卫制度？

_____
_____
_____
_____

小提示

狱内重要场所的安全保卫制度

安全岗位责任制；出入要害制度；根据狱内重要场所安全的实际需要，建立用火、用电、设备维修管理、安全操作等安全生产制度。

⇨引导问题10：怎样做好狱内重要场所控制的专门工作？

_____
_____
_____
_____

评价反馈

学生进行自评，评价自己是否能够完成罪犯出工、收工管理的学习，是否能够按时完成报告内容等实训成果资料，有无任务遗漏。老师对学生的评价内容包括：报告书写是否工整规范，报告内容数据是否出自实训、真实合理、阐述详实，认识体会是否深刻，实训结果分析是否合理，是否起到实训作用。

1. 学生自评。学生进行自我评价，并将结果填入学生自评表中。

学生自评表

班级：	姓名：		学号：	
学习情境	罪犯出工、收工管理			
评价项目	评价标准		分值	得分
罪犯搜身检查	重点部位检查有无遗漏		20	
队列指挥位置	一位值班警察在队列左前方带队，另一位在右后侧		20	

续表

《劳动工具领取登记表》签名	罪犯和警察分别签名确认	20	
收工集队	1名值班警察预先到达集合区域	20	
组织罪犯返回监舍	组织罪犯有序报数进入监舍门，与监舍值班警察进行交接，清点罪犯人数	20	
	合计	100	

2. 生生互评。同组学生之间相互进行评价。评价协作伙伴是否按流程进行罪犯劳动管理工作，是否掌握罪犯劳动管理工作的操作要点和注意事项，是否能指出操作中存在的问题并予以纠正。异组学生之间相互进行评价。总结其他小组在实训表现中的优缺点，指出操作中存在的问题，并予以纠正。

学生以小组为单位，对以上学习情境的过程和结果进行互评，将互评结果填入学生互评表中。

学生互评表

学习情景		罪犯出工、收工管理											
评价项目	分值	等级						评价对象（组别）					
								1	2	3	4	5	6
计划合理	8	优	8	良	7	中	6	差	4					
方案准确	8	优	8	良	7	中	6	差	4					
团队合作	8	优	8	良	7	中	6	差	4					
组织有序	8	优	8	良	7	中	6	差	4					
工作质量	8	优	8	良	7	中	6	差	4					
工作效率	8	优	8	良	7	中	6	差	4					
流程完整	10	优	10	良	8	中	6	差	4					
操作规范	16	优	16	良	12	中	8	差	4					
实训报告	16	优	16	良	12	中	8	差	4					
成果展示	10	优	10	良	8	中	6	差	4					
合计	100													

3. 教师评价。实训报告书写、实训视频制作是否规范，报告内容是否出自真实实训，演练过程是否详尽，认识体会是否深刻，是否起到了实训的作用。

教师综合评价表

班级：		姓名：		学号：	
学习情境		罪犯出工、收工管理			
评价项目		评价标准		分值	得分
罪犯搜身检查		重点部位检查有无遗漏		20	
队列指挥位置		一位值班警察在队列左前方带队，另一位在右后侧		20	
《劳动工具领取登记表》签名		罪犯和警察分别签名确认		20	
收工集队		一名值班警察预先到达集合区域		20	
组织罪犯返回监舍		组织罪犯有序报数进入监舍门，与监舍值班警察进行交接，清点罪犯人数		20	
		合计		100	
综合评价	自评（20%）	小组互评（30%）	教师评价（50%）	综合得分	

4. 行业专家评价。工作流程是否正确，是否熟练掌握岗位技能，是否符合实际工作要求。

行业专家评价表

班级：	姓名：	学号：	
任务 2.1	收监		
评价项目	评价标准	分值	得分
罪犯出工、收工管理	工作流程正确	30	
	熟练掌握岗位技能	40	
	符合工作要求	30	
	合计	100	

拓展思考题

1. 在罪犯出工环节中，如果进行的是狱外劳动，需要额外注意哪些方面的问题？

2. 罪犯曾×清因犯非法持有毒品罪被判处无期徒刑，并于2016年3月4日交付四川省××监狱执行；罪犯李×强因犯强奸罪、抢劫罪被判处有期徒刑16年，于2016年5月6日交付四川省××监狱执行。两犯在押期间，因刑期长，产生了脱逃想法，并于2017年4月起开始准备。两犯多次密谋脱逃时间、路线、方式等，并暗中观察驻狱武警哨兵执勤时间规律，劳动车间与监狱围墙间距等，收集被套和铁丝，制作绳索和铁钩用于脱逃。罪犯李×强于2017年8月将两床被套交予罪犯曾×清，并于2017年10月盗取八监区车间灭火器上的固定铁丝藏于鞋内带回宿舍，制成 U 形铁钩，交于罪犯曾×清保管。罪犯曾×清于 2017 年 11 月中旬，在监舍院坝垃圾车内找到 3 根长约 30 厘米的铁丝并藏于监舍个人枕头内，用于制作脱逃用的铁钩。两犯于 2017 年 11 月 26 日 17 时许，趁监舍 404 组内无人之际，将事先准备好的两床被套用铁夹隔开并撕成条状，准备作为脱逃绳索使用，并计划趁冬季早晚雾大、能见度不高之际，翻出监区围栏窜至罪犯六、八车间处，徒手顺车间外墙攀爬上车间房顶，将提前做好的铁钩系好绳索，抛至监狱围墙隔离网上钩住，将绳索另一端固定在房顶避雷带上，然后顺着绳索逃出监狱。2017 年 11 月 26 日 19 时 40 分左右，两人在制作脱逃的工具时被发现。

　　结合以上案例及实训内容，分析在出工管理和收工管理环节存在哪些漏洞？还有哪些方面需要整改？

　　3. 罪犯张×苍因犯运输毒品罪被送入云南省××监狱服刑。2017 年 5 月 2 日上午 8 时左右，罪犯张×苍在 13 号习某楼厂房外从事生产劳动时，进入停放在厂房 3 号门外等待装货的货车驾驶室，于 8 时 21 分左右驾车强行撞开监管区内的钢板隔离墙临时门脱逃。2017 年 5 月 10 日 9 时 10 分，武警云南总队曲靖支队在昆明××县××镇××××将罪犯张×苍抓获。

　　结合已学内容，分析在室外劳动过程中应当注意哪些方面的内容。

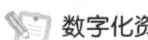

项目三

罪犯教育

走进二十大：推进罪犯教育改造工作，向精细化高质量发展

习近平总书记在党的二十大报告中指出，"高质量发展是全面建设社会主义现代化国家的首要任务""教育、科技、人才是全面建设社会主义现代化国家的基础性、战略性支撑。必须坚持科技是第一生产力、人才是第一资源、创新是第一动力，深入实施科教兴国战略、人才强国战略、创新驱动发展战略，开辟发展新领域新赛道，不断塑造发展新动能新优势"。我们要用新时代的辉煌成就和翔实数据，激发罪犯对党、对国家、对未来的信心和民族自豪感。

监狱的所有工作就是回归"惩罚与改造相结合，以改造为宗旨"的工作方针，强化"惩罚"的作用，突出"改造"的功能。如果监狱的工作方向偏离了惩罚与改造的本质，那么监狱的工作就难以经得起历史的检验，就难以获得人民的满意评价。教育改造罪犯的目的是改造罪犯，所有的罪犯教育工作都是为了服务于改造罪犯。罪犯教育涉及内容、形式、主体、对象、管理等许多方面，其中罪犯的教育管理是最根本的。

【任务 3.1】 集体教育

任务描述

《监狱法》第 3 条规定："监狱对罪犯实行惩罚和改造相结合、教育和劳动相结合的原则，将罪犯改造成为守法公民。"监狱需要对服刑人员进行思想教育、法制常识教育、心理健康教育、文化知识教育以及职业技能教育，完成上述教育内容的最为直接有效的方式便是集体教育。应掌握集体教育的基本技巧和教学流程，以便能够独立或配合完成集体教育工作。

实训目标

知识目标	能力目标	思政目标
使学生了解集体教育的内容与任务。明确课堂教育、专题教育、分组教育、集体讲评等内容与操作要求。能够较为熟练地开展集体教育工作。	培养学生面向罪犯开展集体教育的执行能力。	深挖本任务蕴含的自由平等、公正法治、自强创新等思政元素和思政载体，弘扬社会主义核心价值观。培养学生公正执法、爱岗敬业的职业素养。

实训重难点

【实训重点】掌握集体教育的流程和实操技能。

【实训难点】掌握集体教育过程中各项工作的操作规范和具体要求。

集体教育概念图

【实训情境 3.1.1】课堂教育

实训情境描述

按照省（市、区）监狱管理局规定的课堂教育要求，需不定期向罪犯开展课堂教育。课堂教育是按照事先拟定好的教学计划，在规定的时间和地点，对罪犯进行的系统性的授课活动。

图 3-1 罪犯课堂教育现场图（图片收集于网络）

实训任务书

1. 请以向罪犯进行"知法守法·走近宪法"教育为例，使用课堂教育开展一次教育活动（要求：详细说明采用课堂教育方式的原因、教学目的、教学步骤，并设计教学方案）。

2. 在三维模拟仿真实训中心自助完成课堂教育的仿真实训。

引入新课 → 讲授新课 → 总结归纳 → 课后作业

任务分组

学生任务分配表

班级		组号		指导老师	
组长		学号			
组员	姓名	学号		姓名	学号
任务分工					

实训准备

1. 复习《罪犯教育》课程中课堂教育的理论知识，了解课堂教育活动的基本知识点与理论基础。

2. 阅读实训任务书，了解课堂教育任务的工作流程和工作要点。

3. 结合实训任务书，分析集体教育中课堂教育任务的实训重点和难点。

4. 结合监狱服刑人员的自身特点，分析面向罪犯开展课堂教育的特点。

5. 按照实训任务书的要求完成分组。

实训实施

1. 课堂教育的适用领域。

⇨引导问题1：罪犯教育中课堂教育的适用领域有哪些？

_____

_____

_____

_____

2. 课堂教育各环节工作内容。

➡引导问题2：罪犯教育中的课堂教育相较于其他教育类型有什么特点？

_____
_____
_____
_____

➡引导问题3：课堂教育任务工作有哪些步骤？

_____
_____
_____
_____

➡引导问题4：对罪犯开展课堂教育有哪些注意事项？

_____
_____
_____
_____

小提示

要正确理解罪犯教育中的课堂教育

课堂教育是指一种目标明确、有计划、有组织、有步骤的教师的教与学生的学相结合的双边活动过程。

课堂教育是教学的一种形式，是最为常用的教学形式。课堂教育是教师给学生传授知识和技能的全过程，它主要包括教师讲解、学生问答、教学活动以及教学过程中使用的所有教具，也称"班级上课制"，与"个别教学"相对。把年龄和知识程度相同或相近的学生编成固定人数的班级集体；按各门学科教学大纲规定的内容，组织教材和选择适当的教学方法；是根据固定的时间表向全班学生进行授课的教学组织形式。

罪犯教育中的课堂教育是指面向监狱服刑人员，以改造罪犯、教育罪犯为目的所开展的影响人的特定社会活动，其教育对象与教育场所具有特殊性。

3. 罪犯教育中课堂教育的深层次理论问题探讨。

➡引导问题5：为什么要对罪犯进行课堂教育？

_____
_____
_____
_____

⇨引导问题6：对罪犯进行课堂教育的目的是什么？对罪犯进行课堂教育的要点是什么？

⇨引导问题7：怎样判断新进民警是否掌握对罪犯进行课堂教育的基本技能？

⇨引导问题8：罪犯教育中的课堂教育可以由哪些人来胜任？

⇨引导问题9：罪犯教育的课堂教育中常见的教学方法有哪些？

⇨引导问题10：课堂教育与其他教育方式的区别是什么？

小提示

适合采用课堂教育的情况

集体教育是对罪犯群体进行的共同教育，是一种普遍的、常用的教育形式，也是一项针对罪犯群体营造氛围的教育活动。课堂教育是集体教育的重要内容，具备集体教育所适用的情境与条件。相较于其他集体教育类型，课堂教育具有系统性、理论性更强的特点，它更多地应用于知识体系较强、逻辑结构更为缜密的客观性知识教学或是技能传授，满足群体性教学的需要。例如，监狱环境中面向罪犯开设的普法教育、心理健康教育、文化知识教育和职业技能教育等内容。

⇨引导问题 11：请以向罪犯进行"知法守法·走近宪法"教育为例，使用课堂教育开展一次教育活动（要求：详细说明采用课堂教育方式的原因、教学目的、教学步骤，并设计教学方案）。

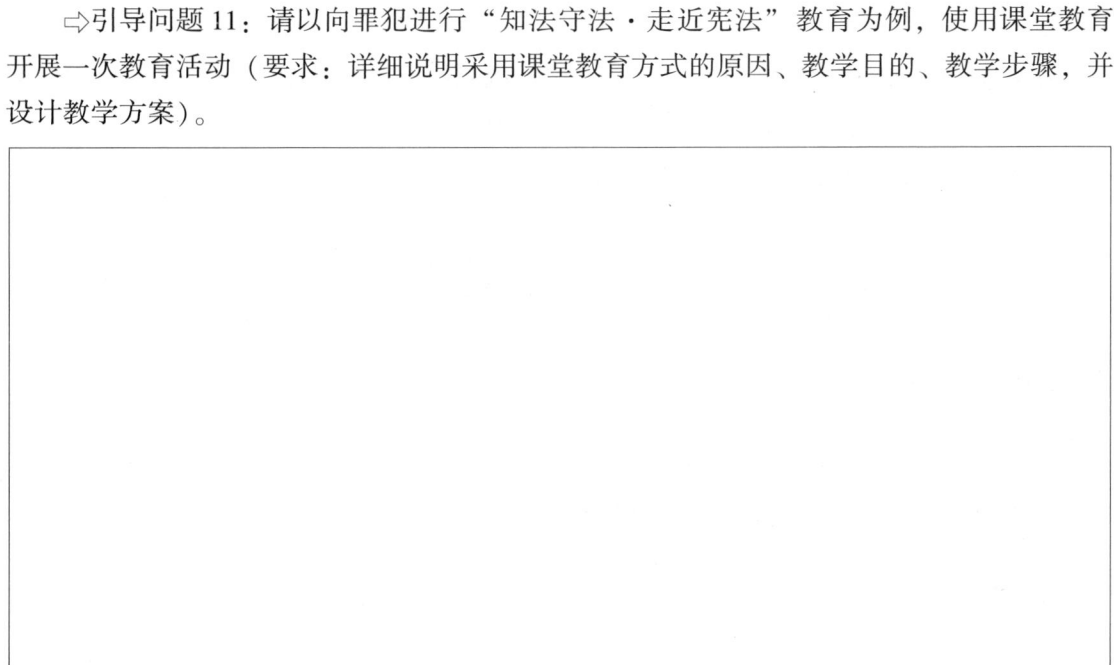

【实训情境 3.1.2】 专题教育

实训情境描述

集体教育是对罪犯群体进行的共同教育，是一种普遍的、常用的教育形式，也是一项针对罪犯群体营造氛围的教育活动。集体教育主题是监狱（监区）对罪犯进行集体教育的中心意思。主题是罪犯集体教育的核心，它必须贯穿于集体教育的始终，指导集体教育的目标和方向。专题教育是指围绕某一个既定主题，经过组织材料、准备教案的程序，进而以开展教学报告的形式开展的集体性教育活动。

图 3-2　罪犯专题教育

实训任务书

1. 按照专题教育流程，根据实训学习材料，提炼专题教育主题并设计开展专题教育活动的方案，上传至教学平台。
2. 在三维模拟仿真实训中心自助完成专题教育的仿真实训。

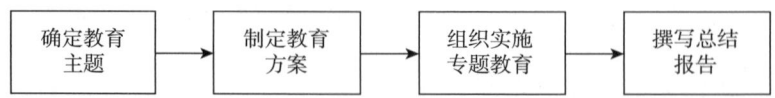

任务分组

学生任务分配表

班级		组号		指导老师	
组长		学号			
组员	姓名	学号		姓名	学号
任务分工					

实训准备

1. 复习《罪犯教育》课程中专题教育的理论知识，了解专题教育活动的基本知识点与理论基础。
2. 阅读实训任务书，了解专题教育任务的工作流程和工作要点。
3. 结合实训任务书，分析集体教育中专题教育任务的实训重点和难点。
4. 结合监狱服刑人员的自身特点，分析面向罪犯开展专题教育的特点。
5. 按照实训任务书的要求完成分组。

项目三　罪犯教育

实训实施

1. 专题教育的适用领域。

⇨引导问题1：罪犯教育中专题教育的适用领域有哪些？

_____
_____
_____
_____

2. 专题教育各环节工作内容。

⇨引导问题2：罪犯教育中的专题教育相较于其他教育类型有什么特点？

_____
_____
_____
_____

⇨引导问题3：专题教育任务工作有哪些步骤？

_____
_____
_____
_____

⇨引导问题4：对罪犯开展专题教育有哪些注意事项？

_____
_____
_____
_____

小提示

要正确理解罪犯教育中的课堂教育

不同的集体教育有着不同的主题。集体教育的主题反映监狱对罪犯的要求，是监狱管理和教育矫正罪犯过程中对罪犯群体性问题的具体回应，解决的是罪犯中存在普遍性的重大现实问题。因此，集体教育主题的确定要有现实性和针对性。根据不同的标准，可以将集体教育的主题确定为不同的类型。

一般而言，专题教育往往是针对监狱某一特定时期所频繁出现的问题或困扰监狱管理的普遍性、常规性问题，亦或是某一特定时期上级部门要求的主题性内容。

3. 罪犯教育中专题教育的深层次理论问题探讨。

⇨引导问题5：为什么要对罪犯进行专题教育？
___
___
___

⇨引导问题6：对罪犯进行专题教育的目的是什么？
___
___
___

⇨引导问题7：怎样判断新进民警是否掌握对罪犯进行专题教育的基本技能？
___
___
___

⇨引导问题8：开展专题教育的要求有哪些？
___
___
___

小提示

专题教育的分类

以时间为标准，可以将专题教育的主题分为：日教育、周教育、阶段性总结教育以及特殊时间阶段教育等；以具体内容为标准，可以将专题教育的主题分为：动员类教育、宣传类教育、任务安排类教育、事件类教育、总结类教育等；以场所为标准，可以将专题教育的主题分为：生活现场教育、生产现场教育、学习现场教育、会议现场教育等。

⇨引导问题9：请你根据以下材料，提炼专题教育主题并组织开展专题教育。（思路：可从确定集体教育主题的任务、要求和工作流程等方面思考）

案例：假如你是值班罪犯教育警察，监区今日安排如下：①结合国庆日当天收看新闻联播的相关情况，开展全监区范围内的爱国主义教育与学习。②学习任务为培养服刑人员高尚的品德情操，在全监区范围内牢固树立爱国主义思想，培养服刑人员的爱国主义品质。③高度重视此次学习，深刻领会爱国主义精神是每个人都该拥有的个人品质。遵守学习现场纪律，形成系统的书面学习材料。

评价反馈

1. 学生自评。学生评价自己是否能完成关于集体教育的理论学习，是否能按照集体教育的工作流程完成课堂教学、专题教育以及分组教育工作，是否按时完成实训报告、操作视频等实训成果资料，有无任务遗漏。

学生进行自我评价，并将结果填入学生自评表中。

学生自评表

班级：		姓名：		学号：	
任务 3.1			罪犯教育工作流程		
评价项目		评价标准		分值	得分
集体教育		概念界定		5	
		类型把握		5	
		适用情境		5	
		使用方式		5	
课堂教育		概念界定		5	
		流程把握		5	
		方案设计		5	
		分组教学的应用		5	
		实际操作		5	

续表

专题教育	概念界定	5	
	流程把握	5	
	方案设计	5	
	分组教学的应用	5	
	实际操作	5	
工作态度	态度端正，没有无故缺勤、迟到、早退现象	5	
工作质量	按要求认真完成实训任务	5	
协调能力	与小组成员间合作交流、协调工作	5	
职业素养	能做到动之以情、晓之以理、树立正确生命观	5	
创新意识	能够学以致用、大胆探索	5	
合计		100	

2. 生生互评。同组学生之间相互进行评价。评价协作伙伴是否按流程进行集体教育工作，是否掌握集体教育的操作流程和注意事项。指出操作中存在的问题并予以纠正。异组学生之间相互进行评价。总结其他小组在实训表现中的优缺点，指出操作中存在的问题并予以纠正。

学生以小组为单位，对以上学习情境的过程和结果进行互评，将互评结果填入学生互评表中。

学生互评表

学习情景		情景名称：												
评价项目	分值	等级							评价对象（组别）					
									1	2	3	4	5	6
计划合理	8	优	8	良	7	中	6	差	4						
方案准确	8	优	8	良	7	中	6	差	4						
团队合作	8	优	8	良	7	中	6	差	4						
组织有序	8	优	8	良	7	中	6	差	4						
工作质量	8	优	8	良	7	中	6	差	4						
工作效率	8	优	8	良	7	中	6	差	4						
流程完整	10	优	10	良	8	中	6	差	4						
操作规范	16	优	16	良	12	中	8	差	4						
实训报告	16	优	16	良	12	中	8	差	4						
成果展示	10	优	10	良	8	中	6	差	4						
合计	100														

3. 教师评价。实训报告书写、实训视频制作是否规范，报告内容是否出自真实实训，演练过程是否详尽，认识体会是否深刻，是否起到了实训的作用。

教师综合评价表

班级：		姓名：		学号：	
任务 3.1			罪犯教育工作流程		
评价项目			评价标准	分值	得分
考勤（10%）			没有无故迟到、早退、旷课现象	10	
工作过程（60%）	集体教育		概念界定	4	
			类型把握	4	
			适用情境	4	
			使用方式	4	
	课堂教育		概念界定	4	
			流程把握	4	
			方案设计	4	
			分组教学的应用	4	
			实际操作	6	
	专题教育		概念界定	4	
			流程把握	4	
			方案设计	4	
			分组教学的应用	4	
			实际操作	6	
职业素养（15%）	工作态度		态度端正，工作认真、主动	5	
	协调能力		与小组成员、同学之间能合作交流、协调工作	5	
	职业作风		能做到依法、文明、准确执法	5	
项目成果（15%）	流程完整		流程完整，无遗漏	4	
	操作规范		按工作要点完成实训	4	
	实训报告		认真撰写实训报告	4	
	成果展示		能准确表达、汇报实训成果	3	
合计				100	

4. 行业专家评价。工作流程是否正确，是否熟练掌握岗位技能，是否符合实际工作要求。

行业专家评价表

班级：		姓名：		学号：	
任务3.1			罪犯教育		
评价项目		评价标准		分值	得分
罪犯教育工作流程		工作流程正确		30	
		熟练掌握岗位技能		40	
		符合工作要求		30	
合计				100	

5. VR自助训练系统评价。根据以上评价信息，填写综合评价表。

综合评价表

综合评价	自评（15%）	小组互评（30%）	教师评价（40%）	行业专家评价（10%）	VR系统评价（5%）	综合得分

拓展思考题

1. 集体教育的概念及其特点是什么？
2. 罪犯集体教育的形式有哪些？
3. 集体教育适用的情境是什么？
4. 如何将分组教育有效融合进专题教育与课堂教育中去？
5. 如何撰写罪犯集体教育总结报告？

拓展阅读

1. 夏宗素：《罪犯矫正与康复》，中国人民公安大学出版社2005年版。
2. 叶澜主编：《新编教育学教程》，华东师范大学出版社1991年版。
3. 高莹主编：《矫正教育学》，教育科学出版社2007年版。
4. 吴宗宪编著：《国外罪犯心理矫治》，中国轻工业出版社2004年版。

数字化资源

相关知识点

集体教育有课堂教育、专题教育、分组教育等形式。集体教育的组织实施，需要根据不同情况选择不同的教育形式。

1. 课堂教育形式适用于面向罪犯的思想道德教育、文化教育、职业技术教育等内容。课堂教育不仅是罪犯教育工作警察向罪犯传授思想、知识、技能的主阵地，也是罪犯教育的重要手段。通过课堂教育，不仅可以把思想、知识、技能传授给罪犯，还能培养罪犯懂规矩、守纪律的基本意识。课堂教育是按照不同罪犯的不同犯罪类型、不同文化程度、不同接受能力而组织安排的，由罪犯教育工作警察根据统一的教材实施的班级化教育。在课堂教育过程中，不同学习内容均需按照一定的教育时间表有计划、轮流交替进行。因此，课堂教育具有一定的系统性、计划性。

课堂教育中常用的教学方法有讲授法、讨论法、读书指导法、演示法等。讲授法是罪犯教育工作警察通过讲授的方式系统连贯地向罪犯传达所要说明的内容的一种方法，也是课堂教学中最常用的一种方法；讨论法是罪犯教育工作警察组织引导罪犯就某一问题发表自己的观点、交换意见、相互学习的一种方法；读书指导法是罪犯教育工作警察通过指导罪犯阅读文字材料，使罪犯掌握教学内容的教育方法，是培养和提升罪犯阅读能力的一种重要方式；演示法是罪犯教育工作警察通过展示实物、道具或操作过程方式等向罪犯传授知识和技能的方法。

2. 专题教育是指将罪犯集中起来，就某一特定主题进行的以介绍情况、宣传动员、部署安排、发表看法、奖优罚劣等为内容的集体教育方法。专题教育是密切配合罪犯改造实际和需要，针对罪犯在某个阶段的教育中存在的突出问题所进行的教育。它鼓励先进、鞭策后进，提出希望和要求，以保障和促进教育工作的顺利进行。专题教育适用对象广泛，不受时间和地点的限制，针对性、实效性、灵活性强，因此，是罪犯集体教育当中使用的比较普遍的一种方法。专题教育适用于各种动员、总结宣讲政策、表彰先进、鞭策后进等教育活动。例如，遇有重大纪念节日和专门活动时，监狱要适时开展纪念性和引导性专题教育活动；当监狱发现有严重事故苗头，有碍正常改造秩序，可能给监管安全和改造秩序带来潜在危害、破坏改造秩序，或已经发生了监管改造安全、生产安全事故时，监狱要开展警示性专题教育。

【任务 3.2】 个别教育

> **任务描述**

司法部《监狱教育改造工作规定》第 14 条规定："监狱应当根据每一名罪犯的具体情况，安排监狱人民警察对其进行有针对性的个别教育。"个别教育作为教育改造罪犯的一种主要形式，区别于集体教育，旨在解决罪犯个体的特殊问题，具有针对性、灵活性和渗透力强等特点。个别教育的常见方式包括个别谈话、个别感化、个别训练、个案矫治等。个别教育是罪犯教育工作警察同罪犯展开的面对面的说理斗争，要达到教育罪犯的预期目标，就需要认真做好教育准备。

实训目标

知识目标	能力目标	思政目标
使学生了解个别教育的任务与内容。 明确个别谈话、个别感化、个案矫治等内容与操作要求，能够较为熟练地开展个别教育工作。 重点掌握个别教育、教育准备、教育时机、教育技巧、个别谈话、个案矫治。	培养学生对罪犯展开个别教育的执行能力。	深挖本任务蕴含的自由平等、公正法治、自强创新等思政元素和思政载体，弘扬社会主义核心价值观。 培养学生公正执法、爱岗敬业的职业素养。

实训重难点

【实训重点】掌握罪犯个别教育的工作流程。

【实训难点】掌握罪犯个别教育中各项工作的操作规范和具体要求。

罪犯个别教育概念图

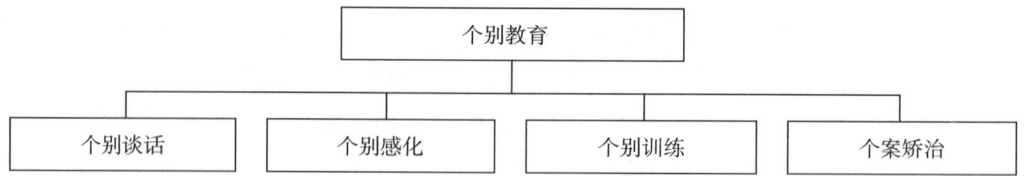

【实训情境 3.2.1】个别教育

实训情境描述

司法部《监狱教育改造工作规定》第 14 条规定："监狱应当根据每一名罪犯的具体情况，安排监狱人民警察对其进行有针对性的个别教育。"个别教育是开展罪犯教育的重要方式。个别教育应当坚持法制教育与道德教育相结合，以理服人与以情感人相结合，戒之以规与导之以行相结合，内容的针对性与形式的灵活性相结合，解决思想问题与解决实际问题相结合。

项目三　罪犯教育

图 3-3　罪犯个别教育

实训任务书

1. 按照罪犯个别教育流程，分小组于模拟监禁中心进行演练，并拍摄演练视频，上传到教学平台。

2. 在模拟仿真实训中心自助完成罪犯个别教育的仿真实训。

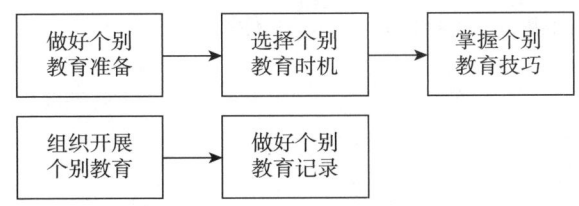

任务分组

学生任务分配表

班级		组号		指导老师	
组长		学号			
组员	姓名	学号	姓名	学号	

57

续表

任务分工	

📖 **实训准备**

1. 预习《罪犯教育》课程中个别教育的理论知识，熟记个别教育的程序和方法。
2. 阅读实训任务书，了解个别教育的工作流程和工作要点。
3. 结合实训任务书，分析个别教育的实训重点和难点。
4. 按照实训任务书的要求完成分组。

📖 **实训实施**

1. 做好个别教育的准备工作。

➡ 引导问题1：如何做好个别教育的准备工作？

_____
_____
_____
_____

📖 **小提示**

个别教育的准备工作

（1）收集罪犯信息；
（2）明确教育主题；
（3）制订教育预案。

➡ 引导问题2：罪犯的"四知道"包括_____、_____、_____和_____。

➡ 引导问题3：罪犯教育常见的教育主题有哪些？

_____
_____
_____

> 小提示

关于罪犯的"四知道"

（1）罪犯的基本情况，如罪犯的姓名、年龄、特征、文化程度、捕前职业、婚姻状况、身体情况、特长爱好等；

（2）罪犯的犯罪情况，如犯罪事实、犯罪性质、犯罪动机、犯罪原因、原判刑种、刑期及变动、释放日期等；

（3）罪犯的家庭和社会关系情况，如罪犯的家庭成员及其他主要社会关系、同案犯状况等；

（4）罪犯的改造表现情况，如罪犯的认罪态度、行为表现、考核奖惩、罪犯潜在的安全隐患等。

2. 选择个别教育时机。
➭引导问题 4：如何确定个别教育的时机？

_____
_____
_____

> 小提示

个别教育时机

个别教育时机是指罪犯教育工作警察为实现教育目的，针对罪犯个体实施教育，准确把握切入时间的机会。监狱警察要巧选教育时机，使个别教育起到事半功倍的效果。

关于罪犯的"十必谈"

司法部《监狱教育改造工作规定》第17条规定了罪犯教育工作警察必须开展个别谈话教育的十种情形，即"罪犯有下列情形之一的，监狱人民警察应当及时对其进行个别谈话教育：（一）新入监或者服刑监狱、监区变更时；（二）处遇变更或者劳动岗位调换时；（三）受到奖励或者惩处时；（四）罪犯之间产生矛盾或者发生冲突时；（五）离监探亲前后或者家庭出现变故时；（六）无人会见或者家人长时间不与其联络时；（七）行为反常、情绪异常时；（八）主动要求谈话时；（九）暂予监外执行、假释或者刑满释放出监前；（十）其他需要进行个别谈话教育的。"此外，在监狱工作实践中，只要罪犯思想斗争激烈、情绪波动较大、存在明显的抵触或对抗心理，就是教育罪犯的有利时机。

3. 掌握个别教育的技巧。
➭引导问题 5：简述个别教育的技巧。

_____

4. 组织开展个别教育。

⇨引导问题6：简述个别教育的类型。

小提示

组织个别教育的实施

罪犯教育警察在做好个别教育准备工作的基础上，应当抓住时机开展对罪犯的个别教育工作。个别教育的方式方法应根据罪犯的个体情况而定，主要包括个别谈话、个别感化、个别训练、个案矫治等。

⇨引导问题7：简述个别谈话的注意事项？

⇨引导问题8：如何进行个案矫治？

⇨引导问题9：请你根据以下材料，简述如何对陈×进行个别教育。（思路：可从个别教育的流程出发进行思考）

案例：罪犯陈×，女，1978年3月出生，初中文化，无业，因犯故意杀人罪被判处死刑缓期二年执行，附加剥夺政治权利终身。2010年11月，陈×从死刑缓期二年执行减为无期徒刑，附加剥夺政治权利终身；2015年7月，陈×从无期徒刑减为有期徒刑19年6个月，附加剥夺政治权利9年。陈×与被害人杨×系夫妻（两人未生育小孩），因夫妻感情不和，被害人向法院提起离婚诉讼，陈×认为杨×逼迫其离婚，于是与3名男青年用包装袋、透明胶布、布条等将杨×捆绑在家中，要求杨×不要与她离婚，遭杨×拒绝。期间杨×挣扎呼叫，宿舍门卫见状报警。警察接到报案后赶到现场叫陈×开门，陈×打开大门内扇木门后，对警察称只是夫妻间的私事，不用警察处理，随即关门，然后从厨房拿起一把菜刀，砍了杨×的头面部等部位二十多刀。警察随后强行撬门，陈×开门后，警察入屋将其抓获。杨×被送医院抢救无效死亡。

陈×自入监以来认罪服法态度较差，存在的主要问题有：①较为明显的心理障碍，较为明显的犯罪思维模式；②情绪不稳定，行为散漫、急躁，宽容忍让度差；③多疑，以自我为中心，对他人不信任；④偏执、法律意识淡薄。

 评价反馈

1. 学生自评。学生评价自己是否能完成关于个别教育的理论学习，是否能按照个别教育的工作流程完成个别谈话、个别感化以及个案矫治工作，是否按时完成实训报告、操作视频等实训成果资料，有无任务遗漏。

学生进行自我评价，并将结果填入学生自评表中。

学生自评表

班级：		姓名：		学号：	
任务 3.2		罪犯个别教育工作流程			
评价项目		评价标准		分值	得分
个别谈话		概念界定		5	
		类型把握		5	
		适用情境		5	
		操作流程		8	
个别感化		概念界定		5	
		类型把握		5	
		适用情境		5	
		操作流程		8	

续表

个案矫治		概念界定	5	
		类型把握	5	
		适用情境	5	
		操作流程	8	
工作态度		态度端正，没有无故缺勤、迟到、早退现象	6	
工作质量		按要求认真完成实训任务	6	
协调能力		与小组成员间合作交流、协调工作	6	
职业素养		能做到动之以情、晓之以理、树立正确生命观	6	
创新意识		能够学以致用、大胆探索	7	
合计			100	

2. **生生互评**。同组学生之间相互进行评价。评价协作伙伴是否按流程进行个别教育工作，是否掌握个别教育的操作流程和注意事项。指出操作中存在的问题并予以纠正。异组学生之间相互进行评价。总结其他小组在实训表现中的优缺点，指出操作中存在的问题并予以纠正。

学生以小组为单位，对以上学习情境的过程和结果进行互评，将互评结果填入学生互评表中。

学生互评表

评价项目	分值	等级								评价对象（组别）					
										1	2	3	4	5	6
计划合理	8	优	8	良	7	中	6	差	4						
方案准确	8	优	8	良	7	中	6	差	4						
团队合作	8	优	8	良	7	中	6	差	4						
组织有序	8	优	8	良	7	中	6	差	4						
工作质量	8	优	8	良	7	中	6	差	4						
工作效率	8	优	8	良	7	中	6	差	4						
流程完整	10	优	10	良	8	中	6	差	4						
操作规范	16	优	16	良	12	中	8	差	4						
实训报告	16	优	16	良	12	中	8	差	4						
成果展示	10	优	10	良	8	中	6	差	4						
合计	100														

3. 教师评价。实训报告书写、实训视频制作是否规范，报告内容是否出自真实实训，演练过程是否详尽，认识体会是否深刻，是否起到了实训的作用。

教师综合评价表

班级：		姓名：	学号：		
任务 3.2			罪犯个别教育工作流程		
评价项目			评价标准	分值	得分
考勤（10%）			没有无故迟到、早退、旷课现象	10	
工作过程（60%）	个别谈话		概念界定	5	
			类型把握	5	
			适用情境	5	
			操作流程	5	
	个别感化		概念界定	5	
			类型把握	5	
			适用情境	5	
			操作流程	5	
	个案矫治		概念界定	5	
			类型把握	5	
			适用情境	5	
			操作流程	5	
职业素养（15%）	工作态度		态度端正，工作认真、主动	5	
	协调能力		与小组成员、同学之间能合作交流、协调工作	5	
	职业作风		能做到依法、文明、准确执法	5	
项目成果（15%）	流程完整		流程完整，无遗漏	4	
	操作规范		按工作要点完成实训	4	
	实训报告		认真撰写实训报告	4	
	成果展示		能准确表达、汇报实训成果	3	
合计				100	

4. 行业专家评价。工作流程是否正确，是否熟练掌握岗位技能，是否符合实际工作要求。

行业专家评价表

班级：		姓名：	学号：	
任务 3.2			个别教育	
评价项目		评价标准	分值	得分
罪犯个别教育工作流程		工作流程正确	30	
		熟练掌握岗位技能	40	
		符合工作要求	30	
合计			100	

5. VR 自助训练系统评价。根据以上评价信息，填写综合评价表。

综合评价表

综合评价	自评（15%）	小组互评（30%）	教师评价（40%）	行业专家评价（10%）	VR 系统评价（5%）	综合得分

拓展思考题

1. 个别教育的概念及其特点是什么？
2. 罪犯个别教育的形式有哪些？
3. 个别教育适用的情境是什么？
4. 如何设计谈话提纲？
5. 如何把握个别教育的时机？

拓展阅读

1. 夏宗素：《罪犯矫正与康复》，中国人民公安大学出版社 2005 年版。
2. 王雪峰等：《罪犯教育理论专题研究》，法律出版社 2014 年版。
3. 罗大华主编：《犯罪心理学》，中国政法大学出版社 2003 年版。
4. 吴宗宪编著：《国外罪犯心理矫治》，中国轻工业出版社 2004 年版。
5. ［德］伊曼努尔·康德：《论教育学》，赵鹏、何兆武译，上海人民出版社 2005 年版。

数字化资源

相关知识点

一、个别谈话

个别谈话法是指监狱罪犯教育工作警察与罪犯之间面对面地交流思想观点和情况,以解决罪犯思想和实际问题的一种方法。根据谈话的启动主体不同,可分为约谈式谈话和接谈式谈话两种形式。

1. 约谈式谈话。约谈式谈话是指罪犯教育工作警察主动与罪犯谈话,及时、全面地了解罪犯的思想、心理动向和行为表现,以采取针对性对策的一种谈话方法。这种谈话方式是谈话教育中的主要方式,其特点是罪犯教育工作警察是谈话的启动者,谈话对象确定、目的明确、方案预定、准备充分。根据个别教育的任务和目的不同,约谈式谈话又可分为收集情况、启发引导、突击触动、表扬警戒、辅导教育、安慰问候等类型。

2. 接谈式谈话。接谈式谈话是指罪犯主动来找监狱警察谈话,监狱警察接谈的一种方式。罪犯在服刑过程中,遇到现实困难时,会希望通过向监狱警察反映的方式,从而获得关心、帮助、答疑和解惑。对此,监狱警察要严格落实"首问负责制"。所谓首问负责制度,是指监狱警察在对罪犯进行个别谈话的过程中,首先受到罪犯询问或接到口头谈话请求的监狱警察,要负责进行给予指引、答疑、建议等必要的处理。首问负责制度的对象包括全体罪犯。首先受到罪犯咨询或接到口头谈话请求的监狱警察即为首问警察。对罪犯提出的咨询、谈话等请求,无论是否属于首问警察的职权范围,首问警察都要负责指引、答疑或建议,不得以任何借口推诿、拒绝或拖延。如果涉及问题系首问警察职权之内的,应按规定直接处理,并负责处理到底;如果罪犯涉及的问题超出了首问警察的职权范围,应当先受理或初步处理,然后按规定的程序移交有处理权限的监狱警察或部门。同时应该做到:向罪犯说明原因,给予必要的解释;将罪犯带到或指引到相关部门处理;可用电话与相关部门联系,及时解决;接待要热情、用语要文明。

监狱警察在接谈式谈话过程中应妥善处理好如下几个方面的问题:一是监狱警察要热情接待,不可漠视和推脱。二是要认真聆听罪犯的谈话内容,判断其谈话意图,尽量变被动为主动。三是监狱警察要区别情况,妥善处理。如果是能够当场解决的事情,应将谈话继续下去,并解决问题;如果是职权范围内不能够当场解决的事情,不要轻易下结论,可以和罪犯约定时间再谈;如果是超越监狱警察职权范围的事情,可以如实告知罪犯自己无权处理,告知其正确的反映途径,也可代为上报,待有关部门处理后,再将事情的处理结果反馈给罪犯。

二、个别感化

个别感化法是指罪犯教育工作警察以真情实意、满腔热情去影响罪犯个体,以达到潜移默化效果的一种教育方法。个别感化法在个别教育中是一种很有效的"催化剂",是充满关爱的、人性化的教育方法。要运用好个别感化法,必须做到以下两点:一是尊重罪犯人格。尊重是一种接纳他人的基本态度。尊重罪犯人格是运用感化法的前提基础。罪犯普遍存在敏感、多疑、戒备、抵触的服刑心理,因此,罪犯教育工作警察如果不能在与罪犯接触过程中做到对其人格上的尊重、生活上的关心，就很难获得罪犯的认同和信任，也就无法实施感化教育。二是注重罪犯情感引导。个别感化时，罪犯教育工作警察要帮助罪犯认识、表达和调节自己的情绪，让罪犯学会面对逆境，学会与他人相处，进而使其拥有良好的服刑心理和人际关系，激发罪犯的改造积极性。

三、个别训练

个别训练法是指罪犯教育工作警察布置任务时，有针对性地要求个别罪犯按照一定的规范，从事某些改造活动，以形成良好的思想品质和行为习惯的教育形式。个别训练的内容极为广泛，可以是单独的队列训练、个别的劳动技能训练或是单独的行为矫正训练等。要使个别训练有针对性，必须做到以下三点：一是明确问题。做好调研工作，明确罪犯存在的问题。罪犯教育工作警察要明确罪犯到底是劳动技能的缺陷、学习能力的缺陷，还是行为习惯的缺陷，只有找准问题所在，才能对症下药。二是布置任务。针对罪犯存在的某一方面的缺陷，结合罪犯的特点，有意识地布置训练任务，使罪犯获得锻炼。三是巩固强化。罪犯的恶习非一朝一夕能改正，在训练过程中可能会出现反复，因此，要经常检查、及时修正、反复巩固、强化效果。

四、个案矫治

个案矫治是指监狱对罪犯个体开展的具有针对性的教育、调适、治疗、干预措施，以期达到特定矫治目的的专门教育活动。对罪犯进行个案矫治，一般由一名主管和若干名警察组成个案矫治小组，必要时，心理医生、教育专家、戒毒专家、社会工作者等也可以参加个案矫治小组。小组的工作方式是通过举行定期或不定期的个案矫治小组会议，就罪犯的评估结论、分类与安置、服刑计划的制定、审查与修改、罪犯的减刑与假释等重大问题作出决策。个案矫治所使用的测评工具主要有罪犯人身危险性、监禁适应、矫正需求、发展需求、矫正效果、重新犯罪预测等方面的量表或工具，能比较准确地检测出罪犯在相应方面的真实情况与水平。以犯情分析为基础，结合个体罪犯的改造需求及影响因素，罪犯教育工作警察为每名罪犯制定一个切实可行的个案矫治方案。个案矫治方案包括罪犯个体情况分析评估、目标设定、步骤措施、注意要点等内容。

【任务 3.3】 分类教育

任务描述

司法部《监狱教育改造工作规定》第 20 条规定，监狱应当根据罪犯的犯罪类型，结合罪犯危险程度、恶性程度、接受能力，对罪犯进行分类，开展分类教育。罪犯分类教育是指监狱在对罪犯进行科学分类的基础上，根据不同类型罪犯的特点，分门别类地实施有针对性的教育。

实训目标

知识目标	能力目标	思政目标
使学生了解分类教育的内容与方法,掌握不同类型罪犯的特点和教育对策。 能够根据分类教育知识和要求,较为熟练地开展分类教育工作,处理好相关问题。 重点提示罪犯分类教育的含义、罪犯分类教育的不同形式、不同类型罪犯的特点和教育对策。	培养学生对罪犯展开分类教育的执行能力。	深挖本任务蕴含的自由平等、公正法治、自强创新等思政元素和思政载体,弘扬社会主义核心价值观。 培养学生公正执法、爱岗敬业的职业素养。

实训重难点

【实训重点】掌握罪犯分类教育的流程和实操技能。

【实训难点】掌握罪犯分类教育中各项工作的操作规范和具体要求。

【实训情境 3.3.1】 分类教育

实训情境描述

罪犯分类教育是指监狱在对罪犯进行科学分类的基础上,根据不同类型罪犯的特点,分门别类地实施有针对性的教育的一种教育方式。

罪犯分类教育既是我国监狱教育改造罪犯所应遵循的基本原则,又是教育改造罪犯的重要方法和主要手段。随着我国监狱体制改革的逐步深化,监狱的功能越来越明确,监狱的教育改造职能不断增强,监狱人民警察素质不断提高,监狱教育改造工作的专业化水平不断提高,负责罪犯教育工作的专业队伍也不断壮大,这些都为有效开展罪犯分类教育提供了重要保障。

图 3-4 罪犯分类教育

实训任务书

1. 按照罪犯分类教育流程,分小组在模拟监禁中心进行演练,并拍摄演练视频,上传到教学平台。

2. 在模拟仿真实训中心自助完成罪犯分类教育的仿真实训。

📝 任务分组

学生任务分配表

班级		组号		指导老师	
组长		学号			
组员	姓名		学号	姓名	学号
任务分工					

📝 实训准备

1. 预习《罪犯教育》课程中分类教育的理论知识，熟记分类教育的程序和方法。
2. 阅读实训任务书，了解分类教育的工作流程和工作要点。
3. 结合实训任务书，分析分类教育的实训重点和难点。
4. 按照实训任务书的要求完成分组。

📝 实训实施

1. 做好分类教育的准备工作。

⇨引导问题1：分类教育的标准有哪些？

_____

_____

_____

小提示

罪犯类型

根据司法部《监狱教育改造工作规定》第 20 条的规定，监狱应当根据罪犯的犯罪类型，结合罪犯的危险程度、恶性程度、接受能力，对罪犯进行分类，开展分类教育。据此，本单元主要阐述未成年犯、女犯、老病残犯、少数民族犯、顽危犯、外籍犯、涉毒犯、职务犯等常见的不同类型罪犯的教育改造。

⇨引导问题 2：常见的罪犯类型有哪些？
_____
_____
_____

2. 未成年犯的教育。

⇨引导问题 3：未成年犯的特点有哪些？
_____
_____
_____
_____

⇨引导问题 4：未成年犯的教育从哪些方面展开？
_____
_____
_____
_____

3. 女性罪犯的教育。

⇨引导问题 5：女性罪犯的特点有哪些？
_____
_____
_____
_____

⇨引导问题 6：女性罪犯教育的注意事项有哪些？
_____
_____
_____
_____

小提示

女性罪犯

女性罪犯是指因实施犯罪行为而触犯刑律，依法受到刑罚处罚，在监狱服刑的女性罪犯。女性犯罪主要包括杀人、伤害、抢劫等暴力犯罪，盗窃、诈骗、贪污、贩毒等财产犯罪，重婚、强迫、引诱、容留妇女卖淫犯罪等婚姻家庭和性犯罪等几种类型。

4. 老病残犯的教育。

⇨引导问题 7：老病残犯的特点有哪些？

_____
_____
_____
_____

⇨引导问题 8：老病残罪犯教育的注意事项有哪些？

_____
_____
_____
_____

5. 顽危犯的教育。

⇨引导问题 9：顽危犯的特点有哪些？

_____
_____
_____
_____

⇨引导问题 10：顽危犯教育的注意事项有哪些？

_____
_____
_____
_____

小提示

老病残犯

老年罪犯一般是指年满 55 周岁的女性罪犯和年满 60 周岁的男性罪犯；病残罪犯是指长期患有某种或多种疾病以及身体有残疾的罪犯。

⇨引导问题 11：请你根据以下材料，制订详细的教育改造方案。（思路：可从女犯教

育的任务、要求和工作流程等方面着手)

案例：李×，1987年5月出生，因犯组织卖淫罪于2013年4月被×区人民法院判处有期徒刑5年。李×自小家庭条件一般，父亲十分重男轻女，李×排行老三，上面有两个姐姐，下面有一个弟弟。为了让弟弟上学，李×很小就出去当服务员打工，打工期间认识前夫，18岁生下女儿，后因感情不和离婚。离婚后，李×在所谓"姐妹"的带领下到某洗浴中心从事卖淫违法活动，并在从事卖淫活动1年之后，带了3个姐妹到某小区租住，并在出租房内组织卖淫活动，违法获利18万元。入监服刑后，李×因与同互监组孙×关系异常密切而被调换监区，但仍在生产时间趁警察不注意，跑到孙×机位诉说"思念"之情，被警察多次批评。

评价反馈

1. 学生自评。学生评价自己是否能完成关于分类教育的理论学习，是否能按照分类教育的工作流程完成未成年犯、女性罪犯、老病残犯、顽危犯、涉毒犯等罪犯的教育工作，是否能按时完成实训报告、操作视频等实训成果资料，有无任务遗漏。

学生进行自我评价，并将结果填入学生自评表中。

学生自评表

班级：		姓名：	学号：	
任务3.3		罪犯分类教育流程		
评价项目		评价标准	分值	得分
未成年犯的教育		概念界定	6	
		注意事项	6	
		操作流程	6	

续表

女性罪犯的教育	概念界定	6	
	注意事项	6	
	操作流程	6	
老病残犯的教育	概念界定	6	
	类型把握	6	
	适用情境	6	
顽危犯的教育	概念界定	6	
	类型把握	6	
	适用情境	6	
工作态度	态度端正，没有无故缺勤、迟到、早退现象	5	
工作质量	按要求认真完成实训任务	5	
协调能力	与小组成员间合作交流、协调工作	6	
职业素养	能做到动之以情、晓之以理、树立正确生命观	6	
创新意识	能够学以致用、大胆探索	6	
合计		100	

2. 生生互评。同组学生之间相互进行评价。评价协作伙伴是否按流程进行分类教育工作，是否掌握分类教育的操作流程和注意事项。指出操作中存在的问题并予以纠正。异组学生之间相互进行评价。总结其他小组在实训表现中的优缺点，指出操作中存在的问题并予以纠正。

学生以小组为单位，对以上学习情境的过程和结果进行互评，将互评结果填入学生互评表中。

学生互评表

评价项目	分值	等级							评价对象（组别）					
									1	2	3	4	5	6
计划合理	8	优	8	良	7	中	6	差	4						
方案准确	8	优	8	良	7	中	6	差	4						
团队合作	8	优	8	良	7	中	6	差	4						
组织有序	8	优	8	良	7	中	6	差	4						
工作质量	8	优	8	良	7	中	6	差	4						
工作效率	8	优	8	良	7	中	6	差	4						

续表

流程完整	10	优	10	良	8	中	6	差	4				
操作规范	16	优	16	良	12	中	8	差	4				
实训报告	16	优	16	良	12	中	8	差	4				
成果展示	10	优	10	良	8	中	6	差	4				
合计	100												

3. 教师评价。实训报告书写、实训视频制作是否规范，报告内容是否出自真实实训，演练过程是否详尽，认识体会是否深刻，是否起到了实训的作用。

教师综合评价表

班级：		姓名：	学号：	
任务 3.3			罪犯分类教育工作流程	
评价项目		评价标准	分值	得分
考勤（10%）		没有无故迟到、早退、旷课现象	10	
工作过程（60%）	未成年犯的教育	概念界定	5	
		注意事项	5	
		操作流程	5	
	女性罪犯的教育	概念界定	5	
		注意事项	5	
		操作流程	5	
	老病残犯的教育	概念界定	5	
		注意事项	5	
		操作流程	5	
	顽危犯的教育	概念界定	5	
		注意事项	5	
		操作流程	5	
职业素养（15%）	工作态度	态度端正，工作认真、主动	5	
	协调能力	与小组成员、同学之间能合作交流、协调工作	5	
	职业作风	能做到依法、文明、准确执法	5	
项目成果（15%）	流程完整	流程完整，无遗漏	4	
	操作规范	按工作要点完成实训	4	
	实训报告	认真撰写实训报告	4	
	成果展示	能准确表达、汇报实训成果	3	

续表

合计	100	

4. 行业专家评价。工作流程是否正确，是否熟练掌握岗位技能，是否符合实际工作要求。

行业专家评价表

班级：		姓名：		学号：	
任务 3.3		分类教育			
评价项目		评价标准		分值	得分
分类教育		工作流程正确		30	
		技能熟练		40	
		符合工作要求		30	
合计				100	

5. VR 自助训练系统评价。根据以上评价信息，填写综合评价表。

综合评价表

综合评价	自评（15%）	小组互评（30%）	教师评价（40%）	行业专家评价（10%）	VR 系统评价（5%）	综合得分

拓展思考题

1. 罪犯分类教育的意义是什么？
2. 什么是顽危犯？如何改造顽危犯？
3. 职务犯普遍存在的心理特征是什么？
4. 对涉毒犯进行教育改造需要注意哪些方面？

拓展阅读

1. 姜金兵主编：《罪犯分类与处遇研究：2015 监狱矫正论坛》，法律出版社 2015 年版。

2. 周雨臣：《罪犯教育专论》，群众出版社 2010 年版。

3. 宋行主编：《服刑人员个案矫正技术》，法律出版社 2010 年版。

4. 贾洛川主编：《罪犯教育学》，北京大学出版社 2016 年版。

5. 李振玉主编：《罪犯教育实务》，中国政法大学出版社 2017 年版。

数字化资源

相关知识点

一、职务犯

职务犯指国家机关、国有公司、企业事业单位、人民团体的工作人员利用已有职权，贪污、贿赂、徇私舞弊、滥用职权、玩忽职守，侵犯公民人身权利、民主权利，破坏国家对公务活动的规章规范以及犯有渎职罪的罪犯。职务犯具有以下特点：①官本位思想严重，罪犯身份意识差；②心理存在严重失落感；③具备典型的监禁性人格，防御心理突出；④自视清高，关心时政，爱学习；⑤有悔罪思想，自我约束力较普通罪犯强。

二、涉毒犯

涉毒犯是指有吸毒史或者涉嫌毒品违法犯罪的罪犯。涉毒犯具有以下特点：①生理状态较差，存在异常现象。由于机体反复吸食毒品、注射毒品，罪犯的身体为适应毒品的存在会发生一系列改变，从而陷入一种周期性或者慢性中毒状态；②心理健康程度低。对于涉毒罪犯（吸食类）来说，除了机体对毒品的躯体依赖之外，还存在对毒品的心理依赖，这是诱使吸毒者反复吸食、注射毒品的深层次原因；③涉嫌毒品违法犯罪的罪犯绝大多数好逸恶劳，贪图享受，贩卖毒品会给他们带来巨额的利润，吸食毒品会使他们浑浑噩噩、不思进取，给他们带来"金钱和快乐无需经过艰辛的付出即可得到"的错误观念。

三、外籍犯

外籍犯是指触犯中华人民共和国刑事法律并经中国法院判处刑罚，由中国监狱执行刑罚的外国人。在司法实践中，将无国籍罪犯和国籍不明罪犯也视为外籍犯。外籍犯具有以下特点：①政治敏锐性高，普遍存在不认罪服法问题。外籍犯普遍对我国的方针政策比较关注，关心国籍国和全球信息，对国际形势议论较多，热衷于向外国驻中国使领馆反映情况，普遍认罪服法态度不好；②沟通交流有障碍，第一手资料掌握难。罪犯入监前所在国（地区）社会制度、文化背景、宗教信仰、生活方式、语言文字不同，给教育改造造成较大困难；③以外籍自居，主观上优越感强。部分外籍犯认为所在国大使馆能为他们提供庇护，动辄以使馆照会威胁监狱，对监狱正常的严格管理采取消极抵抗的态度，藐视我国法律法规，无视监狱的规定，不认罪、不承认中国法律，服刑意识、身份意识差；④权利意识强，义务观念差。一些外籍犯十分重视自己的权利，不但要求享有中国籍罪犯所有的权利，而且还提出超出法律范围的"权利"要求。

项目四

罪犯生活管理

走进二十大：坚持全面依法治国，推进法治中国建设

全面依法治国是国家治理的一场深刻革命，关系党执政兴国，关系人民幸福安康，关系党和国家长治久安。必须更好发挥法治固根本、稳预期、利长远的保障作用，在法治轨道上全面建设社会主义现代化国家。

我们要坚持走中国特色社会主义法治道路，建设中国特色社会主义法治体系、建设社会主义法治国家，围绕保障和促进社会公平正义，坚持依法治国、依法执政、依法行政共同推进，坚持法治国家、法治政府、法治社会一体建设，全面推进科学立法、严格执法、公正司法、全民守法，全面推进国家各方面工作法治化。

【任务4.1】罪犯一日生活管理

任务描述

罪犯日常生活管理，是指监狱依法对罪犯的一日生活制度、现场管理以及劳动保护等方面所实施的管理活动，包括交接班管理、清点人数、现场管理和狱情排查处置等方面。

监狱中的生活现场是罪犯日常生活的场所，是罪犯监狱服刑最主要的活动场所。监狱对罪犯日常生活管理的目的是培养罪犯正确的生活意识、良好的生活行为习惯和基本的生活能力。加强对罪犯的日常管理，规范、约束罪犯行为，有利于矫正罪犯不良的生活习惯；加强对罪犯日常生活的环境管理，有利于形成良好的生活环境氛围，促使罪犯自我生活、健康生活和改造目标的实现。

实训目标

知识目标	能力目标	思政目标
熟悉罪犯生活管理的概念、特征。 掌握罪犯日常生活管理工作的内容和工作要求。	培养严格执法的能力和良好的沟通能力。使学生了解罪犯日常生活管理的基本内容和要求，掌握罪犯日常管理的工作流程、操作要求和注意事项。	培养学生严格执法、一丝不苟、精益求精的职业素养。

实训重难点

【实训重点】 掌握对罪犯日常生活管理的流程和实操技能。
【实训难点】 掌握罪犯日常管理工作流程中各项工作的操作规范和具体要求。

罪犯日常管理工作流程图

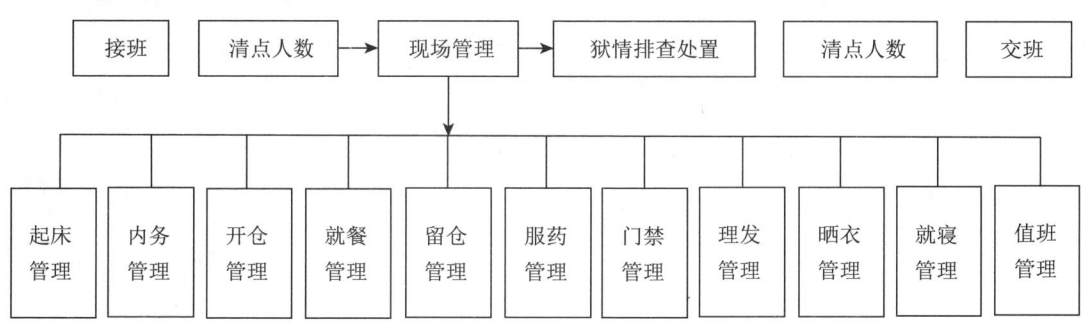

【实训情境4.1.1】 罪犯一日生活管理工作流程

实训情境描述

重庆将在全市监狱推广规范化管理试点做法[1]

"每天早晨6点20分,民警起床;6点30分,组织服刑人员起床……7点30分,服刑人员集合整队……21点,响铃集合,点名服刑人员;21点至22点,服刑人员洗漱;22点,锁门,收监。"这像在军营一样的管理实际上是在重庆市渝都监狱某监区。近日,重庆市监狱局在渝都监狱和涪陵监狱召开规范化管理现场观摩会。据悉,渝都监狱和涪陵监狱的规范化管理试点做法,将在全市监狱推广。

据市监狱局党委书记、局长罗长明介绍说,去年4月,市监狱局决定在渝都监狱和涪陵监狱开展规范化管理试点工作。经过11个月的努力,两所监狱充分结合自身实际,克服困难,狠抓落实。监狱将规范化管理工作细化成83项,在实践上完成了由狱政、教育、队伍管理、卫生、后勤保障等多个单元构建起来的规范化管理1357目标模式,即树立了一个规范化管理理念。监狱管理基本达到了标准化、精细化、程序化,日常管理做到了定品、定位、定量、定置、定人"五统一",监狱在管理制度、设施设备配置、罪犯生活物品、民警勤务模式、定置管理、表簿册卡图、标识标牌方面做到了"七统一",达到预期试点目标。

规范化管理是什么?据悉,渝都监狱和涪陵监狱制定的《民警一日执勤规范》,以一天时间为范围,对现场各个环节的工作进行规范,使民警明确在什么位置、干什么、怎么

---
[1] 载新浪网,http://cq.sina.com.cn/news/b/2018-03-12/detail-ifyscsmu4855707.shtml

干，先干什么、再干什么，确保民警到岗到位，到岗履职，履职有效。

《服刑人员一日改造流程》则将服刑人员一天活动内容的各个环节进行统一规范，并对流程的各个方面强化管理、督查、考核，同时制定流程图，让服刑人员明确在什么时间干什么、怎么干，不按照规范标准干将承担什么样的后果。

"标准化运作、精细化管理、专业化发展"，渝都监狱副监狱长杨朝鸿向记者介绍说，他们在监狱规范化管理试点工作方面，制订了详细的实施方案，深化规范化管理工作理念。除了推进日常管理工作"三化"外，还制定了管理制度统一、设施设备配置统一、服刑人员行为规范统一、罪犯生活物品统一、监区民警勤务模式统一、表簿册卡图统一、标识标牌统一、定置管理统一的"八统一"标准，先后修订完善制度102个，细化各部门工作规范标准132个，为确保监狱持续安全稳定、全面落实治本安全观、推进示范试点工作奠定了坚实基础。

实训任务书

1. 按照罪犯一日生活管理工作流程，分组进行模拟演练，掌握各项工作流程的工作要点，并按要求完成以下实训练习，完成实训作业和学习通发布的在线测验。

2. 观看视频影像与拓展资源中的英模故事，直观感受罪犯的一日生活及监狱人民警察的日常管理工作，感受监狱人民警察兢兢业业的工作态度、十年如一日的坚持、严格执法的职业品质，通过学习通提交观后感。

图 4-1 罪犯整理内容

项目四 罪犯生活管理

任务分组

学生任务分配表

班级		组号		指导老师	
组长		学号			
组员	姓名	学号	姓名	学号	
任务分工					

实训准备

1. 课前学习理论教材中关于"罪犯生活管理"章节的内容，掌握本项目相关的知识点与重难点。

2. 阅读实训任务书，了解罪犯日常生活管理的工作流程和工作要点。

3. 结合实训任务书中布置的学习任务，熟悉并掌握罪犯日常生活管理中各个环节的工作流程和工作要点。

4. 按照实训任务书的要求完成分组任务，并按时提交在线作业。

实训实施

1. 监狱民警接班。

⇨引导问题1：监狱民警交接班需要完成哪些工作任务？针对哪些重点工作进行交接？

_____
_____
_____
_____

2. 清点人数。

图 4-2　罪犯集队民警队前讲评

⇨引导问题 2：清点人数的注意事项有哪些？

3. 现场管理。

图 4-3　罪犯起床点名

⇨引导问题 3：罪犯起床管理的工作要点有哪些？

小提示

罪犯起床管理的工作要点

（1）由上至下、由里向外打开楼层门和监舍门；

（2）准时下达起床指令；

（3）服刑人员听到指令后，立即起床，整理内务；

（4）服刑人员有秩序地洗漱、如厕；

（5）在监舍门外巡视警戒；

（6）组织服刑人员领取早餐，做好就餐准备。

需要注意的工作要点：下达起床指令准确、清楚、洪亮；保证服刑人员在规定时间内完成整理内务、洗漱、如厕等活动；保证服刑人员有顺序地分批洗漱和如厕，无拥挤抢位现象；监督服刑人员衣被等个人物品放整齐；监督服刑人员保持着装整洁和个人卫生；按顺序打开楼层门和监舍门；服刑人员起床过程中，值班警察加强监舍门附近的警戒。

图 4-4 民警检查罪犯内务卫生

⇨引导问题 4：罪犯内务卫生是新时代文明监狱的要求，明亮整洁的监舍、摆放整齐的生活用品可以体现出罪犯的服刑态度和行为规范意识。罪犯的内务管理有哪些评价标准？

_____

_____

_____

_____

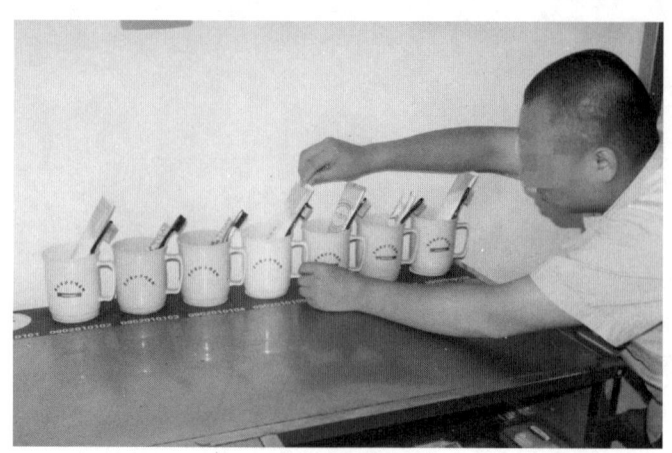

图 4-5 罪犯整理洗漱用品

小提示

为什么罪犯的内务管理需要规范化

马克思指出："人创造环境，同样环境也改造人。"我们对罪犯内务进行规范化管理的目的，就在于为其创造一个整治卫生安全的良好的改造环境，同样，通过对环境的改造，来改造人。儒家《大学》开篇就论述了"修齐治平"和"致知格物"的辩证关系："物格而后知至，知至而后意诚，意诚而后心正，心正而后身修，身修而后家齐，家齐而后国治，国治而后天下平。"每天整理内务、打扫卫生，也就是一个格物、修身的过程。《朱子治家格言》开篇就谈内务整治："黎明即起，洒扫庭院，要内外整洁。既昏便息，关锁门户，必亲自检点。"朱熹简明扼要地提出了家庭内务整理的时间和标准。营造一个好的环境，对于实现罪犯由"旧人"向"新人"的转变、由"病态人"向"健全人"的转变，有着积极的促进作用。

⇨引导问题 5：开仓管理至少需要几名民警在场？工作任务分别是什么？

_____
_____
_____
_____

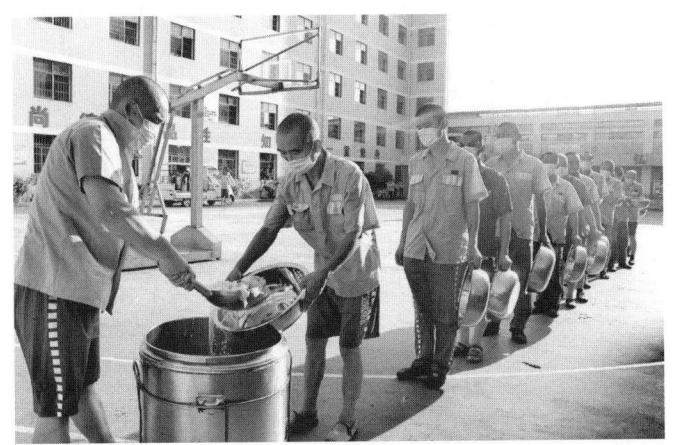

图 4-6 罪犯就餐分餐环节

➪引导问题 6：罪犯就餐管理工作的要点有哪些？

_____
_____
_____
_____

小提示

罪犯就餐管理的工作要点

（1）组织服刑人员列队到达就餐地点，按顺序进入指定的就餐位置；

（2）组织分配饭菜，服刑人员在指定位置就餐；

（3）在服刑人员就餐现场巡视；

（4）服刑人员就餐完毕，按规定要求清洗餐具，放回指定位置后，按要求离开就餐现场。

需要注意的工作要点：要保证服刑人员吃到热饭、热菜，喝到开水；服刑人员在排队打饭或为其分发饭菜时，须公平分配，有序进行；现场监管服刑人员就餐无脱管失控等违纪行为；就餐现场卫生整洁。

注意事项：在服刑人员就餐过程中，值班警察之间应做好分工与协作；服刑人员应按规定时间、地点、方法有秩序地领取饭菜和就座，不准插队、捎带；服刑人员应遵守就餐规范，不准敲击餐具及嬉闹，不准踩在座位或坐在餐桌上，不准浪费粮食和乱倒残羹剩饭；服刑人员不准在就餐过程中拉帮结伙、拨弄是非、谩骂斗殴，不准侵占集体粮食，不得饮酒；服刑人员就餐应注意饮食卫生，不暴饮暴食，不吃腐败变质食物，不喝生冷脏水。

➪引导问题 7：罪犯服药管理的步骤：_____、_____、_____。

⇨引导问题8：罪犯理发管理的重点工作任务有哪些？

_____
_____
_____

⇨引导问题9：罪犯晒衣管理中晒衣场的管理工作要点有哪些？

_____
_____
_____

⇨引导问题10：罪犯锁仓管理和开仓管理的工作异同有哪些？

_____
_____
_____

⇨引导问题11：罪犯就寝管理的工作要点有哪些？

_____
_____
_____

小提示

罪犯就寝管理工作要点

（1）就寝前，服刑人员应抓紧时间做好洗漱、如厕等准备活动，脱下的衣服和鞋子按要求放；

（2）下达"就寝"指令后，服刑人员应立即按要求休息；

（3）按监舍顺序清点人数，检查楼层重点部位，检查完毕后，按规定上锁；

（4）关闭监舍照明电源；

（5）检查安全灯、夜视灯和走廊灯的照明情况。

（6）在《值班日志》上做好记录。

需要注意的工作要点：严格执行服刑人员作息制度，按时组织服刑人员；严格执行服刑人员清点制度；认真落实互监组制度和定位管理制度；在服刑人员就寝期间，值班警察加强现场监管。

在组织就寝过程中，值班警察之间应做好分工与协作，应准确掌握监舍服刑人员和个别服刑人员的去向；在就寝期间，不准服刑人员擅自串换铺位，禁止大声说话或者从事其他无关活动影响他人休息。

⇨引导问题 12：监狱民警夜间值班管理需要注意哪些要点？

_____
_____
_____
_____

4. 狱情排查处置。

图 4-7　罪犯在监舍中等待点名

⇨引导问题 13：狱情排查处置的工作要点有哪些？

_____
_____
_____
_____

5. 清点人数。

图 4-8　民警对罪犯进行点名

⇨引导问题 14：交班前的清点人数需要注意的环节有哪些？

_____

_____

_____

6. 监狱民警交班。

⇨引导问题 15：监狱民警交班的工作要点有哪些？

_____

_____

_____

⇨引导问题 16：监狱民警接班与交班工作的异同有哪些？

_____

_____

_____

⇨拓展问题：在新冠病毒疫情常态化的工作模式下，罪犯的日常生活管理发生了哪些变化？请举例说明。

_____

_____

_____

_____

拓展资源

在鲜红的党旗下——司法行政百年英模：袁文俊[1]

袁文俊，1971 年生，中共党员。袁文俊生前任河南省焦南监狱十七监区（罪犯生活监区）副主任科员；1991 年毕业于西华师范学校；1991 年参加工作，历任河南省周口监狱六监区办事员、科员、分监区长，河南省焦作未管所七监区副主任科员等职。2016 年 9 月 27 日，袁文俊牺牲在通往监区的路上，年仅 45 岁。

英雄是一面明镜，映照着永葆真诚的初心；英雄是一面旗帜，指引着继续前行的方向。袁文俊对党忠诚、牢记宗旨、不忘初心、笃定前行的政治品质，扎根基层、勇于担当、兢兢业业、勤奋工作的实干精神，爱岗敬业、恪尽职守、舍身忘我、无怨无悔的优秀

---

〔1〕 司法部办公厅法治办："在鲜红的党旗下：司法行政百年英模"，载 http://www.moj.gov.cn/pub/sfbgw/gwxw/xwyw/202111/t20211129_442626.html，访问日期：2022 年 10 月 12 日。

品格,激励着越来越多的警察、党员不忘初心、奋发有为、砥砺前行,推动监狱工作再上新台阶,为谱写新时代中华更加出彩绚丽篇章保驾护航!

▷拓展练习:请根据所学知识与技能,结合以上实训内容,制作罪犯一日生活管理工作流程的思维导图。

评价反馈

1. 学生自评。学生评价自己是否熟悉罪犯一日生活管理的流程与工作要点,是否按时完成实训报告、操作视频等实训成果资料,有无任务遗漏。

学生进行自我评价,并将结果填入学生自评表中。

学生自评表

班级:		姓名:		学号:	
任务4.1			罪犯一日生活管理		
评价项目		评价标准		分值	得分
监狱民警交班		正确填写表格		5	
		交接项目交待清楚		5	
		整理交接材料		5	
清点人数		组织起床		5	
		清点人数		5	
		特殊情况处理		5	

续表

现场管理	打开楼层门、监舍门	3	
	下达起床指令	2	
	检查内务	5	
	巡视警戒	5	
狱情排查处置	建立重点罪犯的转档与台账	5	
	明确重要场所的范围	5	
	掌握依靠干警、职工群众和积极分子开展控制	5	
	了解狱内重要场所的安全保卫制度控制	5	
监狱民警接班	能够对狱内监区场所开展安全检查	4	
	能够对生活区场所开展检查	3	
	能够对生产区场所开展检查	3	
工作态度	态度端正，没有无故缺勤、迟到、早退现象	5	
工作质量	按要求认真完成实训任务	5	
协调能力	与小组成员间合作交流、协调工作	5	
职业素养	能做到依法、文明、准确执法	5	
创新意识	能够学以致用、大胆探索	5	
	合计	100	

2. 生生互评。同组学生之间相互进行评价。评价协作伙伴是否按流程进行狱内防控工作，是否掌握罪犯一日生活管理工作的操作要点和注意事项，并能指出操作中存在的问题并予以纠正。不同组学生之间相互进行评价。总结其他小组在实训表现中的优缺点，指出操作中存在的问题并予以纠正。

学生以小组为单位，对以上学习情境的过程和结果进行互评，将互评结果填入学生互评表中。

学生互评表

评价项目	分值	等级								评价对象（组别）					
										1	2	3	4	5	6
计划合理	8	优	8	良	7	中	6	差	4						
方案准确	8	优	8	良	7	中	6	差	4						
团队合作	8	优	8	良	7	中	6	差	4						
组织有序	8	优	8	良	7	中	6	差	4						

续表

工作质量	8	优	8	良	7	中	6	差	4			
工作效率	8	优	8	良	7	中	6	差	4			
流程完整	10	优	10	良	8	中	6	差	4			
操作规范	16	优	16	良	12	中	8	差	4			
实训报告	16	优	16	良	12	中	8	差	4			
成果展示	10	优	10	良	8	中	6	差	4			
合计	100											

3. 教师评价。实训报告书写、实训视频制作是否规范，报告内容是否出自真实实训，演练过程是否详尽，认识体会是否深刻，是否起到了实训作用。

教师综合评价表

班级：		姓名：	学号：	
任务 4.1			罪犯一日生活管理	
评价项目		评价标准	分值	得分
考勤（10%）		没有无故迟到、早退、旷课现象	10	
工作过程（48%）	监狱民警交班工作任务	交班工作内容完整	3	
		掌握民警交班的重点工作任务	3	
		掌握清点人数的工作要求	3	
		清点人数准确无误	3	
		掌握清点人数的注意事项	3	
	现场管理	掌握监督罪犯起床的工作流程	3	
		能够明确值班民警现场管理的工作任务	3	
		能够正确对罪犯下达指令	3	
		明确罪犯内务卫生的管理要求	3	
		明确罪犯就餐管理的工作要点	3	
		明确罪犯服药管理的工作流程	3	
	狱情排查工作任务	明确狱情排查处置的工作要点	3	
		明确狱情排查重要场所的范围	3	
		掌握罪犯监仓关仓工作要点	3	
		能够在接班前正确清点罪犯人数	3	
		能够掌握接班工作要点	3	

续表

职业素养 （15%）	工作态度	态度端正，工作认真、主动	5	
	协调能力	与小组成员、同学之间能合作交流、协调工作	5	
	职业作风	能做到依法、文明、准确执法	5	
项目 成果 （27%）	流程完整	流程完整，无遗漏	10	
	操作规范	按工作要点完成实训	10	
	实训报告	认真撰写实训报告	5	
	成果展示	能准确表达、汇报实训成果	2	
合计			100	

4. 行业专家评价。工作流程是否正确，是否熟练掌握岗位技能，是否符合实际工作要求。

行业专家评价表

班级：		姓名：	学号：	
任务 4.1		罪犯一日生活管理		
评价项目		评价标准	分值	得分
罪犯一日生活管理		工作流程正确	30	
		熟练掌握岗位技能	40	
		符合工作要求	30	
合计			100	

【任务 4.2】罪犯生活现场管理

【实训情境 4.2.1】罪犯生活现场管理

实训情境描述

罪犯生活现场管理，是指监狱依法对罪犯的衣、食、住、用，以及劳动保护等方面所实施的管理活动。我国监狱历来重视对罪犯的生活现场管理，在休息时间、饮食供应、被服发放、居住条件、卫生防疫等方面，给予罪犯人道主义的待遇，并给予法律保障。

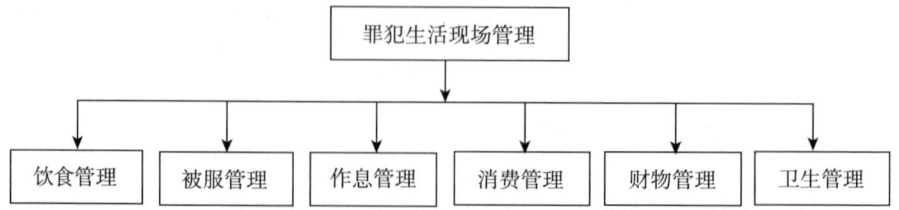

📋 **实训任务书**

1. 掌握"罪犯生活管理"工作中每一个模块的工作要点和相关注意事项，完成实训作业，并按要求将作业上传到学习平台。

2. 学生分小组进行罪犯生活管理工作中每个模块的模拟演练，熟练掌握每个工作环节，将演练视频上传到学习平台。

3. 完成相关教学评价任务。

图 4-9　罪犯生产劳动前集队

📋 **任务分组**

学生任务分配表

班级		组号		指导老师	
组长		学号			
组员	姓名		学号	姓名	学号
任务分工					

📋 **实训准备**

1. 复习"罪犯生活管理"理论教学的知识点与重难点，熟记每个模块的工作流程。

2. 阅读实训任务书，明确实训内容。

3. 结合实训任务书，完成实训相关准备工作。

4. 按照实训任务书的要求完成学生分组。

实训实施

1. 掌握罪犯饮食管理工作要点。

➪引导问题1：简述罪犯法定的饮食标准。

___

小提示

在押罪犯伙食食物量标准	
品种	月标准（公斤）
粮食	17～25
蔬菜	15～25
食油	0.5～1
肉食	1.5～2.5
蛋、鱼、豆制品	1～2

➪引导问题2：如何调剂改善罪犯伙食？

___

➪引导问题3：罪犯食堂的管理需要注意哪些环节？

___

相关法律法规

1.《中华人民共和国监狱法》第50条规定：罪犯的生活标准按实物量计算，由国家规定。

2.《中华人民共和国监狱法》第52条规定：对少数民族罪犯的特殊生活习惯，应当予以照顾。

⇨引导问题4：在罪犯饮食管理方面，应注意哪些事项？

_____
_____
_____
_____

 小提示

罪犯饮食管理注意事项

（1）要照顾少数民族罪犯的特殊生活习惯。在具有特殊饮食习惯的少数民族罪犯集中的监狱，要设置单独的民族食堂。少数民族罪犯少的监狱，也应开设专灶，将原料、辅料、饮食用具等物品同汉族罪犯严格分开，指派本民族罪犯负责烹饪；

（2）对患有严重疾病或住院治疗的罪犯，饮食标准应高于一般罪犯；

（3）未成年犯由于正处于生长发育时期，所以饮食标准应适当高于成年犯，以保证未成年犯身体发育所需的足够的食物营养；

（4）对女犯在饮食标准上也应适当给予的照顾；

（5）对外籍犯，根据国际惯例和人道主义精神，饮食标准应高于一般罪犯，并应照顾其特殊生活习惯，设立专灶；

（6）禁闭期间的罪犯由于不参加劳动，体力消耗不大，所以饮食标准应低于一般劳动罪犯；

（7）对从事农业劳动的罪犯，饮食供应标准要有农忙和农闲之分；对从事矿山、井下、高温、有毒、危险作业等复杂条件劳动的罪犯，饮食标准可适当提高。

⇨引导问题5："每逢佳节倍思亲"，请为罪犯设计中秋节节日餐。（要注意主食和副食食品在数量、质地、色泽、味道等方面的合理搭配，还要根据季节、地域的不同，调整饮食）

_____
_____
_____
_____

2. 掌握罪犯被服管理工作要点。被服管理是指监狱对罪犯囚服、被褥等用品实行计划、供应、保管、维修和更换等方面的管理活动。这项工作的好坏直接影响着罪犯的身体健康和生活待遇。《监狱法》第51条规定："罪犯的被服由监狱统一配发。"

图 4-10　罪犯管理内务叠被子

⇨引导问题 6：被服管理和发放的指导思想是：_____、_____、_____、_____、_____、_____、_____、_____、_____。

小提示

罪犯被服供应标准

在押罪犯被服实物量标准	
类别	标准
单衣、裤、鞋、内衣、内裤	第 1 年 2 件，以后每年 1 件
棉衣、绒裤、棉鞋、棉帽	2~4 年 1 件（双）
棉被、棉褥、蚊帐、枕头	4~6 年 1 床（个）
被罩、褥单、枕巾、凉席	1~3 年 1 床（条）
罩衣、袜子	每年 1 套（双）

被服管理的注意事项：

（1）罪犯入监后，一律按规定着装，并按照司法部的要求，做到服刑人员被服在款式、规格、颜色、标志、胸牌方面的统一；

（2）罪犯的囚服只允许自己使用，不准转让、赠送、故意毁损、玷污、变更大小或式样；

（3）罪犯自己所带内衣、内裤、鞋袜、被褥、蚊帐等生活用品经检查后可以使用，但要服从监狱统一规范要求。

3. 掌握罪犯作息管理工作要点。罪犯作息管理是根据罪犯体能消耗与恢复平衡的生活规律，在一天内对罪犯的起居、劳动、学习、文体活动时间作出科学安排，并监督实施的管理活动。

相关法律法规

1. 《中华人民共和国监狱法》第71条第1、2款。
2. 《监狱服刑人员行为规范》。

➪引导问题7：怎样合理安排罪犯的作息时间？
_____
_____
_____

➪引导问题8：罪犯每天的劳动时间一般为____小时，学习文化、技术时间一般为____小时，睡眠时间保证____小时，罪犯每周劳动时间一般不超过____小时；未成年罪犯每天的劳动时间为____小时，学习不少于____小时，睡眠不少于____小时。

小提示

可以调整罪犯作息时间的特殊情况

（1）发生自然灾害、事故或者其他原因，威胁生命健康和财产安全，需要紧急处理的；

（2）生产设备、公共设施发生故障，影响生产或公共利益，必须及时抢修的；

（3）农忙季节需要抢收抢种的。

4. 掌握罪犯财物管理工作要点。罪犯财物管理是监狱对罪犯私人物品、现金、日用品供应的管理活动。罪犯在服刑期间，可以按照规定保存、使用一定的私人财物。监狱应对罪犯入监时所带、亲属会见时所送及邮寄来的物品检查登记。

➪引导问题9：对罪犯私人物品的管理步骤有哪些？
_____
_____
_____

➪引导问题10：对罪犯零用钱的管理工作要点有哪些？
_____
_____
_____
_____

▷ 引导问题11：对罪犯现金管理的工作要点有哪些？

_____
_____
_____

▷ 引导问题12：对罪犯日常用品供应的工作要点有哪些？

_____
_____
_____

小提示

罪犯财物管理的注意事项

（1）罪犯物品要妥善保管，不得损坏丢失、更换、转借和挪用，如有损失应予赔偿；

（2）罪犯有正当用途时，准予领取。罪犯释放、假释或保外就医时，应予以发还；罪犯调动时由调入调出单位统一办理财物移交手续；

（3）脱逃罪犯的财物由监狱保管，被捕回后，仍属罪犯本人所有；

（4）死亡罪犯的遗物，应交家属领回。逾期1年仍不来领取或无法投寄的，列出清单，经监狱主管领导批准，上缴国库。亲属在港、澳、台地区和外籍罪犯死亡后，逾期2年仍不来领取或无法投寄的，列出清单，经省监狱管理局狱政处批准，上缴国库；

（5）罪犯的私人现金，除本人外，任何人不得侵吞、借用、挪用。监狱应切实保障罪犯的合法财产不受侵犯。

评价反馈

1. 学生自评。学生评价自己是否已经掌握罪犯生活管理中关于饮食管理、被服管理、作息管理、财物管理的工作要点和注意事项，是否按时完成实训报告、操作视频等实训成果资料，有无任务遗漏。

学生进行自我评价，并将结果填入学生自评表中。

学生自评表

班级：	姓名：		学号：	
任务4.1	罪犯生活现场管理			
评价项目	评价标准		分值	得分
监狱民警交班	交班工作内容完整		5	
	掌握民警交班的重点工作任务		5	

续表

清点人数	掌握清点人数的工作要求	5	
	清点人数准确无误	5	
	掌握清点人数的注意事项	5	
现场管理	掌握监督罪犯起床的工作流程	3	
	能够明确值班民警现场管理的工作任务	2	
	能够正确对罪犯下达指令	5	
	明确罪犯内务卫生的管理要求	5	
	明确罪犯就餐管理的工作要点	5	
	明确罪犯服药管理工作流程	5	
	掌握罪犯理发管理的工作任务	5	
狱情排查处置	明确狱情排查处置的工作要点	5	
	明确狱情排查重要场所的范围	5	
监狱民警接班	掌握罪犯监仓关仓工作要点	4	
	能够在接班前正确清点罪犯人数	3	
	能够掌握接班工作要点	3	
工作态度	态度端正，没有无故缺勤、迟到、早退现象	5	
工作质量	按要求认真完成实训任务	5	
协调能力	与小组成员间合作交流、协调工作	5	
职业素养	能做到依法、文明、准确执法	5	
创新意识	能够学以致用、大胆探索	5	
合计		100	

2. 生生互评。同组学生之间相互进行评价。评价协作伙伴是否按流程进行罪犯生活现场管理工作，是否掌握罪犯生活现场管理工作的操作要点和注意事项，是否能指出操作中存在的问题并予以纠正。异组学生之间相互进行评价。总结其他小组在实训表现中的优缺点，指出操作中存在的问题，并予以纠正。

学生以小组为单位，对以上学习情境的过程和结果进行互评，将互评结果填入学生互评表中。

学生互评表

评价项目	分值	等级								评价对象（组别）					
										1	2	3	4	5	6
计划合理	8	优	8	良	7	中	6	差	4						
方案准确	8	优	8	良	7	中	6	差	4						
团队合作	8	优	8	良	7	中	6	差	4						
组织有序	8	优	8	良	7	中	6	差	4						
工作质量	8	优	8	良	7	中	6	差	4						
工作效率	8	优	8	良	7	中	6	差	4						
流程完整	10	优	10	良	8	中	6	差	4						
操作规范	16	优	16	良	12	中	8	差	4						
实训报告	16	优	16	良	12	中	8	差	4						
成果展示	10	优	10	良	8	中	6	差	4						
合计	100														

3. 教师评价。实训报告书写、实训视频制作是否规范，报告内容是否出自真实实训，演练过程是否详尽，认识体会是否深刻，是否起到了实训作用。

教师综合评价表

班级：		姓名：	学号：	
任务4.1		罪犯生活现场管理		
评价项目		评价标准	分值	得分
考勤（10%）		没有无故迟到、早退、旷课现象	10	
工作过程（60%）	监狱民警交班	交班工作内容完整	3	
		掌握民警交班的重点工作任务	3	
		掌握清点人数的工作要求	3	
		清点人数准确无误	3	
		掌握清点人数的注意事项	3	

续表

	现场管理	能够明确值班民警现场管理的工作任务	3	
		能够正确对罪犯下达指令	3	
		明确罪犯内务卫生的管理要求	3	
		明确罪犯就餐管理的工作要点	3	
		明确罪犯服药管理工作流程	3	
		掌握罪犯理发管理的工作任务	3	
	狱情排查处置与接班	明确狱情排查处置的工作要点	3	
		明确狱情排查重要场所的范围	3	
		掌握罪犯监仓关仓工作要点	3	
		能够在接班前正确清点罪犯人数	3	
		能够掌握接班工作要点	3	
职业素养（15%）	工作态度	态度端正，工作认真、主动	5	
	协调能力	与小组成员、同学之间能合作交流、协调工作	5	
	职业作风	能做到依法、文明、准确执法	5	
项目成果（15%）	流程完整	流程完整，无遗漏	10	
	操作规范	按工作要点完成实训	10	
	实训报告	认真撰写实训报告	5	
	成果展示	能准确表达、汇报实训成果	2	
合计			100	

4. 行业专家评价。工作流程是否正确，是否熟练掌握岗位技能，是否符合实际工作要求。

行业专家评价表

班级：		姓名：		学号：	
任务 4.1		罪犯生活现场管理			
评价项目		评价标准		分值	得分
罪犯生活现场管理		工作流程正确		30	
		熟练掌握岗位技能		40	
		符合工作要求		30	
合计				100	

> **拓展思考题**

1. 仔细阅读以下案例，思考在当今智慧监狱、科技强警的大背景下，如何更好地做好罪犯狱内的消费管理？

山东省监狱管理局全面加强罪犯狱内消费管理

近日，山东省监狱管理局印发实施《山东省监狱系统狱内消费管理办法（试行）》，在基本原则、消费范围和标准、日常管理、监督考核等方面，形成具有山东特色的管理标准。该办法是山东省监狱系统落实上级要求、加强罪犯狱内消费管理、完善罪犯生活卫生工作制度的重要举措，有利于推动生活卫生工作由"经验管理"向"依法治监"转变，全面提升罪犯狱内消费管理工作水平。

第一，依法严格管理。坚持把罪犯狱内消费管理作为监狱执法的重要环节，实施从严管理，明确依法依规、适度消费，分级管理、分类管控，干警直接管理、从严管控，与改造表现相结合、劳动报酬优先消费的基本原则，确保政治效果、法律效果和社会效果有机统一。对"三类罪犯"，特别是涉黑涉恶类罪犯明确专档管理要求，对六类行为明确禁止性规定，最大限度堵塞管理漏洞。

第二，科学规范统一。根据司法部监狱局通知的要求，确定全省监狱统一商品目录和每类商品每月最大购买数量，明确罪犯四级狱内消费标准、需适当放宽消费限额的情形和标准、需上浮消费限额的节日和上浮标准，便于全省监狱系统统一标准、规范管理。充分运用信息化技术和手段，积极推广罪犯个人钱款银行账户（卡）管理，根据分级处遇实行狱内刷卡限额消费。

第三，强化监督考核。为加强罪犯狱内消费工作的监督和考核，明确违反狱内消费管理规定的，除兑现考核分外，相应取消1~3个月改善类商品消费；在生活卫生统计报表中增加《罪犯狱内消费统计季报表》，对监狱执行情况进行统计分析，及时发现消费支出异常的情况；将罪犯狱内消费管理工作作为监狱工作重要考核指标，进一步强化管理。

2. 仔细阅读以下案例，思考在疫情常态化防控下的罪犯卫生安全工作应该如何更好地开展？

广西壮族自治区钦州监狱多措并举抓好疫情防控常态化下的食品安全管理工作[1]

疫情防控常态化以来，广西壮族自治区钦州监狱采取一系列措施，切实加强监狱食品安全管理，筑牢监狱食品安全防线，杜绝食品安全事故发生，确保了"三防一安全"工作目标的实现。

加强工作领导，细化工作要求。认真学习秋冬季新冠肺炎疫情防控应对工作方案和食品安全规章制度，重点就食品卫生健康教育宣传、卫生安全排查、职工食堂、罪犯食堂管

---

[1] 载司法部官网，http://www.moj.gov.cn/pub/sfbgw/jgsz/jgszjgtj/jgtjjyglj/jygljtjxw/202104/t20210429_358761.html，访问日期：2022年10月14日。

理、农残检测、食品追源索证等，作出全面细化要求。制定实施《新冠肺炎疫情期间罪犯生活物资管理暂行办法》，坚持以制度管人管事，确保疫情期间罪犯物资管控到位。

加强宣传教育，力争取得实效。结合当前正在开展的"厉行节约、反对浪费"主题教育活动，通过张贴宣传标语、制作宣传板报、发放问卷调查倡议书等方式，向警察职工普及食品安全知识。充分利用监区讲评大会，在监舍、餐厅、罪犯食堂等讲解食品安全知识，增强罪犯节约粮食的思想自觉和行动自觉，引导全体罪犯养成良好的卫生习惯。

加强溯源管理，严把质量安全。组织食品供应商召开专题会议，强调不允许配送冷冻食品，配送的鲜鸡、鲜鸭等肉类务必做好与冷冻食品有效隔离，避免交叉感染，确保食品安全。加强食品采购源头管理，把好食品质量关，不允许将不合格食品或不在采购目录的食品送入监内。加强配送司机的管控，严格落实活动轨迹排查，严防将传染病源带到监管场所。

加强内部管理，抓好入监核验。坚持把好物资入监核验关，设置物资入监初检关卡，每天由专人负责初检工作，凡发现配送有冰冻产品及不合格产品，一律拒收。经初检的物资进到监内后，罪犯食堂现场再检查验收，验收人员落实佩戴橡胶手套、口罩等防护措施，发现有进口产品、冰冻类、海鲜类产品和腐败变质食品的一律原封不动退回监外。

加强监督检查，确保食品安全。邀请钦州市市场监管专业人员到监狱指导食品安全工作，检查食品原料出入库、肉类检疫检验、食品留样记录等情况，指导蔬菜农药残留检测等。监内机关工作组指定专人每天到罪犯食堂巡查检查，重点督察当班警察落实物资入库验收、索证、食物留样及食品加工安全等情况，对发现的问题及时提出，限期整改，坚决杜绝食品安全事故的发生。

数字化资源

项目五

罪犯会见通讯管理

【任务 5.1】 会见管理

任务描述

罪犯会见,是指监狱依照法律规定,安排服刑罪犯与亲属、监护人及律师会面的管理行为。实施会见有利于维系监狱、在押罪犯和罪犯家属与监护人三方的积极共建关系,对促进罪犯的安心改造、亲情感化和针对性的矫正教育措施的实施,具有重要意义。

实训目标

知识目标	能力目标	思政目标
使学生了解罪犯会见的基本内容和要求,掌握罪犯会见的工作流程和工作要点,了解会见时监区警察和会见室警察的工作职责。	培养学生组织罪犯会见的能力。	培养学生公正执法、爱岗敬业、细心谨慎的职业素养。

实训重难点

【实训重点】掌握罪犯会见的流程和实操技能。

【实训难点】对会见人进行核查的内容、会见过程中的监控以及中止会见的情形。

会见流程图

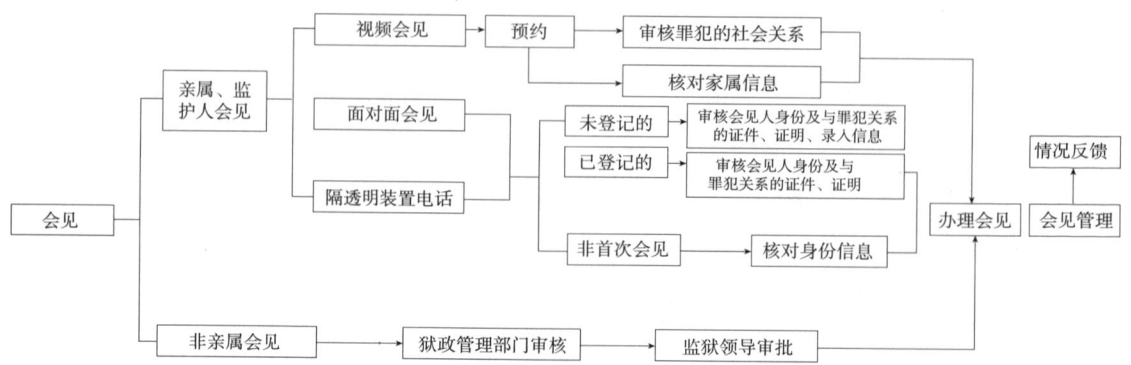

实训情境描述

罪犯在服刑期间与亲属、监护人和律师会见是罪犯享有的合法权利。监狱安排符合会见要求的会见人与罪犯在监狱的会见室等场所进行会见,并对会见过程进行监督和物品检查。

实训任务书

1. 按照罪犯会见的工作流程,分组进行模拟演练,掌握各项工作流程的工作要点,并按要求完成练习,拍摄演练视频,并将视频作业上传到学习平台。

2. 在掌握一般会见工作要领的基础上,分组讨论亲情共餐、特优会见等特殊会见注意事项。

任务分组

学生任务分配表

班级		组号		指导老师	
组长		学号			
组员	姓名		学号	姓名	学号
任务分工					

实训准备

1. 课前学习理论教材中关于"罪犯会见"章节的内容,掌握本项目相关的知识点与重难点。

2. 阅读实训任务书,了解罪犯会见的工作流程和工作要点。

3. 结合实训任务书中布置的学习任务,熟悉并掌握罪犯会见中各个环节的工作流程和工作要点。

4. 按照实训任务书的要求完成分组任务,并按时提交在线作业。

📝 **实训实施**

1. 核查会见人。

➩引导问题1：核查会见人由哪个岗位的警察负责？核查会见人主要核查哪些内容？

_____
_____
_____

➩引导问题2：会见人除了亲属、监护人，一般还有哪些种类？

_____
_____
_____

➩引导问题3：罪犯本人如果未申报登记会见人，亲属、监护人可以凭哪些材料到监狱审核、登记？

_____
_____
_____

2. 带服刑人员到会见室。

➩引导问题4：带服刑人员到会见室由哪个岗位的警察负责？带出服刑人员时做哪些检查？

_____
_____
_____

➩引导问题5：会见人未按监狱安排的会见日来会见的，该如何处理？超次数、超人数、超时间、非规定时间会见的，该如何处理？

_____
_____
_____

📝 **小提示**

会见次数的有关规定

（1）成年罪犯一般每月会见1次，每次会见时间一般不超过30分钟（远程会见不超过25分钟），每次会见人数一般不超过3人（远程会见不超过7人）；

（2）未成年罪犯每月会见2次，每次会见时间一般不超过60分钟，每次会见人数一般不超过3人；

（3）当月已安排会见后，有下列情形之一的亲属、监护人会见，监狱当月可以安排：①前12个月（含当月）内亲属、监护人会见总次数未达到12次（未成年罪犯24次）的；②罪犯家属出现婚姻变化或亲人病、亡等重大变故需要会见的；

（4）罪犯非亲属、非监护人帮教会见，除上级部门因工作需要有书面通知外，自然年度内不得超过2次；

（5）罪犯分级处遇管理规定对会见次数、人数、时间有规定的，按分级处遇管理规定执行。

3. 会见的现场监管。

⇨引导问题6：会见的现场监管由哪个岗位的警察负责？会见时监区警察负有哪些职责？会见室警察负有哪些职责？

⇨引导问题7：如因罪犯原因导致中止会见的，如何处理？

小提示

会见中应中止会见的情形

（1）传递违禁物品的；

（2）扰乱会见场所秩序的；

（3）使用隐语、暗语或者非规定语种交谈，不听劝阻的；

（4）未经允许携带或者使用手机、录音、摄影（像）设备的；

（5）谈论有碍罪犯改造或监管安全内容的；

（6）交谈代理以外事项的；

（7）不服从会见现场警察管理的；

（8）其他违反监狱会见管理规定的情形。

4. 带回服刑人员。

⇨引导问题 8：带回服刑人员时需要注意什么？

_____

_____

_____

拓展资源

广东省司法厅关于印发《广东省司法行政视频会见管理办法》的通知

各地级以上市司法局，省监狱局、省戒毒局：

《广东省司法行政视频会见管理办法》已经广东省司法厅厅长办公会议审议通过，现印发给你们，请遵照执行。

广东省司法厅

2020 年 9 月 2 日

⇨拓展练习：假设你是基层司法所的一名实习生，请根据所学知识与技能，结合以上实训内容，制作思维导图指导属地罪犯家属前往监狱会见。

拓展资源

广东监狱的地址、联系电话和交通指引

在广东省监狱管理局门户网站（http://gdjyj.gd.gov.cn）中有全省监狱的地址、电话和交通指引，"广东监狱"微信公众号的"在线服务"下的"监狱导航"栏目也有相关信息。

评价反馈

1. 学生自评。学生评价自己是否掌握罪犯会见的各个环节和基本要求，是否按照工作要求完成罪犯会见工作，是否按时完成实训报告、操作视频等实训成果资料，有无任务遗漏。

学生进行自我评价，并将结果填入学生自评表中。

学生自评表

评价项目	评价标准	分值	得分
监狱民警交班	掌握会见人的种类	5	
	明确核查的内容	5	
	明确会见室警察的职责	5	
	明确核查会见人的注意事项	5	
带服刑人员到会见室	掌握对服刑人员检查的内容	5	
	明确监区警察的职责	3	
	掌握会见人未按监狱安排的会见日来会见的处理	2	
	掌握超次数、超人数、超时间、非规定时间会见的处理	5	
	明确带出服刑人员的注意事项	5	
会见现场监管	明确会见室警察的职责	5	
	明确监区警察的职责	5	
	了解中止会见的情形	5	
	了解因罪犯原因导致中止会见的处理	4	
	掌握不同处遇等级的会见待遇	4	
	及时发现、处置影响罪犯改造的情形	3	
	确保会见场所秩序稳定	3	
带回服刑人员	对服刑人员进行检查，转交物品	3	
	观察服刑人员言行	3	
工作态度	态度端正，没有无故缺勤、迟到、早退现象	5	
工作质量	按要求认真完成实训任务	5	
协调能力	与小组成员间合作交流、协调工作	5	
职业素养	能做到依法、文明、准确执法	5	
创新意识	能够学以致用、大胆探索	5	
合计		100	

2. 生生互评。同组学生之间相互进行评价。评价协作伙伴是否按服刑人员会见的各个环节和基本要求完成会见，是否能指出操作中存在的问题并予以纠正。异组学生之间，相互进行评价。总结其他小组在实训表现中的优缺点，指出操作中存在的问题并予以纠正。

学生以小组为单位，对以上学习情境的过程和结果进行互评，将互评结果填入学生互评表中。

学生互评表

学习情景		情景名称：											
评价项目	分值	等级						评价对象（组别）					
								1	2	3	4	5	6
计划合理	8	优	8	良	7	中	6	差	4				
方案准确	8	优	8	良	7	中	6	差	4				
团队合作	8	优	8	良	7	中	6	差	4				
组织有序	8	优	8	良	7	中	6	差	4				
工作质量	8	优	8	良	7	中	6	差	4				
工作效率	8	优	8	良	7	中	6	差	4				
流程完整	10	优	10	良	8	中	6	差	4				
操作规范	16	优	16	良	12	中	8	差	4				
实训报告	16	优	16	良	12	中	8	差	4				
成果展示	10	优	8	良	8	中	6	差	4				
合计	100												

3. 教师评价。评价内容包括实训报告书写、实训视频制作是否规范，报告内容是否出自真实实训，演练过程是否详尽，认识体会是否深刻，是否起到了实训作用等。

教师综合评价表

班级：			姓名：		学号：	
任务5.1				会见管理		
评价项目			评价标准		分值	得分
考勤（10%）			没有无故迟到、早退、旷课现象		10	
工作过程（60%）		核查会见人	掌握核查会见人的主要工作内容，掌握岗位警察的职责		15	
		带服刑人员到会见室	掌握带服刑人员到会见室的主要工作内容，掌握岗位警察的职责		10	
		会见现场监管	掌握岗位警察的职责，了解中止会见的情形，了解因罪犯原因导致中止会见的处理，掌握不同处遇等级的会见待遇，及时发现、处置影响罪犯改造的情形，确保会见场所秩序稳定		25	
		带回服刑人员	对服刑人员进行检查，转交物品；观察服刑人员言行，及时应对		10	

续表

职业 素养（15%）	工作态度	态度端正，工作认真、主动	5	
	协调能力	与小组成员、同学之间能合作交流、协调工作	5	
	职业作风	能做到依法、文明、准确执法	5	
项目 成果 （15%）	流程完整	流程完整，无遗漏	4	
	操作规范	按工作要点完成实训	4	
	实训报告	认真撰写实训报告	4	
	成果展示	能准确表达、汇报实训成果	3	
		合计	100	

4. 行业专家评价。工作流程是否正确，是否熟练掌握岗位技能，是否符合实际工作要求。

行业专家评价表

班级：	姓名：	学号：		
任务5.1		会见管理		
评价项目	评价标准		分值	得分
罪犯会见管理	工作流程正确		30	
	熟练掌握岗位技能		40	
	符合工作要求		30	
	合计		100	

【任务5.2】通讯管理

任务描述

通讯是罪犯与外界联系的重要途径，依法与他人通讯是罪犯的一项基本权利。通讯的实施，对于保障罪犯合法权益、维护监管秩序、促进罪犯改造具有重要意义。通讯主要指寄信、收信、拨打亲情电话三种形式。

实训目标

知识目标	能力目标	思政目标
使学生了解罪犯通讯的基本内容和要求，掌握罪犯通讯的工作流程和工作要点，了解罪犯通讯工作中警察的工作职责。	培养学生管理罪犯通讯的能力。	培养学生公正执法、爱岗敬业的职业素养。

实训重难点

【实训重点】 检查罪犯信封的格式和信件的内容，检查来信的封面和内容，确保罪犯拨打的是申请的电话号码。

【实训难点】 信件检查中如发现有关线索，须及时通知有关部门，通话中防止谈论有碍罪犯改造和涉及监狱保密的内容。

通信流程图

1. 寄信流程图。

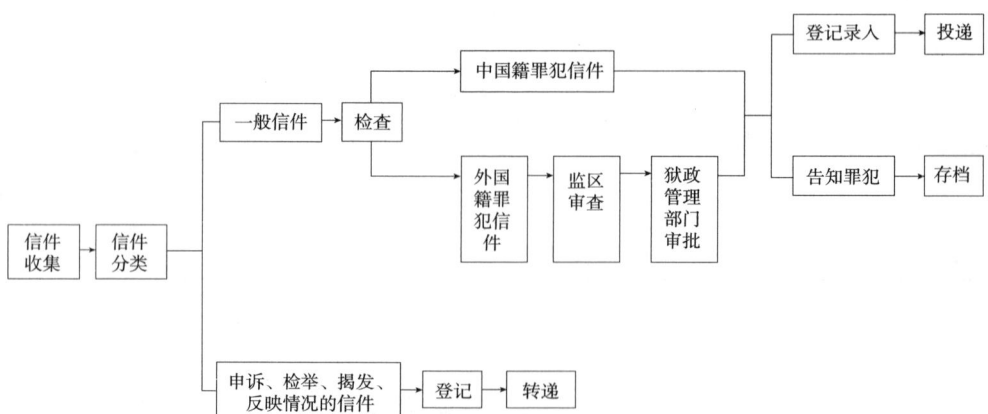

2. 收信流程图。

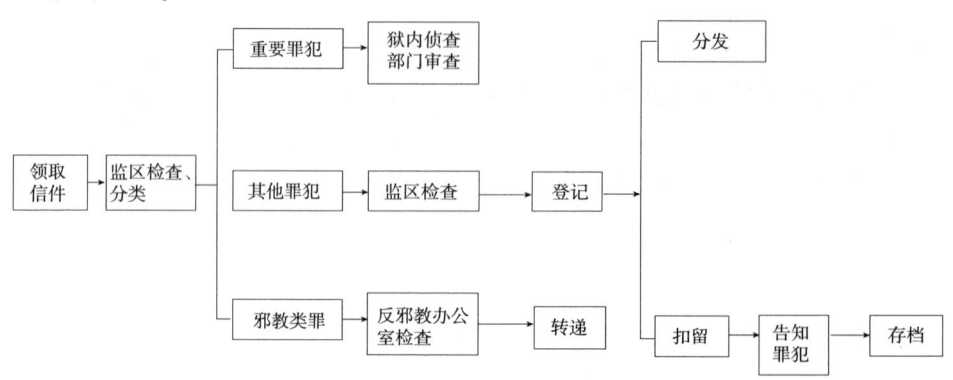

3. 亲情电话流程图。

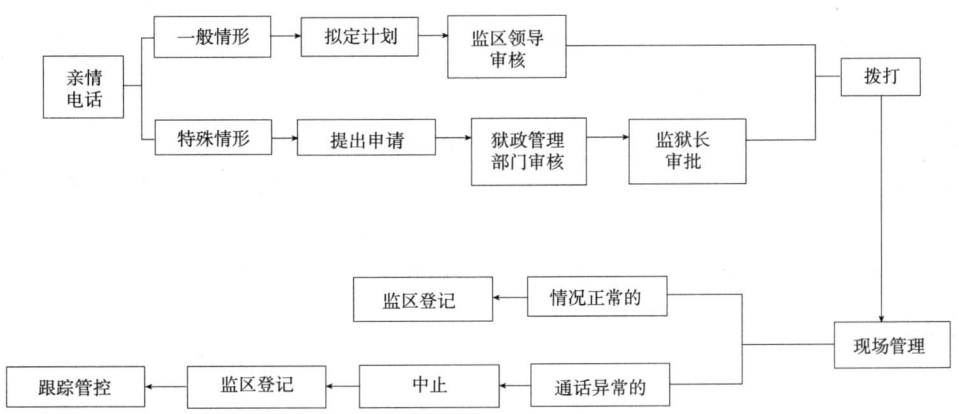

> 实训情境描述

规范实施罪犯通讯，监狱通过对罪犯来往信件检查和亲情电话监听获得信息，通过监管手段、家庭帮教和社会协助争取罪犯矫治的良好效果。

> 实训任务书

1. 按照罪犯通讯的工作流程，分组进行模拟演练，掌握各项工作流程的工作要点，并按要求完成练习。

2. 在掌握一般罪犯通讯工作要领的基础上，分组讨论外国籍罪犯通讯的注意事项。

> 任务分组

学生任务分配表

班级		组号		指导老师	
组长		学号			
组员	姓名		学号	姓名	学号
任务分工					

实训准备

1. 课前学习理论教材中关于"罪犯通讯"章节的内容,掌握本项目相关的知识点与重难点。

2. 阅读实训任务书,了解罪犯通讯的工作流程和工作要点。

3. 结合实训任务书中布置的学习任务,熟悉并掌握罪犯通讯中各个环节的工作流程和工作要点。

4. 按照实训任务书的要求完成分组任务,并按时提交在线作业。

实训实施

1. 寄信。

⇨引导问题1:罪犯寄出的信件,监狱警察主要检查哪些方面?

_____
_____
_____

⇨引导问题2:在什么情况下罪犯寄出的信件监狱警察可以不予发信或扣留?

_____
_____
_____

⇨引导问题3:罪犯写给监狱上级机关或司法机关的信件,是否要接受检查?

_____
_____
_____

⇨引导问题4:发信地址能否使用监狱名称或具体地址?

_____
_____
_____

⇨引导问题5:监狱警察能否私自为罪犯转递信件?

_____
_____
_____

2. 收信。

▷引导问题6：能否将罪犯的正常信件长时间扣留？
_____
_____
_____

▷引导问题7：为什么要关注罪犯的情绪？
_____
_____
_____

3. 亲情电话。

▷引导问题8：通话的对象有哪些？
_____
_____
_____

▷引导问题9：罪犯通话时，是否需要安排监狱警察监听监视？
_____
_____
_____

▷引导问题10：外籍犯或少数民族罪犯通话时是否可以使用本国或本民族语言？在场的监狱警察听不懂该如何处理？
_____
_____
_____

小提示

亲情电话的注意事项

（1）要求每一部电话至少有一名警察监听监视；

（2）通电话的对象只限于服刑人员的近亲属或监护人；

（3）防止谈论有碍服刑人员改造和涉及监狱保密的内容；

（4）禁止服刑人员使用隐语、暗语和方言；

（5）如有外籍服刑人员或少数民族服刑人员使用本国或本民族语言，要有翻译人员在场；

（6）注意保存通话记录；

（7）亲情电话的收费按当地电信部门的收费标准执行；

（8）紧急事由的电话使用参照亲情电话管理规定执行；

（9）监狱不允许服刑人员使用手机、对讲机。

▷拓展练习：假设你是基层司法所的一名实习生，请根据所学知识与技能，结合以上实训内容，制作思维导图指导属地罪犯家属如何申请亲情电话及注意事项。

拓展资源

为什么网上预约可视亲情电话会见有时会审核不通过

可视亲情电话会见是附有条件的，家属的会见申请不通过，既可能是提交的手续不符合要求，也可能是服刑人员暂时不符合可视亲情电话会见的条件，或者因监狱的可视亲情电话会见资源有限，只能优先适用积极改造、表现突出的服刑人员。目前，各省监狱系统正在逐步地强化、优化可视亲情电话会见资源。

评价反馈

1. 学生自评。学生评价自己是否掌握罪犯通讯的各个环节和基本要求，能否按照工作要求完成罪犯通讯管理工作，是否按时完成实训报告、操作视频等实训成果资料，有无任务遗漏。

学生进行自我评价，并将结果填入学生自评表中。

学生自评表

班级：	姓名：	学号：		
评价项目	评价标准		分值	得分
寄信	正确检查罪犯寄出的信件		5	
	掌握监狱警察可以不予发信或扣留的情形		5	
	明确罪犯写给监狱上级机关或司法机关的信件不接受检查		5	
	明确监狱警察不得私自为罪犯转递信件		5	
	了解罪犯"有限密封权"的含义		5	

续表

收信	正确检查罪犯收到的信件	3	
	明确不得将罪犯的正常信件长时间扣留	2	
	了解为什么要关注罪犯的情绪	5	
	了解不符合规定的信件应当予以扣留	5	
亲情电话	掌握通话的对象有哪些	5	
	安排监狱警察监听监视	5	
	确保罪犯拨打的是申请的电话号码	5	
	掌握外籍犯或少数民族罪犯的通话管理要求	4	
	防止谈论有碍罪犯改造和涉及监狱保密的内容	4	
	禁止罪犯使用隐语、暗语和方言	3	
	按照规定的时间进行通话	3	
	发现违规情形立即发出警告或终止通话	3	
	观察服刑人员言行	3	
工作态度	态度端正,没有无故缺勤、迟到、早退现象	5	
工作质量	按要求认真完成实训任务	5	
协调能力	与小组成员间合作交流、协调工作	5	
职业素养	能做到依法、文明、准确执法	5	
创新意识	能够学以致用、大胆探索	5	
合计		100	

2. 生生互评。同组学生之间相互进行评价。评价协作伙伴是否按服刑人员通讯的各个环节和基本要求完成通讯,是否能指出操作中存在的问题并予以纠正。异组学生之间相互进行评价。总结其他小组在实训表现中的优缺点,指出操作中存在的问题并予以纠正。

学生以小组为单位,对以上学习情境的过程和结果进行互评,将互评结果填入学生互评表中。

学生互评表

学习情景		情景名称:											
评价项目	分值	等级							评价对象(组别)				
									1	2	3	4	5	6
计划合理	8	优	8	良	7	中	6	差	4					
方案准确	8	优	8	良	7	中	6	差	4					

续表

团队合作	8	优	8	良	7	中	6	差	4		
组织有序	8	优	8	良	7	中	6	差	4		
工作质量	8	优	8	良	7	中	6	差	4		
工作效率	8	优	8	良	7	中	6	差	4		
流程完整	10	优	10	良	8	中	6	差	4		
操作规范	16	优	16	良	12	中	8	差	4		
实训报告	16	优	16	良	12	中	8	差	4		
成果展示	10	优	10	良	8	中	6	差	4		
合计	100										

3. 教师评价。实训报告书写、实训视频制作是否规范，报告内容是否出自真实实训，演练过程是否详尽，认识体会是否深刻，是否起到了实训作用。

教师综合评价表

班级：		姓名：		学号：	
任务 5.2			通讯管理		
评价项目		评价标准		分值	得分
考勤（10%）		没有无故迟到、早退、旷课现象		10	
工作过程（60%）	寄信	掌握寄信管理的主要工作内容，掌握监狱警察可以不予发信或扣留的情形，明确罪犯写给监狱上级机关或司法机关的信件不接受检查，明确监狱警察不得私自为罪犯转递信件，了解罪犯"有限密封权"的含义		15	
	收信	正确检查罪犯收到的信件，明确不得将罪犯的正常信件长时间扣留，了解为什么要关注罪犯的情绪，了解不符合规定的信件应当予以扣留		15	
	亲情电话	掌握通话的对象有哪些，确保罪犯拨打的是申请的电话号码，安排监狱警察全程监听监视，掌握外籍犯或少数民族罪犯的通话管理要求，防止谈论有碍罪犯改造和涉及监狱保密的内容，禁止罪犯使用隐语、暗语和方言，按照规定的时间进行通话，发现违规情形立即发出警告或终止通话，观察服刑人员言行。		30	
职业素养（15%）	工作态度	态度端正，工作认真、主动		5	
	协调能力	与小组成员、同学之间能合作交流、协调工作		5	
	职业作风	能做到依法、文明、准确执法		5	

续表

项目成果（15%）	流程完整	流程完整，无遗漏	4	
	操作规范	按工作要点完成实训	4	
	实训报告	认真撰写实训报告	4	
	成果展示	能准确表达、汇报实训成果	3	
合计			100	

4. 行业专家评价。工作流程是否正确，是否熟练掌握岗位技能，是否符合实际工作要求。

行业专家评价表

班级：	姓名：	学号：		
任务 5.2		通讯管理		
评价项目	评价标准		分值	得分
罪犯通讯管理	工作流程正确		30	
	熟练掌握岗位技能		40	
	符合工作要求		30	
合计			100	

项目六

狱内安全检查

走进二十大：推进国家安全体系和能力现代化，坚决维护国家安全和社会稳定

国家安全是民族复兴的根基，社会稳定是国家强盛的前提。必须坚定不移贯彻总体国家安全观，把维护国家安全贯穿党和国家工作各方面全过程，确保国家安全和社会稳定。

我们要坚持以人民安全为宗旨、以政治安全为根本、以经济安全为基础、以军事科技文化社会安全为保障、以促进国际安全为依托，统筹外部安全和内部安全、国土安全和国民安全、传统安全和非传统安全、自身安全和共同安全，统筹维护和塑造国家安全，夯实国家安全和社会稳定基层基础，完善参与全球安全治理机制，建设更高水平的平安中国，以新安全格局保障新发展格局。

【任务6.1】 人身检查

任务描述

人身检查指罪犯释放、转监、外出就医、放假离监、出收工等所有进出分监区时，对罪犯的身体、衣物进行检查的行为，是一项重要的日常性工作。

人身检查的目的主要是防止罪犯私藏违禁物品，防止其将违禁品带入三大现场，确保监狱安全稳定，防止罪犯出现行凶、自杀、自伤、自残等违法犯罪行为。

实训目标

知识目标	能力目标	思政目标
使学生了解监狱人身检查的基本内容和要求。 掌握对罪犯进行人身检查的工作流程和基本方法。	培养学生的刑罚执行能力。	培养学生公正执法、爱岗敬业的职业素养。

实训重难点

【实训重点】掌握人身检查的流程和实操技能。

【实训难点】掌握人身检查过程中各项工作的操作规范和具体要求。

项目六 狱内安全检查

📖 **搜身流程图**

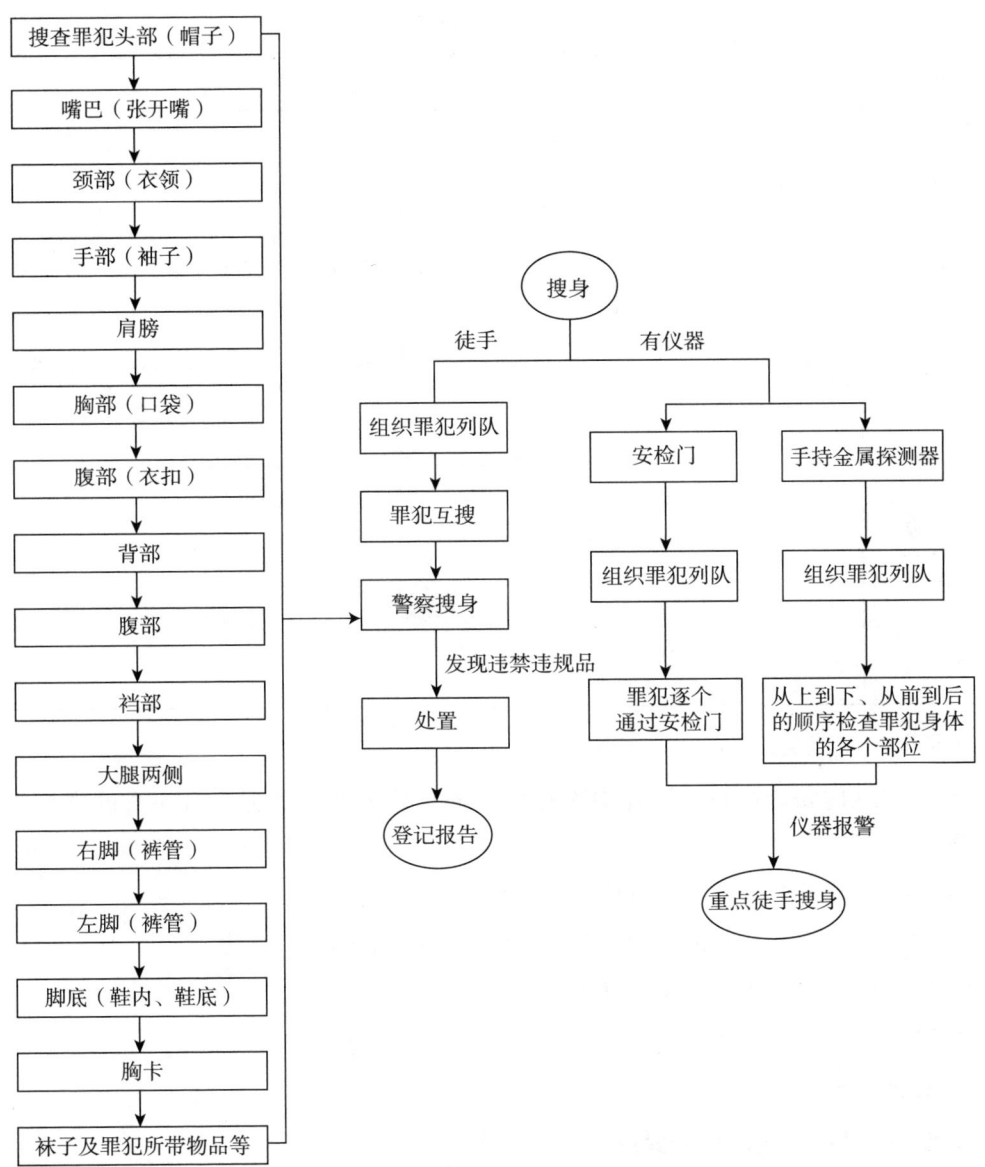

📖 **实训情境描述**

对罪犯进行人身检查是法律赋予监狱人民警察执行监管公务的法定权利，一般是对进入三大现场的罪犯的人身及其所带物品的检查，罪犯必须服从。人身检查的目的在于及时控制和查获罪犯私藏的非生活用品以及相关法律法规所规定的违禁品，以便发现消除罪犯违法违纪的机会和条件，防止监管安全事故的发生。

📖 **实训任务书**

按照人身检查的工作流程，分小组进行演练，拍摄演练视频，上传到教学平台。

任务分组

学生任务分配表

班级		组号		指导老师	
组长		学号			
组员	姓名		学号	姓名	学号
任务分工					

实训准备

1. 复习《狱内安全检查》课程中人身检查的具体方法，熟记人身检查的常见方法和具体工作要求。

2. 阅读实训任务书，了解人身检查的工作流程和工作要点。

3. 结合实训任务书，分析人身检查工作的实训重点和难点。

4. 按照实训任务书的要求完成分组。

实训实施

1. 人身检查工作流程。

⇨引导问题1：哪些部位需要进行人身检查？

_____
_____
_____
_____

⇨引导问题2：进行人身检查的顺序是什么？

_____
_____
_____
_____

⇨引导问题3：进行人身检查的操作步骤有哪些？
_____
_____
_____

2. 人身检查各环节工作内容。

⇨引导问题4：为什么要对罪犯进行人身检查？
_____
_____
_____
_____

⇨引导问题5：常用的人身检查方法有哪几种？
_____
_____
_____
_____

⇨引导问题6：哪些情形下需要人身检查？
_____
_____
_____
_____

⇨引导问题7：什么情况下进行高度戒备人身检查（净身检查）？
_____
_____
_____
_____

小提示

搜身情形

（1）罪犯收监时；

（2）罪犯出工前、收工后、装卸货物前后；

（3）罪犯离开监区参加文化教育、劳动培训等监狱组织的活动；

（4）罪犯调动、会见、就医、住院、禁闭、单独关押、集训前后；

（5）罪犯离监就医、离监探亲、特许离监前后；

（6）罪犯刑满释放、保外就医、假释前；

（7）因监管工作需要搜身的。

3. 人身检查的注意事项。

⇨引导问题 8：罪犯身体可能藏匿物品的重点部位有哪些？

___

⇨引导问题 9：人身检查时的注意事项有哪些？

___

⇨引导问题 10：根据人身检查流程，画出人身检查流程思维导图。

___

小提示

搜身检查时注意事项

（1）对罪犯搜身检查必须由两名或两名以上干警负责实施。

（2）搜身检查时干警要认真仔细，不留死角。

（3）注意尊重罪犯人格。

（4）分监区应建立《罪犯搜身记录》，每次对搜身情况要认真记录。

（5）发现违禁品、危险品及不宜携带的物品要及时收缴，并做好登记，负责搜身工作的干警要在搜身记录本上签字。

（6）女性罪犯由女性人民警察对其进行检查。

拓展思考题

1. 在人身检查时，还要特别注意罪犯的面部神态，这是什么原因？

___

2. 与日常人身检查相比，收监时的人身检查有什么区别？
_____
_____
_____
_____

3. 违禁品、违规品和危险物品有哪些？
_____
_____
_____
_____

相关知识点

1. 人身检查时发现违禁物品的处理：

（1）按要求在日常管理系统登记；

（2）报告监区值班领导；

（3）固定证据；

（4）根据需要控制罪犯；

（5）按规定查清违禁品来源、流通渠道、使用目的等；

（6）对罪犯根据计分考核及其他相关规定进行处理；涉及狱内案件的，交狱内侦查部门处理，上报省监狱局，并向驻监检察机关通报；

（7）对可能涉及履职不到位或违规违纪的民警，按照相关规定进行处理；对人身检查中发现违禁物品的民警，按照相关规定兑现奖励。

2. 对罪犯进行严格人身检查的范围：

（1）调入或调出罪犯时；

（2）暂予监外执行的罪犯离开和返回监狱时；

（3）亲情会见的罪犯离开和返回分监区以及进出亲情会见室时；

（4）住院罪犯离开和返回分监区时；

（5）对单独关押罪犯、禁闭罪犯、集训罪犯、顽危罪犯和重点罪犯进行人身检查时；

（6）侦破狱内案件需要严格人身检查时等。

3. **严格人身检查的要求**：对罪犯进行严格人身检查时，罪犯必须将衣服、鞋、袜全部脱下，由监狱责任干警逐件进行检查，并对罪犯身体可能藏匿物品的部位，如口腔、腋下、身体两侧、头发、耳孔、前胸后背、裆部等部位进行清查。

检查时，先责令被移送人在指定地点站好，并将随身所携带的物品放置于指定位置。然后令其两脚分开，面对墙壁，双手向上举，贴近墙面，民警按照从内到外、从上到下、从头到脚的顺序对其身体各部位进行全面仔细检查。

【任务6.2】物品检查

📋 **任务描述**

物品检查是指对罪犯出入分监区时携带的及家属送入等其他渠道交给罪犯的所有物品进行检查的行为。目的是防止物品中夹带各种危险品、违禁品、不应个人持有的物品及传递纸条等不良信息，确保监狱的安全稳定。

📋 **实训目标**

知识目标	能力目标	思政目标
使学生了解监狱监管场所中违禁品、违规品、危险物品的种类及管理要求，掌握不同类型物品检查的基本方法和管理流程。	培养学生物品检查的能力。	培养学生公正执法、爱岗敬业的职业素养。

📋 **实训重难点**

【实训重点】掌握物品检查的流程和实操技能。

【实训难点】掌握不同物品的具体管理要求和安全检查要点。

📋 **常见违禁品、违规品、危险物品清单**

项目	种类	管理要求	责任岗位
违禁品	1. 警械、枪支、弹药、雷管、炸药等物品； 2. 手机、对讲机及相关附属配件和其他具有移动通讯功能的电子设备； 3. 各种货币现钞、金融卡和有价证券； 4. 鸦片、海洛因、冰毒、吗啡、大麻、可卡因以及国家规定管制的其他能够使人形成瘾癖的麻醉药品和精神药品； 5. 管制刀具和刃器具； 6. 军警制服、便服、假发； 7. 危害国家安全宣传制品和淫秽物品； 8. 其他可能影响监所安全稳定的物品。	1. 严禁罪犯私藏、持有、使用； 2. 严格管控。	责任警察

项目	种类	管理要求	责任岗位
违规品	1. 含有酒精的饮品； 2. 火种及可用作点火的可燃物品； 3. 各种身份类证件； 4. 各种绳索及可用作绳索的生产原材料、半成品、成品等； 5. 玻璃陶瓷类制品及含有玻璃制品的物品； 6. 绝缘物品； 7. 各种燃料炊具和电炊具； 8. 其他未经允许不得在监狱限定区域和时间内持有使用的物品。	1. 严禁罪犯私藏； 2. 限定使用时间、区域； 3. 掌握使用范围及标准； 4. 指定存放区域； 5. 专人管理。	现场警察 责任警察
危险物品	1. 用于监狱生产、罪犯生产、罪犯生活卫生的各类刀具、刃器； 2. 具有一定杀伤力的生产工具和用作生产材料、具有较强破坏力的钝器； 3. 绳梯、爬梯、脚手架等攀高物； 4. 用于生产的易燃易爆品、麻醉品、剧毒品及放射性、腐蚀性物品； 5. 其他可能给监狱安全造成威胁的物品。	1. 严禁罪犯私藏； 2. 发放、回收清点登记； 3. 掌握使用情况、数量和区域； 4. 专人管理； 5. 指定存放区域。	现场警察 责任警察

实训情境描述

违禁品、违规品、危险物品流入监区不仅严重损害监狱文明公正的执法形象，而且扰乱监狱正常改造秩序，威胁监狱安全稳定。监狱应当引起重视，从根源上治理违禁品、违规品、危险物品流入监区的相关问题，专题分析违禁品、违规品、危险物品流入监区的原因和途径，从落实主体责任、队伍建设、监管改造和责任追究等着力点入手，全力打造违禁品、违规品、危险物品清缴查处大格局，努力构建以防为主、查防结合，全面防控，失责失职追究的违禁品、违规品、危险物品科学防控体系。

典型案例

5 名监狱干警沦为黑恶势力"马前卒"[1]

2019 年 4 月，××市纪委监委集中通报了 17 起充当黑恶势力保护伞典型案例，其中就有市监狱局侦保处处长赵×红、西青监狱民警张×顺、任×勇充当黑社会性质组织保护伞问题。

---

[1] "天津这样推动破除监狱系统积弊陋习"，载新浪网，http://tj.sina.com.cn/news/b/2021-01-08/detail-iizn-ezxt1175597.shtml，访问日期：2023 年 6 月 13 日。

通报显示，赵×红、张×顺、任×勇为"黑老大"颜×及其团伙服刑人员在分配监区、安排会见、捎带违禁品等方面提供方便；违规办理减刑、保外就医；为颜×"遥控指挥"狱外经营活动提供帮助。赵×红、张×顺、任×勇3人接受纪律审查和监察调查。

最终，××市纪检监察机关严肃查处了市监狱系统赵×红等5名干警充当黑恶势力保护伞等职务违法、职务犯罪案件。另据了解，赵×红所在的市监狱局侦保处去年有3人严重违纪违法，涉嫌职务犯罪，其中2人被"双开"，1人受到留党察看、行政降级处分。

监狱民警多次为服刑人员"带货"、违法替罪犯呈报减刑[1]

2014年~2017年，何×江在担任××监狱第十三监区民警期间，利用职务便利，接收本监区及其他监区服刑人员亲友汇款和现金共计14.69万元，为24名服刑人员捎带现金及物品，使其能够在监狱内使用，并从中截留约2.9万元占为己有，构成滥用职权罪。后在本监区呈报罪犯减刑工作过程中，何×江故意隐瞒多名罪犯私藏、使用违禁品、违规品的违纪事实，并同意呈报减刑，致使11名不符合减刑条件的罪犯被顺利减刑，构成徇私舞弊减刑罪。

实训任务书

按照监狱对违禁品、违规品、危险物品的管理流程，以及不同物品的检查要点，分小组进行演练，拍摄演练视频，上传到教学平台。

任务分组

学生任务分配表

班级		组号		指导老师	
组长		学号			
组员	姓名	学号		姓名	学号
任务分工					

---

[1] "监狱民警多次为服刑人员'带货'违法替罪犯呈报减刑"，载中新网，https://www.chinanews.com.cn/sh/2019/03-21/8786026.shtml，访问日期：2022年10月12日。

实训准备

1. 复习《狱内安全检查》课程中物品检查、安全管理方法的理论知识，熟记常见的违禁品、违规品、危险物品清单及常见物品检查的工作要点。
2. 阅读实训任务书，了解违禁品、违规品、危险物品的管理流程和工作要点。
3. 结合实训任务书分析物品检查工作的实训重点和难点。
4. 按照实训任务书的要求完成分组。

实训实施

1. 违禁品、违规品、危险物品认知。

➪引导问题1：常见的违禁品主要包括哪些？

_____
_____
_____

➪引导问题2：常见的违规品主要包括哪些？

_____
_____
_____

➪引导问题3：常见的危险物品主要包括哪些？

_____
_____
_____

小提示

违禁品、违规品、危险品管理基本知识

（1）违禁品。监狱明令禁止罪犯持有使用，且罪犯一旦持有使用将会对监狱安全稳定造成严重威胁的物品。

（2）违规品。监狱规定在限定区域和时间内限制罪犯持有使用，且罪犯一旦违规持有使用将会对监管安全秩序造成不利影响的物品。

（3）危险品。因监狱生产、建筑施工及罪犯生活卫生等原因确需进入监内，且按照规定应当由民警集中管理和妥善保管的物品。罪犯持有使用此类物品，有可能会对监狱安全稳定和他人人身安全造成威胁。

2. 常见物品的检查。

⇨引导问题4：香皂、洗发液、沐浴露等日用品的检查包括哪些内容？

⇨引导问题5：对鞋子、袜子等物品的检查包括哪些内容？

⇨引导问题6：对衣服、裤子的检查包括哪些内容？

⇨引导问题7：对棉被、枕头的检查包括哪些内容？

⇨引导问题8：对书籍、信件、卫生纸的检查包括哪些内容？

⇨引导问题9：对药品类的检查包括哪些内容？

⇨引导问题10：对包装袋的检查包括哪些内容？

⇨引导问题11：对危险物品和生产工具的检查包括哪些内容？

_____
_____
_____
_____

> 小提示

物品检查的基本要领

（1）对日用品检查，采用"一看、二拆、三捏、四挤"的方法检查。

（2）对鞋子袜子的检查，采用"一倒、二看、三摸"的方法以检查。

（3）对衣服、裤子的检查，采用"一翻、二摸、三打印"的方法检查。

（4）对棉被、枕头的检查，首先应将被单与内絮分离，分别放在平地上检查，必要时可打开内絮进行检查（枕头的检查按同一要领进行）。

（5）对书籍、信件、卫生纸的检查：采用"一翻、二抖、三查阅"的方法检查。

（6）对药品类的检查，采用"一看、二拆、三闻、四问"的方法检查。

（7）对需要带入监内的各类包装袋，必须严格检查，特别是对内外袋、里外双夹层处要认真的翻摸，检查是否有异物。

（8）对危险品和生产工具的检查：是否按规定集中管理、专人负责，发放、使用、回收、保管手续是否严格，记载是否清楚；核对生产所需的危险物品和生产工具有无遗失；检查存放的库房、工具箱锁具是否牢固；钥匙的存放位置；检查记录。

3. 物品检查的注意事项。

⇨引导问题12：罪犯身体有哪些部位可能成为藏匿位置？

_____
_____
_____
_____

⇨引导问题13：监狱内罪犯可能藏匿物品的重点部位有哪些？

生活区：_____
_____

劳动区：_____
_____

个人物品：_____
_____

⇨ 引导问题 14：搜身检查时的注意事项有哪些？

_____
_____
_____

⇨ 引导问题 15：阅读本任务中的典型案例，你有何思考？

_____
_____
_____
_____

小提示

罪犯心理危机干预的原则

指挥中心接到现场警察报警后，应立即指令事发监区通过点名、搜查脱逃罪犯物品、调查互监组成员及相关罪犯等途径迅速查明脱逃罪犯的人数、姓名、具体时间、原因、方式、脱逃地点、社会关系、体貌特征和可能的方向。

指挥中心根据指令及时拉响警报，指挥调度监区、特警队、驻监武警及业务部门应急警力参与处置。非事发监区听到警报后立即集合、清点、控制本监区罪犯，并第一时间向指挥中心报告。

拓展思考题

1. 监狱提供的生活必需品有哪些？
2. 可以准许罪犯带入监狱的物品有哪些？
3. 组织清查的时间是何时？

相关知识点

1. 监内主要隐藏区域。

（1）罪犯生活区域包括：监舍门框及缝隙、电视机（架）、水桶（脸盆）、监舍窗框及缝隙、草席、肥皂盒、洗漱间架子、床架及缝隙、规范柜、蓄水桶、规范包、蒸饭车、垃圾桶、下水管、花盆、消防栓、晒衣间、活动室、卫生间等部位。

（2）罪犯劳动区域包括：生产设备，车间电路桥架，箱、屉、袋、桶、罐等，吸尘器，仓库，配电房，周转箱，洗漱池，消防栓，灭火器，防沙等消防设施，车间门框，窗框及缝隙，工具房，机修房，垃圾桶，卫生间，食堂，储间间，冷库，垃圾场，工具箱等部位。

（3）罪犯个人物品包括：衣服、裤子口袋、棉被及夹层、袋装物内部、垫背及夹层、信件、书籍、日记等纸质材料的夹层及内容，电动剃须刀的刀槽及电池盒，枕头及夹层等部位。

2. 安全检查。

（1）罪犯出入分监区必须进行安全检查，在罪犯通过安检时，干警要在现场监督检查。

（2）安全检查时的注意事项：①正确使用安检设备，确保设备有效、灵敏；②对在安检中出现报警的罪犯，责任干警应对其再次进行安检，经检查确认无携带危险物品和不应有罪犯个人保管、持有的物品后放行；③安检中反复检查仍报警的，应由责任干警对其进行净身检查，切实查明原因；④安检结束后，责任干警要将安检情况填写在《安检记录》上，写明安检结果，并由责任干警本人签字。

【任务6.3】监管场所检查

任务描述

监狱要定期和不定期地对监管场所进行日常安全检查，及时发现和消除隐患，清除可能用于脱逃、行凶、自杀、自伤和进行破坏活动的物品。对严管对象所在居住场所，应当提高安全检查频次。

实训目标

知识目标	能力目标	思政目标
使学生了解监管场所安全检查的基本内容和要求，掌握各个场所检查的基本方法和工作流程。	培养学生场所检查的能力。	培养学生公正执法、爱岗敬业的职业素养。

实训重难点

【实训重点】掌握监管场所安全检查的流程和实操技能。

【实训难点】掌握清仓的操作规范和具体要求。

清仓流程图

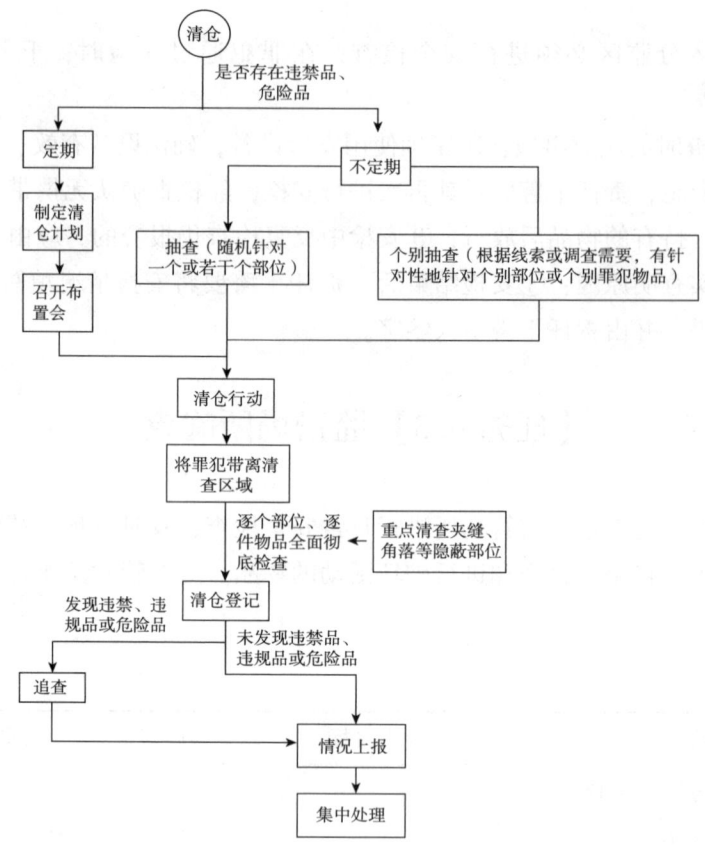

典型案例

服刑人员狱中喝酒赌博玩手机　特殊待遇背后藏了什么？

日前，湖北省荆州市中级人民法院公布了一则刑罚与执行变更刑事裁定书。文书显示，罪犯王×兵在监狱服刑期间，享受诸多"特殊待遇"，能喝酒、赌博，甚至使用手机与外界频繁联系，发布微信朋友圈 600 余条。

监狱作为国家刑罚执行机关，在监区管理、劳动教育、减刑审批等方面有严格的规章制度约束。高墙之内，服刑人员为何能视监管如无物，过得逍遥快活？"特殊待遇"背后，有着哪些不法勾当？

王×兵于 2008 年因犯组织、领导黑社会性质组织罪、故意杀人罪、赌博罪、敲诈勒索罪、寻衅滋事罪，被判处无期徒刑。服刑后，经当地法院裁定，于 2013 年 11 月和 2017 年 7 月 2 次共裁定减刑 1 年 7 个月。当地法院日前对相关问题进行调查，撤销了这 2 次减刑。

刑事裁定书披露，王×兵在监狱服刑期间，曾安排其家属或由本人亲自使用现金、高档香烟、节日特产等物品贿赂 5 名狱警。其目的一是获取白酒、手机等违规物品，二是获取行政奖励，实现减刑。此外，王×兵还通过行贿，帮助其他服刑人员调整劳动岗位、得到行政奖励，以获得名声、地位。

法院查明，2013年下半年，在王×兵及其家属的拉拢腐蚀下，狱警徐×将手机和手机卡带入监内交给王×兵，狱警王×为他办理了银行卡并绑定该手机号，这使得王×兵能用手机掌握资金进账的动态情况。

此外，徐×数年间还应请求将累计6.8万元现金违规夹带进监，王×兵因此能够为其他服刑人员提供现金、进行债务结算，供他们进行贿赂、聚众赌博等。因王×兵喜爱饮酒，徐×便利用工作便利携带累计400余斤白酒进入监内。服刑期间，王×兵多次聚众饮酒，并用手机拍摄现场照片发布到微信朋友圈，与外界频繁联系互动。更为严重的是，相关人员明知王×兵严重违规，不符合减刑条件，仍大开减刑审批的方便之门，使其获得2次减刑。

王×兵长期逍遥于监狱管理规定之外，除了狱警为个人私利突破纪法底线的原因外，归根到底是制度执行不严、日常监督严重缺位。

据了解，监狱一般划分为监区与行政工作区，进监区须遵循"零带入制度"，在监区入口设有指定储物柜来存放狱警物品，并有语音提醒。但在一些地方，由于缺乏有效的监督检查，该制度主要靠狱警自觉来落实；监控设施虽发挥作用，但并未实现彻底的"全覆盖""零死角"；执法记录仪的使用也不够规范，避开监控监督并非难事。制度执行存在漏洞的同时，如果对工作人员的思想教育和日常监督跟不上，心术不正者就有了违规操作的空间。

王×兵案并非个案。早在2016年，湖南省××监狱服刑人员聚众赌博事件便被媒体曝光。经查，××监狱两名民警滥用职权，违规为监区服刑人员夹带现金、烟、酒等违禁物，为其赌博提供便利。2020年7月，全国扫黑办披露山西任×军案相关细节，被判处无期徒刑的任×军在监狱里受多方"关照"，开单间、设小灶，长期为非作歹，殴打欺压他人，却7次违规获得减刑。

"关死'特殊待遇'的后门，需要标本兼治。"湖南省司法行政戒毒系统干部杜伟认为，一方面，要关口前移，加大用科技力量防止违禁品入监力度，实现监督覆盖无死角，一旦违规，从严处置；另一方面，要提升工作人员遵纪守法的自觉性，严格落实各项管理制度。

与此同时，目前不少地方正在建设"智慧监狱"，对监区的敏感区域实行智能管理，完善刷脸认证、人物对应、违禁报警、智能分析等功能。对狱警执法权限的管理也在不断细化，如带班狱警与服刑人员面谈须严格记录、技术留痕等，检查、监督更加科学规范。

为王×兵提供"特殊待遇"的多名狱警正受到纪律和法律的惩处。以原副监狱长向×为例，荆州市纪委监委已对其立案调查，依法暂扣涉案赃款5.1万元人民币，将其涉嫌受贿犯罪问题移送检察机关依法审查公诉。另据中国裁判文书网司法文书披露，狱警徐×已被××人民法院以滥用职权罪判处有期徒刑1年2个月。

实训情境描述

按照监狱管理的相关规定，由监狱领导带队，专门组建安全隐患排查整治工作小组，全面开展安全大检查、隐患大排查，严格落实防风险、保安全、护稳定的各项制度措施的要求，对整个监管区内进行地毯式、全方位、无死角的检查和排查。做到无死角、无遗漏、无盲区，分类施策，隐患清底、风险清零、措施见效。

实训任务书

按照清仓流程，分小组进行演练，拍摄演练视频，上传到教学平台。

任务分组

学生任务分配表

班级		组号		指导老师	
组长		学号			
组员	姓名	学号		姓名	学号
任务分工					

实训准备

1. 复习《狱内安全检查》课程中监管安全检查的理论知识，熟记监狱外围、生活区、生产区安全检查的常见方法和具体要求、清仓行动的工作流程与工作要点。

2. 阅读实训任务书，了解监管安全检查的各项工作流程和工作要点。

3. 结合实训任务书分析清仓工作的实训重点和难点。

4. 按照实训任务书的要求完成分组。

实训实施

1. 监区外围的检查。

⇨引导问题1：对监区外围的检查主要包括哪些设备、地段？

_____
_____
_____

⇨引导问题2：对监区围墙检查时的工作要点是什么？

_____
_____

⇨引导问题3：对监区电网及报警系统检查时的工作要点是什么？

⇨引导问题4：对监区照明设施检查时的工作要点是什么？

2. 生活区的检查。

⇨引导问题5：对生活区的检查主要包括哪些场所？

⇨引导问题6：对监舍检查时的工作要点是什么？

⇨引导问题7：对公共生活场所进行检查时的工作要点是什么？

> **小提示**
>
> **高度重视安全检查**
>
> 分监区进行全面清创始时，监区应加强组织和领导，履行好监督、检查职能，监区长应到场监督、指导，分监区应在组织实施的前一天将清监的具体时间向狱政科进行报告，狱政科将根据情况指派干警配合分监区的清监工作。

3. 生产区的检查。

⇨引导问题8：对生产区的检查主要包括哪些范围？

⇨引导问题9：对危险物品的检查要点是什么？

⇨引导问题10：对生产工具检查时的工作要点是什么？

⇨引导问题11：对劳动现场服刑人员检查时的工作要点是什么？

> **小提示**
>
> **注重日常安全检查**
>
> （1）分监区每周要由一名管教副分监区长带领若干名干警有选择地对重点部位或认为有必要的区域进行清监检查。
>
> （2）分监区每半月清监情况，要按监狱规定的制式表格填报清监情况。
>
> （3）狱政科每月对各分监区的清监、搜身、物品检查工作情况通过监控录像或到场的形式随时进行检查。如因干替工作不仔细、不认真，造成违禁品、危险品和不宜携带出监狱的物品带出监狱，监狱将按照相关制度追究干警责任。

4. 清仓。

⇨引导问题12：清仓方式主要包括哪几种？

➡ 引导问题13：监狱里清仓范围包括哪些地方？

➡ 引导问题14：清仓主要包括哪些项目？

➡ 引导问题15：清仓时哪些地方特别容易疏忽？

小提示

清仓的注意事项

人身搜查完毕后再开始正式检查。检查按先外后内，先上后下的次序进行。首先查监护区外的草坪、花盆、下水道、垃圾桶等处，然后到监护区内的大厅、消防通道、上下楼梯走廊等处；再到厕所、储藏室、居室、心理咨询室等处，确保检查工作的全面和彻底。

部分特别容易疏忽的部位

（1）篮球架底座、绿化带等要翻开看；

（2）晒衣场罪犯晾晒衣物、鞋子要摸遍；

（3）瓶、壶、罐、已开封的袋子等要打开看；

（4）书、信等要翻开看；

（5）被褥要全摸遍；

（6）枕头要打开看；

（7）床板要重点检查缝隙、边缘、下面等；

（8）窗户边、阳台下、下水口等要仔细摸查；

（9）墙面瓷砖、张贴物等缝隙要贴近看；

（10）绿植要检查底盘以及泥土是否松动；

（11）桌、柜、工位台等下面、缝隙要查遍；

（12）消防栓、箱等要检查是否有触动痕迹；

（13）电视机、多媒体设备、插座、线盒等要检查是否有打开痕迹；

（14）其他根据安全管理需要注意的事项。

5. 物品检查的注意事项。

⇨引导问题16：为什么要在重大节假日、重要活动等前组织清仓？

_____
_____
_____
_____

⇨引导问题17：对监狱进行全面清查是为了防止罪犯哪些行为的发生？

_____
_____
_____
_____

> **小提示**
>
> **日常安全检查的基本要领**
>
> 无论是定期查还是突击查，都应遵循一定的步骤与程序，才能及时查出藏匿的各类违禁物品。
>
> （1）检查前要做好保密工作，不透露任何信息，同时密切关注罪犯群体中的各种微小动向。
>
> （2）检查开始前，应迅速将罪犯集合在大厅或宽敞的场地上，防止他们在检查开始前转移违禁物品。在整个检查过程中，集合现场必须保证有两名以上民警管理，防止罪犯随意走动。
>
> （3）集合后对罪犯进行一次政策教育，让藏有违禁物品的罪犯主动上交，争取获得宽大处理。
>
> （4）检查前必须对罪犯人身搜查。在人身搜查过程中，如发现罪犯神态有异常或发现其他线索，应个别教育，重点开导，促其主动上交私藏的各类违禁品。

⇨引导问题18：请根据清仓的实际工作需求，制订一个清仓的具体方案。

_____
_____
_____
_____

⇨引导问题 19：请阅读本任务中的典型案例，并阐述你的想法？

_____
_____
_____

拓展思考题

1. 监狱提供的生活必需品有哪些？
2. 可以准许罪犯带入监狱物品有哪些？
3. 违禁品、违规品和危险物品有哪些？

相关知识点

1. 清监方式。

（1）定期清监。①各监区对罪犯生活、学习、劳动三大现场等每月统一组织清监一次；分监区每月对本监狱规定的范围进行 2 次全面清监；②专管民警对罪犯工位、床位、储物柜和个人用品等每月另行清查 1 次以上；③重大节假日、重要活动等前组织清查。

（2）不定期清监。①收到检举揭发或掌握其他线索时；②发现异常狱情时；③监狱、监区或民警组织抽查或突击清监时；④其他监管工作需要时。

2. 发现违禁物品的处理。①按要求在日常管理系统登记；②报告监区值班领导；③固定证据；④根据需要控制罪犯；⑤按规定查清违禁物品来源、流通渠道、使用目的等；⑥对罪犯根据计分考核及其他相关规定进行处理；涉及狱内案件的，交狱内侦查部门处理，上报省监狱局、并向驻监检查机关通报；⑦对可能涉及履职不到位或违规违纪的民警，按照相关规定进行处理；对清仓发现违禁物品的民警，按照相关规定兑现奖励。

3. 安全检查程序。

拓展资源

某拘留所安全检查程序

一、每日入仓检查

每日接班后，值班民警要对收容室进行检查、巡视、清理，发现问题及时处置，检查情况应当在值班记录上予以记载。

1. 参加人员：当天正班、副班民警、辅警。
2. 参加时间：每日上午 9：30。
3. 检查范围：拘留区。
4. 值班和管教民警通过巡视、清理拘室对出入所的被拘留人员人身实施检查。
5. 发现拘室或被拘留人员人身藏有违禁物品的，必须立即收缴，展开调查，查明出处。
6. 对于发现的安全隐患，有条件的立即处理，不能处理的立即报告总值班领导并及时采用相应的措施。

7. 对当天发现隐患和处理结果做好记录并录入系统。

二、每周安全大检查

1. 参加人员：全所在所民警、辅警、保安、电工。

2. 参加时间：每周四上午9：30。

3. 检查范围：拘留区、办公区、宿舍、消防安全、水电安全、电子设备、保密信息安全。

4. 由主要领导或值班副所长组织。重大节日、重大节点随时进行。

5. 办公室、宿舍、拘室存在脏、乱、差及安全隐患问题的，对相关人员进行通报批评，责令整改。

6. 对安全检查中发现的危险品进行登记。安全检查后，填写《安全检查情况登记表》，召开安全小结会议，通报发现的安全隐患并提出整改措施。

三、每周动态分析会

1. 参加人员：全所在所民警辅警、医生。

2. 参加时间：每周安全大检查后。

3. 主持人：原则上由分管管教工作领导主持，如分管领导不在，由当天值班领导主持。

4. 程序：

（1）各主管管教对分管拘室被拘留人一周情况进行小结，特别是重点人员情况及自身开展的相关工作。主管管教不在的，由协管管教负责小结。

（2）其他工作人员对发现的风险隐患进行汇报。

（3）主持领导针对隐患确定整改措施。

四、每月安全大检查

1. 安全大检查每月不少于1次，重大节日前必须检查，必要时随时检查。

2. 安全大检查由所长组织，对全所各项管理工作和安全设施装备进行全面检查。检查时必须认真、细致、彻底，不放过任何死角和疑点。

3. 对检查中发现的问题，要立即予以解决，一时解决不了的，应当及时采取必要的补救措施，及时消除隐患。

4. 检查结束后，对检查情况进行总结、通报，并做好记录。

五、特殊时段检查

在以下节点应当组织对居室进行清检：

1. 发现异常情况或者接监护对象汇报异常线索后；

2. 监护对象安置进入单人居室、家庭居室前后；

3. 维修人员、医护人员、来访人员等外来人员进入监护区居室后；

4. 会见结束后；

5. 节假日前和必要时可以组织专门安全大检查。

4. 搜查方法。

（1）地段法：分区定位，适合小型场所。

（2）条形法：搜查力量较少时使用。

（3）螺旋式法：适合于山地。

（4）平行法：适合于平原地带，力量足时采用。

（5）纵横法：搜查重点区域，且力量充足时采用。

（6）警犬追踪和步法追踪搜查法。

（7）打捞法。

评价反馈

1. 学生自评。学生评价自己是否能掌握对罪犯人身检查、物品检查、监管安全检查的操作程序和方法，是否能按照法律的工作流程完成相关工作，是否按时完成实训报告、操作视频等实训成果资料，有无任务遗漏。

学生进行自我评价，并将结果填入学生自评表中。

学生自评表

班级：	姓名：	学号：		
任务 6.3	狱内安全检查			
评价项目	评价标准		分值	得分
人身检查	明确搜身的目的		5	
	掌握搜身的流程		5	
	熟悉重点部位的检查要领		5	
	能够掌握搜身操作步骤		5	
	了解搜身的注意事项		5	
物品检查	掌握违禁品、违规品、危险物品的种类		5	
	能够对违禁品、违规品、危险物品进行排查认定		3	
	熟悉各个区域的物品管理		2	
	掌握各类常见物品的检查		5	
	了解罪犯可能藏匿物品的重点部位		5	
	了解物品检查的注意事项		5	

续表

监管安全检查	掌握监区外围检查的工作要点	5	
	掌握生活区检查的工作要点	5	
	掌握生产区检查的工作要点	5	
	明确清监的目的	4	
	掌握清监的工作流程	3	
	掌握清监的注意事项	3	
工作态度	态度端正，没有无故缺勤、迟到、早退现象	5	
工作质量	按要求认真完成实训任务	5	
协调能力	与小组成员间合作交流、协调工作	5	
职业素养	能做到依法、文明、准确执法	5	
创新意识	能够学以致用、大胆探索	5	
合计		100	

2. 生生互评。同组学生之间相互进行评价。评价协作伙伴是否按流程进行狱内安全检查工作，是否掌握狱内安全检查工作的操作要点和注意事项，是否能指出操作中存在的问题并予以纠正。异组学生之间相互进行评价。总结其他小组在实训表现中的优缺点，指出操作中存在的问题并予以纠正。

学生以小组为单位，对以上学习情境的过程和结果进行互评，将互评结果填入学生互评表中。

学生互评表

学习情景		情景名称：											
评价项目	分值	等级							评价对象（组别）				
									1	2	3	4	5	6
计划合理	8	优	8	良	7	中	6	差	4					
方案准确	8	优	8	良	7	中	6	差	4					
团队合作	8	优	8	良	7	中	6	差	4					
组织有序	8	优	8	良	7	中	6	差	4					
工作质量	8	优	8	良	7	中	6	差	4					
工作效率	8	优	8	良	7	中	6	差	4					
流程完整	10	优	10	良	8	中	6	差	4					
操作规范	16	优	16	良	12	中	8	差	4					

续表

实训报告	16	优	16	良	12	中	8	差	4			
成果展示	10	优	10	良	8	中	6	差	4			
合计	100											

3. 教师评价。实训报告书写、实训视频制作是否规范，报告内容是否出自真实实训，演练过程是否详尽，认识体会是否深刻，是否起到了实训作用。

教师综合评价表

班级：		姓名：	学号：		
任务 6.3			狱内安全检查		
评价项目		评价标准		分值	得分
考勤（10%）		没有无故迟到、早退、旷课现象		10	
工作过程（60%）	人身检查	明确搜身的目的		3	
		掌握搜身的流程		3	
		熟悉重点部位的检查要领		5	
		能够掌握搜身操作步骤		5	
		了解搜身的注意事项		3	
	物品检查	掌握违禁品、违规品、危险物品的种类		3	
		能够对违禁品、违规品、危险物品进行排查认定		3	
		熟悉各个区域的物品管理		5	
		掌握各类常见物品的检查		5	
		了解罪犯可能藏匿物品的重点部位		3	
		了解物品检查的注意事项		3	
	监管安全检查	掌握监区外围检查的工作要点		3	
		掌握生活区检查的工作要点		3	
		掌握生产区检查的工作要点		5	
		掌握清监的工作流程		5	
		掌握清监的注意事项		5	
职业素养（15%）	工作态度	态度端正，工作认真、主动		5	
	协调能力	与小组成员、同学之间能合作交流、协调工作		5	
	职业作风	能做到依法、文明、准确执法		5	

续表

项目成果（15%）	流程完整	流程完整，无遗漏	5	
	操作规范	按工作要点完成实训	5	
	实训报告	认真撰写实训报告	5	
	成果展示	能准确表达、汇报实训成果	2	
合计			100	

4. 行业专家评价。工作流程是否正确，是否熟练掌握岗位技能，是否符合实际工作要求。

行业专家评价表

班级：		姓名：	学号：	
任务6.3		狱内安全检查		
评价项目		评价标准	分值	得分
狱内安全检查		工作流程正确	30	
		熟练掌握岗位技能	40	
		符合工作要求	30	
合计			100	

> 拓展阅读

1. 房玉国：《北京监狱狱政管理实务》，中国财政经济出版社2013年版。

2. 唐新礼主编：《狱政管理》，法律出版社2020年版。

3. 乔成杰主编：《监狱执法实务》，化学工业出版社2012年版。

4. 贾洛川：《守望与超越：变革时代下监狱理论与实践探析》，北京大学出版社2016年版。

> 相关法律法规

1. 《司法部关于切实加强监狱、强制戒毒所违禁物品管理的若干规定》。

2. 《广东省监狱管理局监区教育改造工作规则》。

> 数字化资源

项目七

罪犯心理危机干预

【任务 7.1】 罪犯心理危机识别技术

任务描述

按照心理危机干预的相关知识和技术对罪犯进行心理评估,针对不同服刑时期罪犯的心理特点排查干预对象;依据狱情分析(监区警察、业务科室、狱情防控系统)排查发现干预对象。

实训目标

知识目标	能力目标	思政目标
理解危机和罪犯危机干预的意义。 了解危机识别的目标和模式。 掌握心理危机的分类、主要表现与判断标准。	能掌握异常心理识别的基本技能。 具备对服刑人员的心理危机识别能力。	深挖本任务蕴含的自由平等、公正法治、自强创新等思政元素和思政载体,弘扬社会主义核心价值观。 培养学生助人自助、提升危机处置自我效能感的职业素养。

实训重难点

【实训重点】掌握罪犯心理危机识别与评估流程。
【实训难点】掌握罪犯心理危机的特征识别。

> 心理危机识别流程图

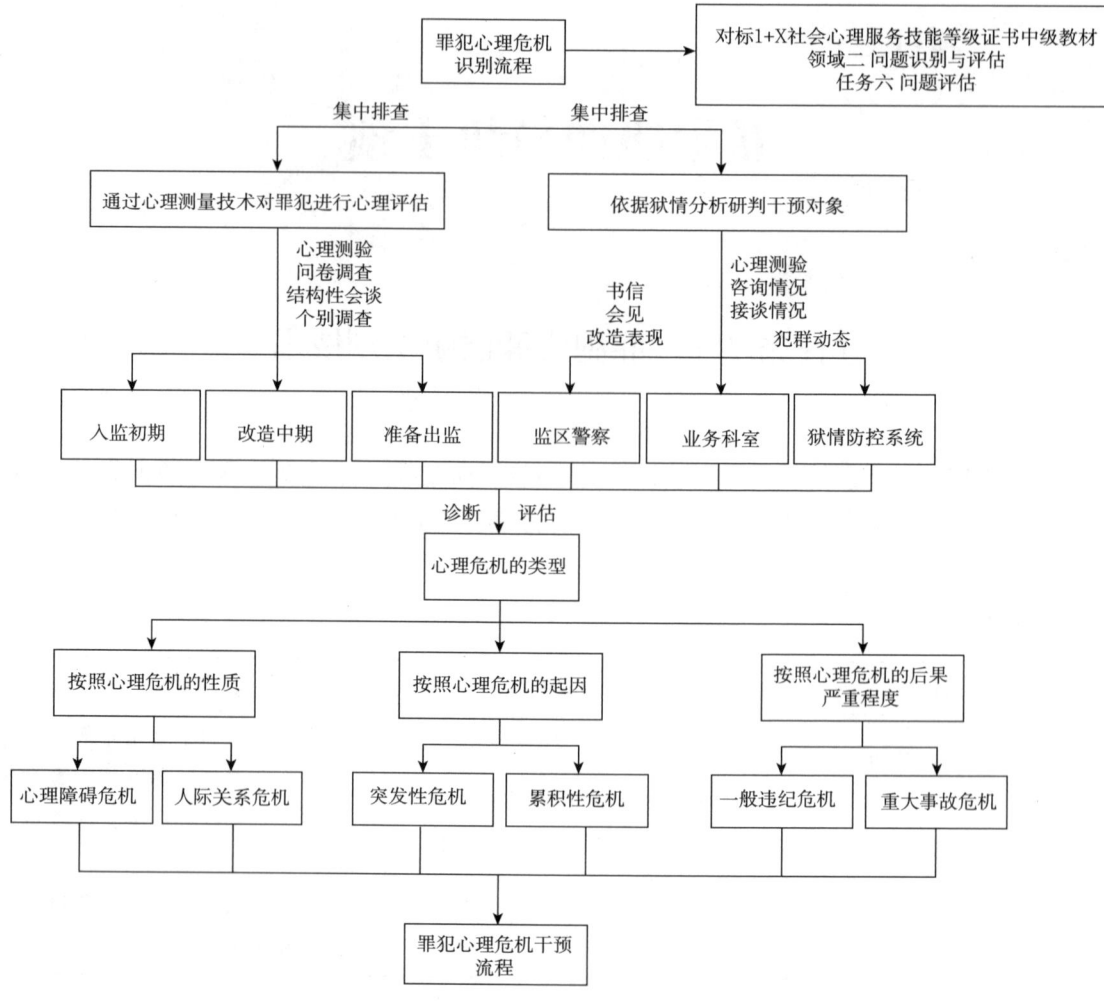

【实训情境 7.1.1】 罪犯心理危机识别

> 实训情境描述

按照罪犯心理危机的表现进行识别,掌握评估罪犯心理危机的分类方法和流程及注意事项,准确研判以便后续采取合适的心理危机干预措施。

项目七　罪犯心理危机干预

图 7-1　民警对出现心理危机的罪犯进行个别干预

实训任务书

1. 熟悉心理测量评估筛查方法。
2. 掌握排查、研判罪犯心理危机的方法及评估预警报告的撰写。
3. 熟悉心理危机识别流程，分小组进行演练，拍摄演练视频，上传到教学平台。
4. 在三维模拟仿真实训中心自助完成心理危机识别的仿真实训。

心理危机识别流程图

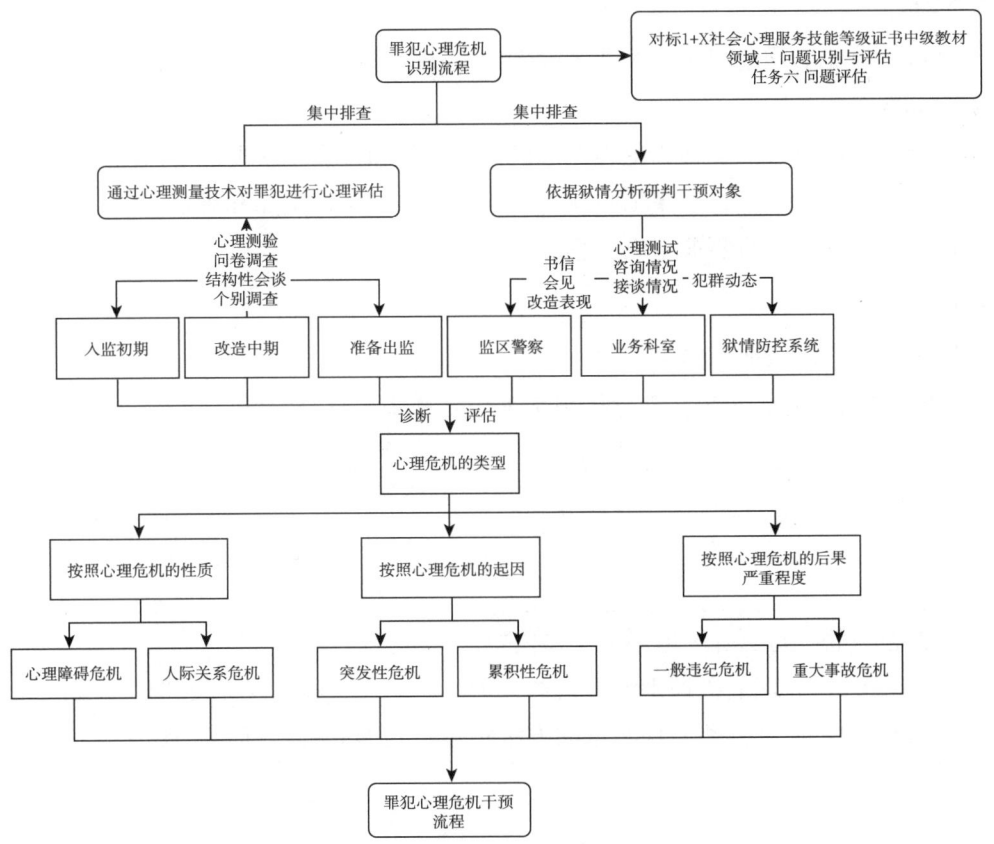

任务分组

学生任务分配表

班级		组号		指导老师	
组长		学号			
组员	姓名	学号	姓名	学号	
任务分工					

实训准备

1. 复习《罪犯心理危机干预》课程中罪犯心理危机识别流程，熟记罪犯心理危机的识别诊断标准。
2. 阅读实训任务书，了解罪犯心理危机识别流程和排查工作要点。
3. 结合实训任务书，分析罪犯心理危机识别工作的实训重点和难点。
4. 按照实训任务书的要求完成分组。

实训实施

1. 罪犯心理危机识别工作流程。

⇨引导问题1：完成罪犯心理危机识别工作有哪些步骤？

_____
_____
_____

2. 排查心理危机问题阶段各环节工作内容。

⇨引导问题2：心理危机识别流程具体分为_____和_____两个方面。

⇨引导问题3：通过哪些心理测量的方法对罪犯心理危机进行诊断评估？

_____
_____

⇨ 引导问题4：入监初期罪犯（新犯）易产生哪些常见心理危机问题？

📖 **小提示**

在监狱中，心理危机干预主要适用于的罪犯类型

罪犯心理危机是一种特殊机构中的危机，即监狱中的危机。监狱的隔离性、特殊的人际关系、罪犯行动自由受限制和被剥夺等是监狱特有的自然因素，其很有可能成为罪犯心理危机产生的重要因素。

（1）遇到重大事故（如家中亲人死亡、妻子要求离婚或改造中受到惩处），心理处于严重失衡状态的罪犯；

（2）人格缺陷较严重，经常处于紧张、焦虑、抑郁状态下而不能自拔的罪犯；

（3）不能适应服刑生活，产生严重的拘禁反应，缺乏人际关系的应对技巧，自感无法摆脱困境的罪犯；

（4）认知改变、躯体不适和行为改变不符合任何神经症、精神病的诊断标准的罪犯；

（5）其他因心理困扰需要紧急救助的罪犯。

⇨ 引导问题5：改造中期罪犯易产生哪些类型的创伤性事件？

⇨ 引导问题6：出监区罪犯易产生哪些常见心理危机问题？

⇨ 引导问题7：监区警察可根据罪犯_____、_____、_____等情况进行心理危机问题排查。

⇨ 引导问题8：业务科室可根据罪犯_____、_____、_____等情况进行心理危机问题排查。

⇨引导问题9：罪犯心理危机的类型有哪些？请举例说明。
_____
_____
_____

⇨引导问题10：为防范重点犯、顽危犯因某些心理危机问题没有及时化解而引发重大违纪或危及监管安全的事件发生，应当及时更新掌握该类罪犯与改造密切相关的哪些信息？
_____
_____
_____

> 小提示
>
> **罪犯心理危机的诊断与评估内容**
>
> （1）情绪反应：心理危机罪犯往往表现出高度紧张、抑郁焦虑的情感反应，部分人甚至会出现恼怒、敌对、烦躁、失望、无助的情感反应；
>
> （2）认知活动：在急性情绪创伤和自杀准备阶段，心理危机者的注意力往往过分集中在悲伤反应，想着"一死了之"，从而出现记忆减退和认知能力下降，判断、分辨和作出决定的能力下降的现象；
>
> （3）行为表现：心理危机罪犯往往会有痛苦悲伤的表情，哭泣或独居一隅等反常行为。例如，不能参加劳动、不合群、社交能力丧失；对周围环境漠不关心；对前途悲观或者失望，从而产生拒绝他人帮助和关心的行为；
>
> （4）躯体症状：相当一部分心理危机罪犯在危机阶段会有失眠、多梦、早醒、食欲不振、心悸、头痛、全身不适等多种躯体不适表现，部分罪犯还会出现血压、心电生理及脑电生理等方面的变化。

⇨引导问题11：根据罪犯心理危机识别的流程，画出思维导图。

📋 评价反馈

1. 学生自评。学生评价自己是否能完成罪犯心理危机识别技术的理论学习，是否能按照罪犯心理危机识别技术的工作流程完成工作内容，是否按时完成实训报告、操作视频等实训成果资料，有无任务遗漏。

学生进行自我评价，并将结果填入学生自评表中。

学生自评表

班级：	姓名：		学号：	
任务 7.1		罪犯心理危机识别技术		
评价项目		评价标准	分值	得分
综合排查	根据心理测量技术进行心理评估	入监初期	5	
		改造中期	5	
		准备出监	5	
	根据狱情分析研判对象	监区警察（书信、改造表现）	10	
		业务科室（心理档案）	10	
		狱情防控系统（犯群动态）	10	
识别心理危机类型		按心理危机性质	10	
		按心理危机起因	10	
		按心理危机后果的严重程度	10	
工作态度		态度端正，没有无故缺勤、迟到、早退现象	5	
工作质量		按要求认真完成实训任务	5	
协调能力		与小组成员间合作交流、协调工作	5	
职业素养		能做到动之以情、晓之以理、树立正确生命观	5	
创新意识		能够学以致用、大胆探索	5	
		合计	100	

2. 生生互评。同组学生之间相互进行评价。评价协作伙伴是否按流程进行罪犯心理危机识别工作，是否掌握心理危机识别的操作要点和注意事项。指出操作中存在的问题并予以纠正。异组学生之间相互进行评价。总结其他小组在实训表现中的优缺点，指出操作中存在的问题并予以纠正。

学生以小组为单位，对以上学习情境的过程和结果进行互评，将互评结果填入学生互评表中。

学生互评表

学习情景		情景名称:												
评价项目	分值	等级							评价对象（组别）					
									1	2	3	4	5	6
计划合理	8	优	8	良	7	中	6	差	4					
方案准确	8	优	8	良	7	中	6	差	4					
团队合作	8	优	8	良	7	中	6	差	4					
组织有序	8	优	8	良	7	中	6	差	4					
工作质量	8	优	8	良	7	中	6	差	4					
工作效率	8	优	8	良	7	中	6	差	4					
流程完整	10	优	10	良	8	中	6	差	4					
操作规范	16	优	16	良	12	中	8	差	4					
实训报告	16	优	16	良	12	中	8	差	4					
成果展示	10	优	10	良	8	中	6	差	4					
合计	100													

3. 教师评价。实训报告书写、实训视频制作是否规范，报告内容是否出自真实实训，演练过程是否详尽，认识体会是否深刻，是否起到了实训作用。

教师综合评价表

班级:			姓名:		学号:	
任务7.1				罪犯心理危机识别技术		
评价项目			评价标准		分值	得分
考勤（10%）			没有无故迟到、早退、旷课现象		10	
工作过程（60%）	综合排查	根据心理测量技术进行心理评估	入监初期		5	
			改造中期		5	
			准备出监		5	
		根据狱情分析研判对象	监区警察（书信、改造表现）		5	
			业务科室（心理档案）		5	
			狱情防控系统（犯群动态）		5	
	识别心理危机类型		按心理危机性质		10	
			按心理危机起因		10	
			按心理危机后果的严重程度		5	

续表

职业素养（15%）	工作态度	态度端正，工作认真、主动	5	
	协调能力	与小组成员、同学之间能合作交流、协调工作	5	
	职业作风	能做到依法、文明、准确执法	5	
项目成果（15%）	流程完整	流程完整，无遗漏	5	
	操作规范	按工作要点完成实训	5	
	实训报告	认真撰写实训报告	5	
	成果展示	能准确表达、汇报实训成果	5	
合计			100	

4. 行业专家评价。工作流程是否正确，是否熟练掌握岗位技能，是否符合实际工作要求。

行业专家评价表

班级：		姓名：		学号：	
任务 7.1		罪犯心理危机识别技术			
评价项目		评价标准		分值	得分
罪犯心理危机识别技术		工作流程正确		30	
		熟练掌握岗位技能		40	
		符合工作要求		30	
合计				100	

5. VR 自助训练系统评。根据以上评价信息，填写综合评价表。

综合评价表

综合评价	自评（15%）	小组互评（30%）	教师评价（40%）	行业专家评价（10%）	VR 系统评价（5%）	综合得分

拓展问题

1. 如何识别罪犯心理危机类型？
2. 罪犯心理危机发生的主要因素是什么？

相关法律法规

1. 《广东省监狱管理局罪犯心理矫治工作规定》。
2. 《中华人民共和国精神卫生法》（2012 年颁布，2018 年修正）。
3. 《关于进一步加强精神卫生工作指导意见的通知》。
4. 国家卫计委、中宣部、中央综治办等《关于加强心理健康服务的指导意见》。

5. 国家卫生健康委、中央政法委、中宣部等《关于印发全国社会心理服务体系建设试点工作方案的通知》（2018年）。

6. 国家卫生健康委办公厅、中央政法委办公厅、教育部办公厅等《关于印发全国社会心理服务体系建设试点2021年重点工作任务的通知》。

7. 国家卫生健康委办公厅《关于印发社会心理服务体系建设试点地区基层人员培训方案的通知》（2020年）。

8. 《中华人民共和国突发事件应对法》（2007年实施）。

相关知识点

1. 影响罪犯心理危机发生的主要因素。

（1）突发事件重大心理应激事件。这主要包括罪犯配偶提出离婚、失去亲人、身患重病、人际关系紧张等。此类危机爆发剧烈，处于危机中的罪犯心理情绪严重失衡，认知偏激，行为盲目，易导致灾难性后果，导致恶性改造事件的发生。例如，某罪犯从家信中得知其父亲去世的消息，突然大哭，情绪极为悲伤，头猛撞墙，造成自伤自残的严重事件。

（2）日常事件。服刑生活中日常繁琐事件容易造成消极心理长期积聚，导致心理危机的发生，引发打架斗殴甚至自伤自残等事件的发生。

（3）不同年龄阶段的心理需要。个体在生命发展的每个年龄阶段都可能产生危机，如年轻罪犯有亲近的需要，但被关押于监狱使得这些关系无法建立，往往会因此导致心理危机的发生。而老年罪犯感叹人生暮年、深陷牢狱，回顾过去自感悲凉孤独，易引发自我伤害。

（4）人格特征。研究表明，拥有个性强、报复期望高、固执、喜争辩、急躁、易紧张、好冲动、富有敌意和攻击性强等性格特征的人，容易发生心理危机。在监管改造中，同样的危机事件对不同人格特征的罪犯会产生不同的心理反应和影响结果。

2. 心理危机的发展。心理学研究发现，人们对危机的心理反应通常经历四个阶段：

（1）冲击期。发生在危机事件产生后不久，感到震惊恐慌、不知所措。例如，罪犯突然得知妻子提出离婚，亲人得了重病，家乡遭受重大自然灾害等消息后，大多数人会表现出恐惧和焦虑。

（2）防御期。表现为想恢复心理上的平衡，控制焦虑和情绪紊乱，恢复受到损害的认知功能，但不知如何做，会出现否认、合理化等心理防御机制。

（3）解决期。采取各种方法接受现实，寻求各种资源努力设法解决问题。表现为焦虑减轻，自信增加，社会功能恢复。

（4）成长期。经历了危机，变得更成熟，获得应对危机的技巧。但也有个体因消极应对而出现种种心理不健康的表现与行为。

📊 数字化资源

【任务7.2】罪犯心理危机干预工作流程

📝 任务描述

按照罪犯心理危机识别以及诊断评估结果,针对罪犯心理危机问题,制定危机干预目标;按照罪犯心理危机干预的原则和基本模式,遵守心理干预的一般工作流程,对罪犯及时实施心理危机干预。

🎯 实训目标

知识目标	能力目标	思政目标
使学生理解罪犯心理危机和干预的意义。 了解危机干预的原则和一般工作流程。 熟悉心理危机干预技术、工作流程及干预后期处理的注意事项。	培养学生的心理危机干预能力。	深挖本任务蕴含的自由平等、公正法治、自强创新等思政元素和思政载体,弘扬社会主义核心价值观。 培养学生勇于奉献、矫治塑心的职业素养。 从传统文化中汲取修心能量,开展感恩及爱国主义教育,激发爱国爱家的动力。

⚠️ 实训重难点

【实训重点】掌握心理危机干预的工作流程和实操技能。
【实训难点】掌握罪犯心理危机干预的工作流程。

罪犯心理危机干预实施流程图

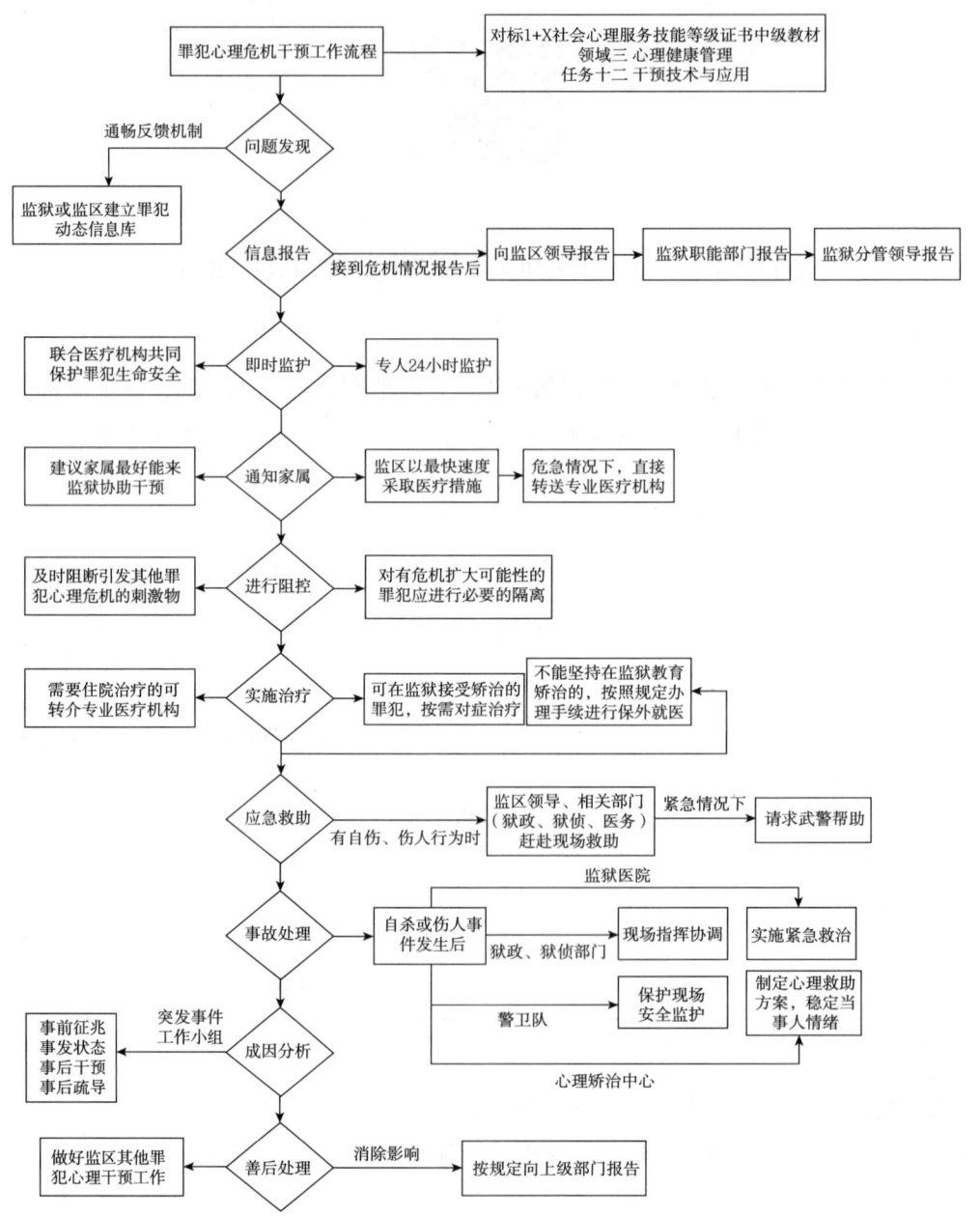

【实训情境 7.2.1】罪犯心理危机干预工作流程

实训情境描述

通过罪犯心理危机常态化信息预警，排查并识别出处于心理危机的对象，针对罪犯心理危机问题，按照罪犯心理危机干预的基本模式以及一般工作流程，对罪犯及时实施心理危机救助。

图 7-2　监狱民警对罪犯开展心理危机干预

实训任务书

1. 按照罪犯心理危机干预工作一般流程，按照工作流程涉及的监狱各职能部门进行分工演练，拍摄演练视频，上传到教学平台。

2. 设计一份完整的心理团体辅导活动方案，上传智慧监狱教学平台。

3. 在三维模拟仿真实训中心自助完成罪犯心理危机干预工作流程的仿真实训。

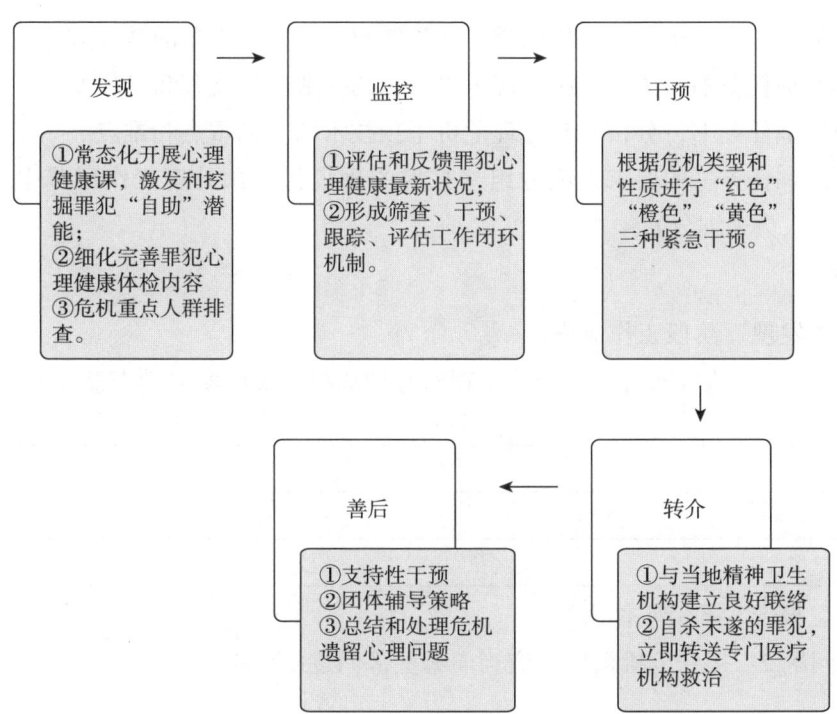

任务分组

学生任务分配表

班级		组号		指导老师	
组长		学号			
组员	姓名	学号	姓名	学号	
任务分工					

实训准备

1. 复习罪犯心理危机干预工作流程,熟记罪犯心理危机干预的基本方法。
2. 阅读实训任务书,了解罪犯心理危机干预的一般工作流程和工作要点。
3. 结合实训任务书,分析罪犯心理危机干预技术的实训重点和难点。
4. 按照实训任务书的要求完成分组(按照心理危机干预处理工作环节中涉及的监狱职能部门岗位人员来细分)。

实训实施

1. "问题发现"阶段工作流程。

⇨引导问题1:监区通过哪些措施实现对心理危机人员的实时动态监控?

_____
_____
_____

2. "信息报告"环节工作内容。

⇨引导问题2:接到危机情况,应当向哪些部门逐级汇报?

_____
_____
_____

3. "干预"环节工作内容。

⇨引导问题3：一旦出现心理危机事件，监区民警在向上级汇报请示的同时，第一时间应当如何处理现场？

___
___
___
___

📝 小提示

罪犯心理危机干预的原则

（1）生命第一原则：发现危急情况，应当以人为本，立即采取措施，最大限度保护罪犯的人身安全；

（2）亲属参与原则：实施心理干预时，以最快的速度通知罪犯家属或亲属；

（3）全程监护原则：实施危机干预过程中，安排专人对干预对象全程监护；

（4）多元参与分工协作原则：实施危机干预过程中，相关部门要协调配合，履行职责，积极主动地开展工作；

（5）高度保密原则：有关工作人员不得将信息扩散给与事件无关的人员，以避免受干预者回归正常社会生活时产生心理障碍。

⇨引导问题4：罪犯心理危机干预的方法有哪些？

___
___
___
___

⇨引导问题5：对于有危机扩大可能性的罪犯应当如何处理？

___
___
___
___

⇨引导问题6：自杀和伤人事故发生后，应当通知哪些职能部门到场处理以及各部门职责是什么？

___
___
___
___

⇨引导问题7：按照有关规定，对于不属于心理咨询范畴、有严重心理障碍或心理疾病的罪犯应当如何处理？

⇨引导问题8：危机突发事件小组在事后应当从哪些方面进行危机原因分析？

⇨引导问题9：罪犯心理危机干预后期处理有哪些工作内容？

小提示

心理危机未及时处理的后果

心理危机是一种正常的生活经历，并非疾病或病理过程。每个人在人生的不同阶段都会经历危机，由于处理危机的方法不同，危机后果一般有四种结局：一是顺利度过危机，并学会了处理危机的方法策略，提高了心理健康水平；二是度过危机，但留下心理创伤，影响今后的社会适应；三是经不住强烈的刺激，自伤自毁；四是未能度过危机，出现严重的心理障碍。

如果心理危机过强，持续时间过长，就会降低人体的免疫力，出现非常时期非理性行为。对个人而言，轻则危害个人健康，增加患病的可能；重则出现攻击性行为和精神损害。对社会而言，会引起更大范围的社会秩序混乱，冲击和妨碍正常的社会生活，其结果不仅增加了有效防御和控制灾害的困难，还在无形之中给自己和别人制造了新的恐慌源。

⇨引导问题10：根据罪犯心理危机干预的一般工作流程，画出思维导图。

评价反馈

1. 学生自评。学生评价自己是否能完成罪犯心理危机干预的理论学习，是否能按照罪犯心理危机干预技术的工作流程完成危机干预工作，是否按时完成实训报告、操作视频等实训成果资料，有无任务遗漏。

学生进行自我评价，并将结果填入学生自评表中。

学生自评表

班级：		姓名：	学号：	
任务 7.2		罪犯心理危机干预工作流程		
评价项目		评价标准	分值	得分
一般工作程序		问题发现	2	
		信息报告	2	
		即时监护	2	
		通知家属	2	
		进行阻控	2	
		实施干预（短程咨询与治疗）	2	
		应急救助	2	
		事故处理	2	
		成因分析	2	
		善后处理	2	
工作环节		发现	5	
		监控	5	
		干预	5	
		转介	5	
		善后	5	
干预后期处理		严格制定危机干预撤销标准	10	
		控制诱因，重点防御，减少刺激源	10	
		设定危机缓冲期，落实跟踪措施	10	
工作态度		态度端正，没有无故缺勤、迟到、早退现象	5	
工作质量		按要求认真完成实训任务	5	
协调能力		与小组成员间合作交流、协调工作	5	
职业素养		能做到动之以情、晓之以理、树立正确生命观	5	
创新意识		能够学以致用、大胆探索	5	
合计			100	

2. 生生互评。同组学生之间相互进行评价。评价协作伙伴是否按流程进行罪犯心理危机干预工作，是否掌握心理危机干预的操作流程和注意事项。指出操作中存在的问题并予以纠正。异组学生之间相互进行评价。总结其他小组在实训表现中的优缺点，指出操作中存在的问题并予以纠正。

学生以小组为单位，对以上学习情境的过程和结果进行互评，将互评结果填入学生互评表中。

学生互评表

学习情景		情景名称：											
评价项目	分值	等级							评价对象（组别）				
									1	2	3	4	5	6
计划合理	8	优	8	良	7	中	6	差	4					
方案准确	8	优	8	良	7	中	6	差	4					
团队合作	8	优	8	良	7	中	6	差	4					
组织有序	8	优	8	良	7	中	6	差	4					
工作质量	8	优	8	良	7	中	6	差	4					
工作效率	8	优	8	良	7	中	6	差	4					
流程完整	10	优	10	良	8	中	6	差	4					
操作规范	16	优	16	良	12	中	8	差	4					
实训报告	16	优	16	良	12	中	8	差	4					
成果展示	10	优	10	良	8	中	6	差	4					
合计	100													

3. 教师评价。实训报告书写、实训视频制作是否规范，报告内容是否出自真实实训，演练过程是否详尽，认识体会是否深刻，是否起到了实训作用。

教师综合评价表

班级：		姓名：	学号：	
任务 7.2		罪犯心理危机干预工作流程		
评价项目		评价标准	分值	得分
考勤（10%）		没有无故迟到、早退、旷课现象	10	

续表

工作过程（60%）	一般工作程序	问题发现	2	
		信息报告	2	
		即时监护	2	
		通知家属	2	
		进行阻控	2	
		实施干预（短程咨询与治疗）	2	
		应急救助	2	
		事故处理	2	
		成因分析	2	
		善后处理	2	
	工作环节	发现	5	
		监控	5	
		干预	5	
		转介	5	
		善后	5	
	干预后期处理	严格制定危机干预撤销标准	5	
		控制诱因，重点防御，减少刺激源	5	
		设定危机缓冲期，落实跟踪措施	5	
职业素养（15%）	工作态度	态度端正，工作认真、主动	5	
	协调能力	与小组成员、同学之间能合作交流、协调工作	5	
	职业作风	能做到依法、文明、准确执法	5	
项目成果（15%）	流程完整	流程完整，无遗漏	5	
	操作规范	按工作要点完成实训	5	
	实训报告	认真撰写实训报告	5	
		合计	100	

4. 行业专家评价。工作流程是否正确，是否熟练掌握岗位技能，是否符合实际工作要求。

行业专家评价表

班级：	姓名：	学号：
任务7.2	罪犯心理危机干预工作流程	

续表

评价项目	评价标准	分值	得分
罪犯心理危机干预工作流程	工作流程正确	30	
	熟练掌握岗位技能	40	
	符合工作要求	30	
合计		100	

5. VR 自助训练系统评价。根据以上评价信息，填写综合评价表。

综合评价表

综合评价	自评（15%）	小组互评（30%）	教师评价（40%）	行业专家评价（10%）	VR 系统评价（5%）	综合得分

拓展问题

1. 罪犯心理危机干预的内容有哪些？
2. 罪犯心理危机干预的方法有哪些？
3. 选择数字化资源中任一危机干预案例进行演练，思考如何有效利用重建合理认知体系的方式提升个体情绪管理能力？
4. 选择数字化资源中任一心理危机干预案例进行演练，思考如何与危机罪犯建立良好的沟通关系，提升干预效果？

相关法律法规

1. 《广东省监狱管理局罪犯心理矫治工作规定》。
2. 《中华人民共和国精神卫生法》（2012 年颁布，2018 年修正）。
3. 《关于进一步加强精神卫生工作指导意见的通知》。
4. 国家卫计委、中宣部、中央综治办等《关于加强心理健康服务的指导意见》。
5. 国家卫生健康委、中央政法委、中宣部等《关于印发全国社会心理服务体系建设试点工作方案的通知》（2018 年）。
6. 国家卫生健康委办公厅、中央政法委办公厅、教育部办公厅等《关于印发全国社会心理服务体系建设试点 2021 年重点工作任务的通知》。
7. 《国家卫生健康委办公厅关于印发社会心理服务体系建设试点地区基层人员培训方案的通知》（2020 年）。
8. 《中华人民共和国突发事件应对法》（2007 年实施）。

相关知识点

1. 罪犯心理危机干预的基本模式。

（1）平衡模式。该模式认为，危机是一种心理失衡状态，危机干预的目的和策略是使个体恢复到原来的心理平衡状态。所谓平衡，是指个人情绪是稳定的、受控制的，心理活动是灵活的，而不平衡则是指一种不稳定的、失去控制和心理活动受限制的情绪状态。当个体用以往的方式不能解决目前的问题时，就会出现心理或情绪的失衡。危机干预应该使危机个体的负性情绪得到宣泄，从而恢复到危机前的状态。在危机刚刚出现时，个体措手不及，不知道如何解决问题，此时，危机干预者的主要任务是使其情绪得到稳定之后再进行干预，以使其获得应付危机的能力。当个体觉得自己情绪稳定并持续一周左右以后，才能继续进行干预。在此之前，不宜分析个体产生危机的深层原因。平衡模式适合危机的早期干预。

（2）认知模式。该模式源于埃利斯的理性情绪疗法和贝克等人的认知疗法。认知模式认为，心理危机的形成不是事件本身引起的，而是个体对应激事件的主观判断。人们对危机事件错误歪曲的思维是干预的重要对象。通过校正不合理、错误的思维方式，帮助危机个体克服非理性思维与自我否定，提高自我控制的能力，获得恢复平衡的信心。因此，危机干预者要通过角色训练等技术，使危机个体变得积极主动，调动自我潜能，恢复心理平衡。这一模式适合危机趋于稳定后的危机个体。

（3）心理社会转变模式。这一模式认为，人是先天遗传和后天学习以及环境交互作用的产物。危机的产生也是由心理、社会、环境因素引起的，危机应对和干预应从这三方面寻求方法，要从系统的角度综合考虑各种内部、外部困难，帮助个体选择新的应对方式，善用各种社会支持和环境资源，重新获得对自己生活的自主控制。这一模式同样适合已经趋于稳定的个体。

2. 罪犯心理危机干预的技术。

（1）倾听技术。准确和良好的倾听技术是危机干预者必须具备的能力。倾听不仅是采集信息的过程，更是主动接纳关切的过程。在倾听的过程中，要主动倾听、用心去听，去体会求助者没有说出来的"弦外之音"和"无声之音"。

有效倾听的重要因素有三项：一是在开始时就用自己的言语向对方真实地说明自己将要做什么；二是让求助者知道危机干预工作者能够准确地领会其所描述的事实和情绪体验；三是帮助求助者进一步明确了解自己的情感、内心、动机和选择，了解危机境遇的影响因素。

心理危机干预者要达到主动倾听的目的，首先要主动引导话题，多用一些开放性的问话，把说话的主动权交给干预对象。激发、诱导出求助者感情、认知和行为方面的内容。尽量不用或少用封闭式、审问式、探究式等提问方式，也要慎用"为什么"的提问方式。

（2）支持技术。支持技术的应用旨在尽可能地解决危机，使求助者的情绪状态恢复到危机前水平。由于危机开始阶段干预对象的焦虑水平很高，因此，应尽可能使之减轻焦虑。可以用暗示、保证、疏泄、环境改变、服用镇静药物等方法；如果有必要，可考虑短期的住院治疗。

（3）干预技术。干预技术又称解决问题技术，帮助干预对象按以下步骤进行思考和行动，常能取得较好的效果：一是明确存在的问题和困难；二是提出各种可供选择的方案；三是罗列并澄清各种方案的利弊和可行性；四是选择最可取的方案；五是确定方案实施的具体步骤；六是执行方案；七是检查方案的执行结果。危机干预者的作用在于启发、引导、促进和鼓励，在干预过程中的职能主要是帮助求助者正视危机，寻求可能应对的方法，获得新的信息或知识，提供相应的生活帮助，回避一些应激性境遇，避免给予不恰当的保证，敦促患者接受帮助。

（4）稳定化技术。稳定化技术就是通过引导想象练习，帮助求助者在内心世界中构建一个安全的地方，适当远离令人痛苦的情景，并且寻找内心的积极资源，激发内在的生命力，重新获得面对和解决当前困难的能力，增加对未来生活的希望。因此，该技术主要用于危机干预的初始阶段，以帮助求助者将情绪和认知水平恢复为常态，从而接受下一步的治疗措施。

稳定化技术包含三项内容：①将负性情绪、负性画面隔开，或将负性情绪打包处理，如屏幕技术、保险箱技术等；②创造好的客体，建立积极的内部形象，如内在帮助者、安全岛等；③自我抚慰，如放松练习、抚育内在儿童等。

数字化资源

思政小课堂

【任务7.3】 脱逃罪犯心理危机干预

任务描述

掌握脱逃罪犯心理危机内容、干预的方法原则和步骤；根据逃脱罪犯心理危机的表现进行识别，并能针对其心理问题采取相对应的心理干预措施。

实训目标

知识目标	能力目标	思政目标
使学生掌握脱逃罪犯心理危机干预的方法及步骤。	培养学生对脱逃罪犯心理危机干预的能力。	深挖本任务蕴含的自由平等、公正法治、自强创新等思政元素和思政载体,弘扬社会主义核心价值观。 培养学生勇于奉献、矫治塑心的职业素养。 从传统文化中汲取修心能量,开展感恩及爱国主义教育,激发爱国爱家的动力。

实训重难点

【实训重点】掌握脱逃罪犯心理危机干预步骤。

【实训难点】掌握脱逃罪犯心理危机干预技术。

脱逃罪犯心理危机干预步骤流程图

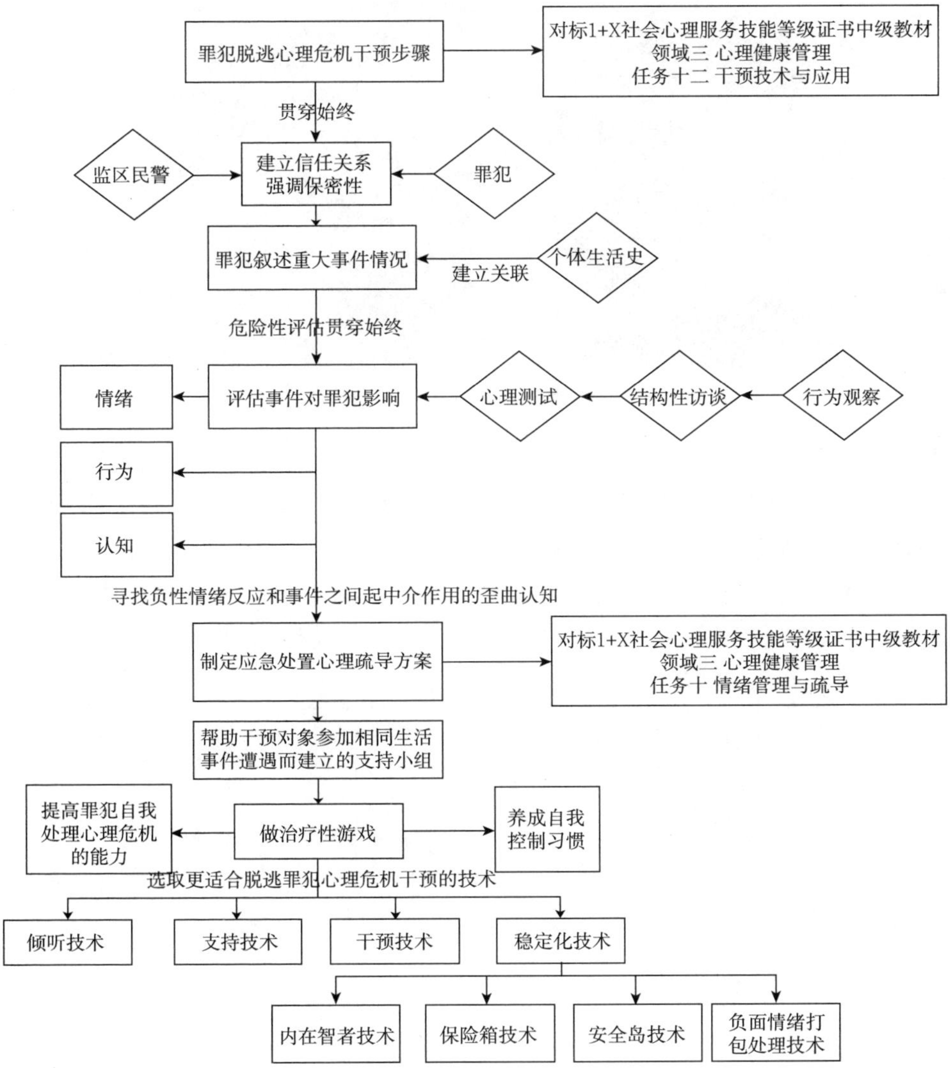

【实训情境 7.3.1】脱逃罪犯心理危机干预

实训情境描述

罪犯在改造过程中经常面对配偶提出离婚、主要亲属病故、患有重大疾病等重大生活事件而产生强烈的无助感和痛苦体验，进而可能发生脱逃。学生需要掌握对这部分罪犯实施干预的工作方法，使其能够将重大生活事件融入改造生活，并正视它帮助罪犯恢复到事件发生前的心理健康水平。

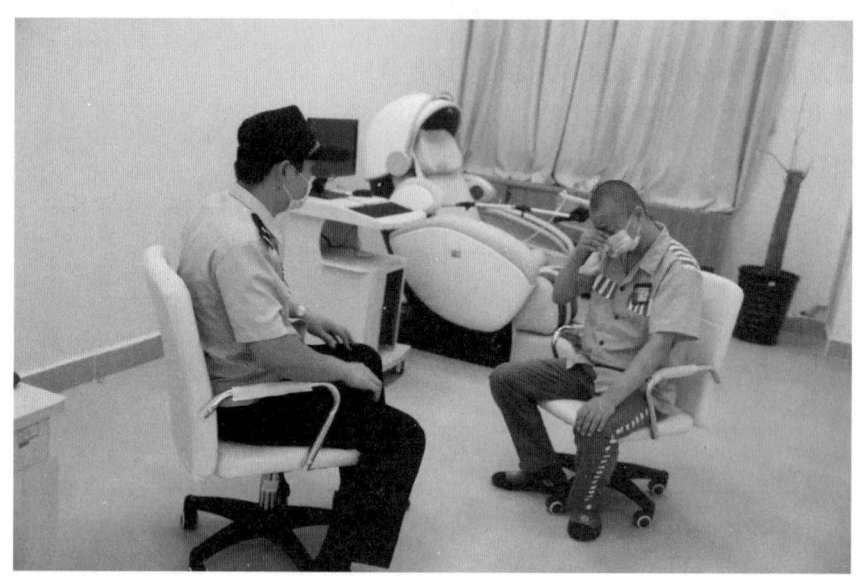

图 7-3　监狱民警对情绪波动较大罪犯实施心理危机干预

实训任务书

1. 根据本书提供的实训案例进行综合分析，按照脱逃罪犯心理危机干预工作步骤，设计脱逃罪犯心理危机处置方案，上传到教学平台。

2. 分小组于三维模拟仿真实训中心自助完成脱逃罪犯心理危机干预的模拟咨询，提交视频上传平台。

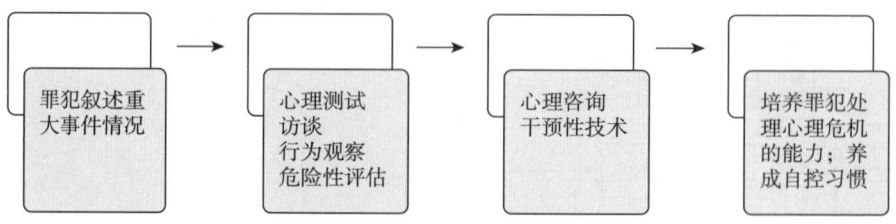

任务分组

学生任务分配表

班级		组号		指导老师	
组长		学号			
组员	姓名		学号	姓名	学号
任务分工					

实训准备

1. 复习脱逃罪犯心理干预的理论知识,掌握脱逃罪犯心理危机的干预步骤。
2. 阅读实训任务书,了解脱逃罪犯心理危机干预步骤和工作要点。
3. 结合实训任务书,分析脱逃罪犯心理危机干预步骤的实训重点和难点。
4. 按照实训任务书的要求完成分组。

实训实施

1. 建立信任关系阶段。

➪引导问题1:如何与脱逃心理危机罪犯建立信任关系,并引导其积极应对?

_____
_____
_____

2. 评估罪犯心理危机。

➪引导问题2:可以通过哪些方法综合评估脱逃罪犯心理危机程度?

_____
_____
_____

⇨引导问题3：可以使用哪些心理危机干预手段使罪犯愿意倾诉自己所经历的重大事件？

3. 提供处置干预方案阶段。

⇨引导问题4：结合1+X社会心理服务技能（中级）课程内容（领域三，任务十：情绪管理与疏导），列举你所熟悉的稳定情绪的干预技术及其实施步骤。

典型案例

脱逃罪犯心理危机

在一次新犯心理测试报告录入过程中，心理咨询师偶然发现一名罪犯在心理测试答题纸的反面写道"我有妄想症，需要帮助"，并在这句话的后面写了大大的求救信号"SOS"。可以看出这名新犯的求助心情很迫切，写在反面似乎表明内心又有些矛盾或者是不确定。

咨询师带上该犯的心理测试报告，到了监区谈话室准备实施干预。"我满脑子控制不住想逃跑的念头，脑子里只要有一点空，就会想到逃跑，想象着各种各样逃跑的方法。哪怕是在操场上训练时也是这样，我会幻想天上飞来一架飞机，在我头顶上空盘旋，飞机上放下一个云梯，我顺着云梯上了飞机逃走了。我知道不应该有这样的想法，但是控制不住，甚至经常神情恍惚。我非常担心报数时脱口而出'逃跑'二字，我想我是不是有心理疾病？""这种想法是什么时候开始的？""拿到判决书的时候就有了，后来越来越强烈，以至于现在无时无刻不在想这事儿。"

⇨引导问题5：影响倾听技术效果的重要因素有哪些？

⇨引导问题6：如何运用支持技术帮助脱逃心理危机罪犯宣泄负面情绪？

⇨引导问题 7：结合 1+X 社会心理服务技能（中级）课程内容（领域三，任务十二：干预技术与应用），干预技术又称"解决问题技术"，是指引导干预对象进行思考和行动，请列出该技术的工作步骤？

⇨引导问题 8：危机干预初始阶段常常会用到稳定化技术帮助罪犯构建安全的内心世界，该技术包括哪三项内容？

⇨引导问题 9：请演练稳定化技术中的"保险箱技术"，尝试说出完整引导词。

⇨引导问题 10：尝试使用安全岛技术帮助脱逃罪犯构建个人内在的安全岛，引导罪犯逐渐养成自我干预心理危机的习惯。

小提示

罪犯心理危机干预工作中注意事项

（1）危机是由罪犯确定的，而不是由咨询师确定的。一方面，罪犯在任何时候，无论任何原因都会发生危机，是否发生危机应当以罪犯的认知为标准，咨询师或者干预者不能以自己的感受来判断。如果咨询师不认为是危机，那么罪犯就会感到咨询师不理解他，就会产生更严重的隔离感。另一方面，咨询师不应当形成非常敏感的危机心态，把罪犯的很多问题都看成是危机，否则就可能把危机扩大化。

（2）危机干预过程中对罪犯的无条件接纳是稳定情绪的基础，只有建立起心理上的连接，才能建立起良好的信任关系，咨询师才能协助罪犯稳定情绪，开展干预工作。

（3）危机干预后的跟进咨询是对干预结果的巩固。罪犯可以利用的资源有限，咨询师的跟进咨询就成为心理支持的必须环节。危机干预之后，罪犯心理功能还未完全恢复之时，针对罪犯的不良认知、消极情绪和错误行为进行咨询跟进，对其进行心理疏导，这是对危机干预结果的巩固，有利于防止问题的再次发生。

（4）危机是危险与机会并存，遭遇危机可能有三种结果：最坏的是心理崩溃，也就是做出自杀、脱逃、暴力等非理性行为；其次是将有害的结果或症结排除在意识之外，遗留认知问题，预示再次出现危机现象；最好的结果是能够有效地应付危机，并从中获得经验，提升自我能力。危机干预的最终目的是帮助罪犯看到人生希望，挖掘自身潜能，获得自我成长。

➡ 引导问题 11：根据本书提供的实训案例进行综合分析，按照脱逃罪犯心理危机干预工作步骤，设计脱逃罪犯心理危机处置方案，上传到教学平台。

评价反馈

1. 学生自评。学生评价自己是否能完成脱逃罪犯心理危机干预的理论学习、是否能按照脱逃罪犯心理危机干预的工作流程完成干预工作，是否按时完成实训报告、操作视频等实训成果资料，有无任务遗漏。

学生进行自我评价，并将结果填入学生自评表中。

学生自评表

班级：		姓名：		学号：	
任务 7.3		脱逃罪犯心理危机干预			
评价项目		评价标准		分值	得分
建立信任关系 （脱逃原因分析）		外部环境因素		5	
		监狱因素		5	
		家庭因素		5	
		个体生活史		5	

续表

评估心理危机程度	量表评估	10	
	观察、访谈与判断	10	
	脱逃危象警示	10	
脱逃危机干预对策	制定脱逃罪犯心理危机应急处置方案	15	
	对脱逃罪犯实施心理危机干预	10	
工作态度	态度端正，没有无故缺勤、迟到、早退现象	5	
工作质量	按要求认真完成实训任务	5	
协调能力	与小组成员间合作交流、协调工作	5	
职业素养	能做到动之以情、晓之以理、树立正确生命观	5	
创新意识	能够学以致用、大胆探索	5	
合计		100	

2. 生生互评。同组学生之间相互进行评价。评价协作伙伴是否按脱逃罪犯心理危机干预流程进行，是否掌握脱逃罪犯心理危机干预工作的操作要点和注意事项。指出操作中存在的问题，并予以纠正。异组学生之间相互进行评价。总结其他小组在实训表现中的优缺点，指出操作中存在的问题，并予以纠正。

学生以小组为单位，对以上学习情境的过程和结果进行互评，将互评结果填入学生互评表中。

学生互评表

学习情景		情景名称：											
评价项目	分值	等级							评价对象（组别）				
									1	2	3	4	5	6
计划合理	8	优	8	良	7	中	6	差	4					
方案准确	8	优	8	良	7	中	6	差	4					
团队合作	8	优	8	良	7	中	6	差	4					
组织有序	8	优	8	良	7	中	6	差	4					
工作质量	8	优	8	良	7	中	6	差	4					
工作效率	8	优	8	良	7	中	6	差	4					
流程完整	10	优	10	良	8	中	6	差	4					
操作规范	16	优	16	良	12	中	8	差	4					
实训报告	16	优	16	良	12	中	8	差	4					

续表

成果展示	10	优	10	良	8	中	6	差	4			
合计	100											

3. 教师评价。实训报告书写、实训视频制作是否规范，报告内容是否出自真实实训，演练过程是否完整，认识体会是否深刻，是否起到了实训的作用。

教师综合评价表

班级：		姓名：	学号：	
任务7.3			脱逃罪犯心理危机干预	
评价项目		评价标准	分值	得分
考勤（10%）		没有无故迟到、早退、旷课现象	10	
工作过程（45%）	建立信任关系（脱逃原因分析）	外部环境因素	5	
		监狱因素	5	
		家庭因素	5	
		个体生活史	5	
	评估心理危机程度	量表评估	5	
		观察、访谈与判断	5	
		脱逃危象警示	5	
	脱逃心理危机干预对策	制定脱逃罪犯心理危机应急处置方案	5	
		对脱逃罪犯实施心理危机干预	5	
职业素养（15%）	工作态度	态度端正，工作认真、主动	5	
	协调能力	与小组成员、同学之间能合作交流、协调工作	5	
	职业作风	能做到依法、文明、准确执法	5	
项目成果（30%）	流程完整	流程完整，无遗漏	10	
	操作规范	按工作要点完成实训	10	
	实训报告	认真撰写实训报告	5	
	成果展示	能准确表达、汇报实训成果	5	
合计			100	

4. 行业专家评价。工作流程是否正确，是否熟练掌握岗位技能，是否符合实际工作要求。

行业专家评价表

班级：		姓名：		学号：	
任务 7.3			脱逃罪犯心理危机干预		
评价项目		评价标准		分值	得分
脱逃罪犯心理危机干预		工作流程正确		30	
		熟练掌握岗位技能		40	
		符合工作要求		30	
合计				100	

5. VR 自助训练系统评价。根据以上评价信息，填写综合评价表。

综合评价表

综合评价	自评（15%）	小组互评（30%）	教师评价（40%）	行业专家评价（10%）	VR 系统评价（5%）	综合得分

拓展问题

1. 影响有效倾听的重要因素有哪些？

2. 内在智者技术可以帮助遭受创伤的人构建积极内心，请根据数字化资源提供的案例尝试说出引导词。

3. 请利用数字化资源中的案例，谈谈如何通过信任关系建立来分析罪犯脱逃原因。

相关法律法规

1. 广东省监狱管理局《罪犯心理矫治工作规定》（粤狱〔2006〕136号）。

2. 《中华人民共和国精神卫生法》（2012年颁布，2018年修正）。

3. 卫生部等部门《关于进一步加强精神卫生工作指导意见的通知》。

4. 国家卫计委、中宣部、中央综法办等《关于加强心理健康服务的指导意见》。

5. 国家卫生健康委、中央政法委、中宣部等《关于印发全国社会心理服务体系建设试点工作方案的通知》（2018年）。

6. 国家卫生健康委办公厅、中央政法委办公厅、教育部办公厅等《关于印发全国社会心理服务体系建设试点2021年重点工作任务的通知》。

7. 国家卫生健康委办公厅《关于印发社会心理服务体系建设试点地区基层人员培训方案的通知》（2020年）。

8. 《中华人民共和国突发事件应对法》（2007年）。

9. 《中华人民共和国监狱法》第42条。

10. 《中华人民共和国刑法》第316条第1款。

相关知识点

一、保险箱技术[1]

保险箱技术可以看成是想象练习的第一堂课。因为第一次接触它就很容易学会,有助于当事人掌控自己的创伤性经历,或有意识地对之进行排挤,从而使自己在短时间里从压抑的念头中解放出来。通过该技术,当事人能够把创伤性事件打包封存锁进一个保险箱里,而钥匙由他自己掌管。并且他可以自己决定是否愿意以及何时打开保险箱,以及探讨相关的内容。具体的引导词可参考如下:

请想象在你面前有一个保险箱或者某个类似的东西,现在请你仔细地看着这个保险箱,它有多大(多高、多宽、多厚)?它是用什么材料做的?外面和里面分别是什么颜色的?箱壁有多厚?这个保险箱分了格,还是没分格?箱门好不好打开?关箱门的时候有没有声音?你要怎么关上他的门?钥匙是怎么样的?

当你看着这个保险箱,并试着关一关,你觉得它是否绝对牢靠?如果不是,请你试着把它改装到你觉得100%的可靠。然后你可以再检查一遍,看看你所选的材料是否正确,箱壁是否足够结实,锁也是否足够牢实……现在请你打开你的保险箱,把所有给你带来压力的东西通通装进去……

有些当事人很容易就能学会,有些则需要专业人士的帮助,因为他们不知道如何把感觉、可怕的画面等东西装进保险箱。此时我们应该帮助当事人把心理负担物质化,并将其不费多大力气地放进保险箱。例如,给感觉(如对死亡的恐惧)或躯体不适(如疼痛)设定一个外形(如巨人、章鱼、乌云、火球等),尽量使之变小,然后把它们放进一个小盒子或者类似的容器里,再锁进保险箱。

请把保险箱放在你认为合适的地方。这地方不应该太近,而应该在你力所能及的范围里,尽可能地远一些,并且在你以后想去看看这些东西的时候就可以去。原则上,所有的地方都是可以的,比如,可以把保险箱沉入海底或发送到某个陌生的星球上。但有一点要事先考虑清楚,就是如何能再次找到这个保险箱,比如使用特殊的工具或某种魔力等。保险箱同样不适合放在治疗室中,也不要放在别人能找到的地方,比如某位自己讨厌的人的院子里……如果完成了,就请你集中自己的注意力,回到这间房子来。

二、安全岛技术[2]

人在遭遇了危机事件后,情绪上会有剧烈的波动起伏,通过想象安全岛可以重建内心的安全感,并能够调节和改善情绪。因此想象的画面并不重要,想象中的体验才是最重要的。安全岛最重要的工作就是强化这种体验,具体的引导词可参考如下:

现在请你在内心世界里找一找,有没有一个安全的地方,可以让你感受到绝对的安全和舒适。它可能存在于你想象的世界里,也可能就在你附近,无论它在这个世界或者这个宇宙的什么地方……

---

[1] 邵晓顺主编:《罪犯心理咨询与矫正》,中国政法大学出版社2019年版,第167、168页。

[2] 邵晓顺主编:《罪犯心理咨询与矫正》,中国政法大学出版社2019年版。

你可以给这个地方设置一个界限，这里只属于你一个人。没有你的允许，谁也不能进来。如果你觉得孤单，可以带上友善的、可爱的东西来陪伴你、帮助你，但是真实的人不能被带到这里来……

别着急，慢慢考虑，找一找这样一个神奇、安全、惬意的地方，直到这个安全岛慢慢在自己的内心清晰明确起来……

或许你看见了某个画面，或许你感觉到了什么。或许你首先只是在想着这么一个地方。让它出现，无论出现的是什么，就是它了……

如果在你寻找安全岛的过程中出现了不舒服的画面或者感受，别太在意这些，而是告诉自己，现在你只是想发现好的、愉快的画面——处理不舒服的感受可以等到下次再说。现在你只是想找一个美好的、使你感到舒服的、有利于你恢复心情的地方……

你可以肯定有一个这样的地方，只需要花一点点时间，有一点点耐心。

有时候要找一个这样的安全岛还有些困难，因为还缺少一些有用的东西。但你要知道，为找到和装备你内心的安全岛，你可以利用你想到的器具，比如交通工具、日用工具、各种材料，当然还有魔力、一切有用的东西。

在个别治疗时，可以说："当你到达了自己内心的安全岛时，就请告诉我。如果你愿意，你可以向我描述这个地方的样子；如果你希望我对此一言不发，也没关系。"

数字化资源

【任务7.4】自杀罪犯心理危机干预

任务描述

了解影响罪犯自杀的因素以及自杀者的心理特征；掌握自杀罪犯心理危机干预的对策。

实训目标

知识目标	能力目标	思政目标
使学生掌握自杀现场紧急干预流程。熟练掌握具体干预方法。	培养学生对自杀罪犯心理危机干预的能力。	深挖本任务蕴含的自由平等、公正法治、自强创新等思政元素和思政载体，弘扬社会主义核心价值观。 培养学生勇于奉献、矫治塑心的职业素养。 从传统文化中汲取修心能量，开展感恩及爱国主义教育，激发爱国爱家的动力。 引导学生通过助人树立正确生命观、培养自我心理督导的职业素养。

实训重难点

【实训重点】 掌握自杀罪犯心理危机干预对策及流程。

【实训难点】 掌握自杀罪犯心理危机干预技术的基本操作程序。

自杀罪犯心理危机干预流程图

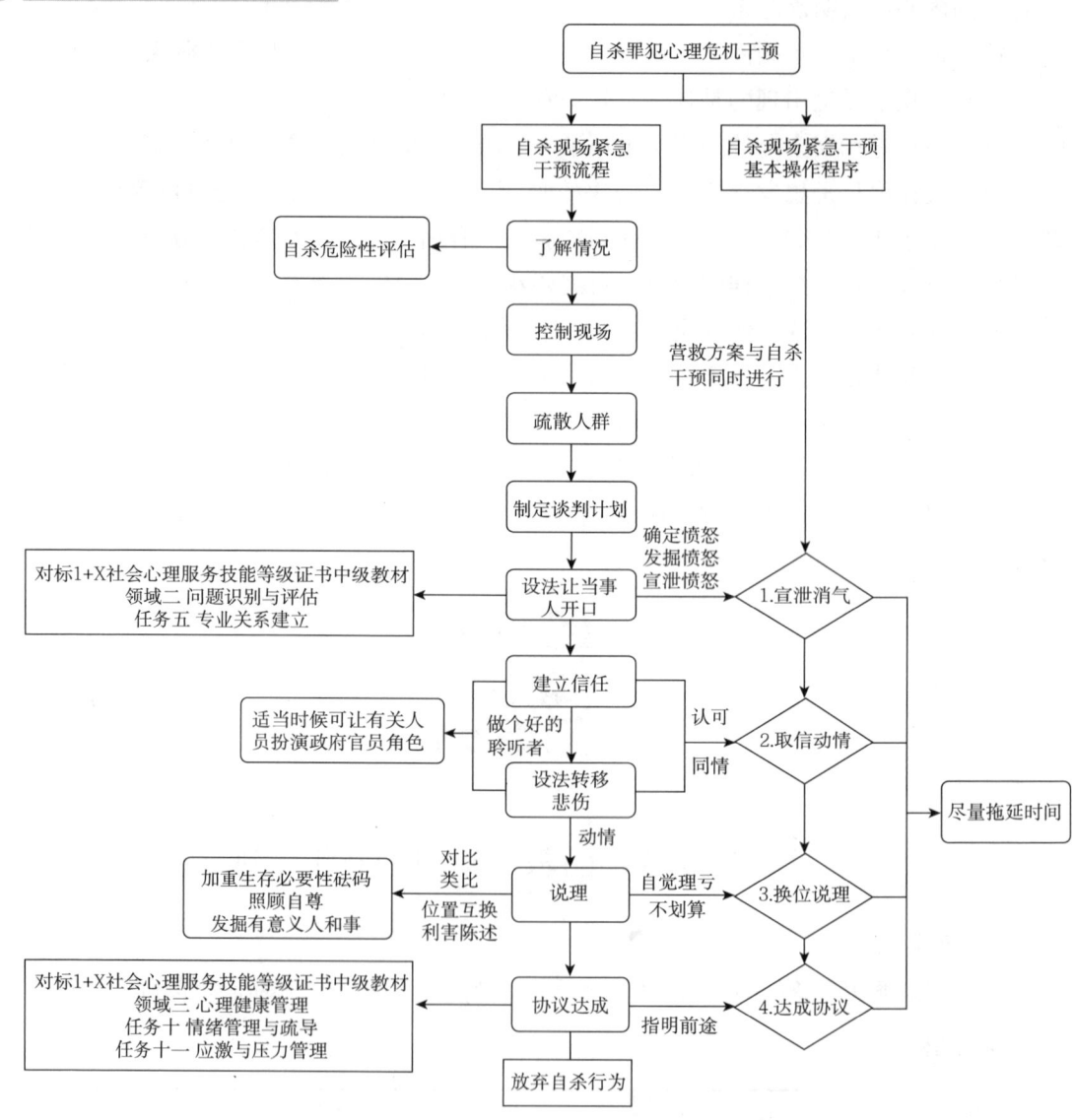

【实训情境 7.4.1】 自杀罪犯心理危机干预

实训情境描述

我国监狱内罪犯自杀案件时有发生,并有增加趋势。罪犯自杀案件的发生不仅严重影响其他罪犯的改造情绪,耗费狱警大量的时间与精力,不利于监狱生产与改造的正常进行，还会给罪犯家属带来心灵上的痛苦和恶劣影响。导致自杀行为产生的内在个性因素主要包括冲动性个性因素、抑郁性个性因素、思维方式极端性个性因素及固执性个性因素。加强罪犯自杀行为的心理分析，对及早发现罪犯的自杀倾向、采取适当干预措施制止罪犯自杀行为具有重要意义。

图 7-4　监狱民警对罪犯开展相同生活事件支持小组干预活动

实训任务书

1. 分析影响罪犯自杀的因素，根据自杀者的心理特征判断案情，分小组进行自杀罪犯心理危机干预流程演练，拍摄演练视频，上传到教学平台。

2. 在三维模拟仿真实训中心自助完成自杀罪犯心理危机干预的仿真实训。

3. 以小组为单位完成实训报告，内容包括原因分析、自杀危险性评估、干预对策等系列处置方案。

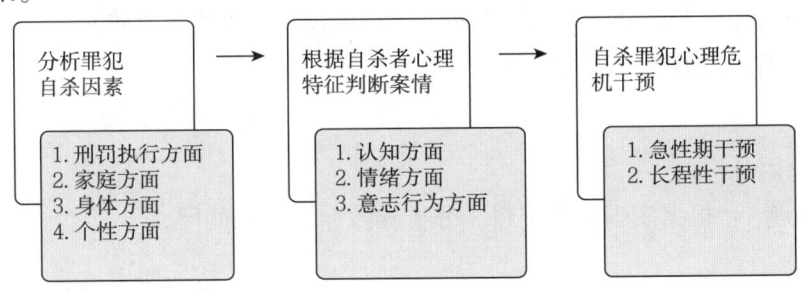

📝 **任务分组**

学生任务分配表

班级		组号		指导老师	
组长		学号			
组员	姓名	学号	姓名	学号	
任务分工					

📝 **实训准备**

1. 复习《自杀罪犯心理危机干预》课程中影响罪犯自杀的因素以及心理特征，熟记罪犯自杀危机干预的流程及对策。

2. 阅读实训任务书，了解罪犯自杀的原因和心理特征，掌握罪犯自杀危机干预的对策。

3. 结合实训任务书，分析自杀罪犯心理危机干预的实训重点和难点。

4. 按照实训任务书的要求完成分组。

📝 **实训实施**

1. 自杀原因分析。

⇨引导问题1：根据实训案例资料，分析导致罪犯自杀的因素。

_____
_____
_____

⇨引导问题2：根据实训案例资料，分析自杀罪犯的心理特征。

_____

2. 自杀危险性评估。

⇨引导问题3：应如何实施对自杀现场的管控及干预流程？

拓展资源

罪犯自杀心理危机

2017年甘肃省四所监狱相继有五人自杀身亡，这几起自杀案件的主要特点如下：

（1）农民占多数，5人中有4人在被捕前是农民。

（2）文化程度较低，都在初中以下，小学和文盲占多数。

（3）刑期较长，5人中有3人自杀时余刑在12年以上，余刑时间最短的也占原判有期徒刑的4/5。

（4）入狱时间较短，最短的入狱时间为1个月，服刑时间都没有超过原判刑期的1/5。

（5）年龄较轻，均为中青年人，最大的为44岁，最小的只有22岁，且40~45岁占多数，5人中有3人属于这一年龄区间。

（6）自杀方式都选择跳楼或自缢，5人中3人跳楼，2人自缢。

（7）自杀时间都选择在白天，9时~12时和14时~17时。

（8）自杀地点大都选择在劳动场所，5人中4人自杀现场属于劳动场所。

（9）自杀时机多选择在监管相对放松的环节，自杀罪犯无一例外都选择上厕所等单独行动的时机实施自杀。

（10）自杀前改造表现一般，表面上都能做到认罪伏法，在遵守监规纪律、服从管教教育方面没有太差或太好的改造表现。

3. 自杀罪犯心理危机干预。

⇨引导问题4：对具有自杀企图的罪犯有哪些危险性评估方法（附后：如评估量表的使用）？

⇨引导问题5：对自杀罪犯本人进行紧急干预的四步基本操作程序是什么？

⇨引导问题6：结合1+X社会心理服务技能（中级）课程内容（领域二，任务五：专业关系建立），面对出现自杀心理危机的罪犯，如何"建立信任关系"，设法让当事人开口，引导其缓和并宣泄情绪？

⇨引导问题7：尝试利用"换位说理"的方式，针对当事人实际情况，在保护其自尊不受损的前提下，进行利害陈述劝说。

⇨引导问题8：结合1+X社会心理服务技能（中级）课程内容（领域三，任务十一：应激与压力管理），根据马斯洛需求层次理论，如何处理自杀者提出的要求，以利于指明方向，达成放弃自杀协议？

典型案例

自杀罪犯心理危机

史×，女，24岁，因犯故意杀人罪被判有期徒刑12年，已服刑3年。

中秋之夜，犯人们正在欢度佳节，而在×女子监狱服刑的史×紧闭房门，含泪写下绝笔书，然后吞下了大量窗玻璃碎片，企图结束自己年轻的生命。幸好被提前返回监舍的同室犯人发现，经医院及时抢救才得以脱险。事后，史×仍然精神抑郁，心理不稳定。

经了解，史×的家庭环境比较优越，从小受到父母的宠爱，因而养成了懒散、放任的生活习惯和偏激的心理。她单纯、社会化程度较低，心理承受力极其脆弱。中学时代过于天真烂漫，过早地坠入了爱河。可她的真情并没有换来幸福，她为对方付出一切，然而最后被抛弃。就在这时她的父亲生了一场大病，大哥失恋，小弟失学，自己家庭不和睦，她把这一切都归咎于自己，她的失身、失恋给她带来巨大的打击，最终促使她产生了自杀动机。

史×的心理创伤很深，正是在这种精神创伤和心理冲突尚未得到疏导和排遣时，她又带着沉重的心理负担进入监狱服刑。在监狱里，她在接受管教、人际关系、学习生活等方面又遇到障碍，从而加剧了心理矛盾。在这种精神创伤、心理冲突和心理负担长期积压不能宣泄的情况下，又适逢中秋佳节，她的内心体验更加强烈。因此她在惊恐、悔恨、忧虑、悲观、绝望的情绪中产生了自杀动机。其心理危机的发展过程是失身——失恋——杀人——入狱——绝望——自杀。

⇨引导问题9：结合实训案例，设计关于自杀罪犯史某的紧急心理干预方案（内容包括完整处置流程、干预计划、预后跟踪）。

评价反馈

1. 学生自评。学生评价自己是否能完成自杀罪犯心理危机干预的理论学习、是否能按照自杀罪犯心理危机干预的工作流程完成干预工作，是否按时完成实训报告、操作视频等实训成果资料，有无任务遗漏。

学生进行自我评价，并将结果填入学生自评表中。

学生自评表

班级：		姓名：		学号：	
任务7.4		自杀罪犯心理危机干预			
评价项目		评价标准		分值	得分

续表

自杀原因分析	外部环境因素	5	
	监狱因素	5	
	家庭因素	5	
	个人因素	5	
罪犯自杀倾向与危险性评估	量表评估	10	
	观察、访谈与判断	10	
	自杀危象警示	10	
自杀危机干预对策	自杀现场紧急干预流程	15	
	自杀干预基本操作程序	10	
工作态度	态度端正，没有无故缺勤、迟到、早退现象	5	
工作质量	按要求认真完成实训任务	5	
协调能力	与小组成员间合作交流、协调工作	5	
职业素养	能做到动之以情、晓之以理、树立正确生命观	5	
创新意识	能够学以致用、大胆探索	5	
合计		100	

2. 生生互评。同组学生之间相互进行评价。评价协作伙伴是否按自杀罪犯心理危机干预工作流程完成工作任务，是否掌握自杀罪犯心理危机干预工作的操作要点和注意事项。指出操作中存在的问题，并予以纠正。异组学生之间相互进行评价。总结其他小组在实训表现中的优缺点，指出操作中存在的问题，并予以纠正。

学生以小组为单位，对以上学习情境的过程和结果进行互评，将互评结果填入学生互评表中。

学生互评表

学习情景		情景名称：											
评价项目	分值	等级							评价对象（组别）				
									1	2	3	4	5	6
计划合理	8	优	8	良	7	中	6	差	4					
方案准确	8	优	8	良	7	中	6	差	4					
团队合作	8	优	8	良	7	中	6	差	4					
组织有序	8	优	8	良	7	中	6	差	4					
工作质量	8	优	8	良	7	中	6	差	4					
工作效率	8	优	8	良	7	中	6	差	4					

续表

流程完整	10	优	10	良	8	中	6	差	4			
操作规范	16	优	16	良	12	中	8	差	4			
实训报告	16	优	16	良	12	中	8	差	4			
成果展示	10	优	10	良	8	中	6	差	4			
合计	100											

3. 教师评价。实训报告书写、实训视频制作是否规范，报告内容是否出自真实实训，演练过程是否详尽，认识体会是否深刻，是否起到了实训的作用。

教师综合评价表

班级：			姓名：		学号：	
任务 7.4			自杀罪犯心理危机干预			
评价项目			评价标准		分值	得分
考勤（10%）			没有无故迟到、早退、旷课现象		10	
工作过程（45%）	自杀原因分析		外部环境因素		5	
			监狱因素		5	
			家庭因素		5	
			个人因素		5	
	罪犯自杀倾向与危险性评估		量表评估		5	
			观察、访谈与判断		5	
			自杀危象警示		5	
	自杀危机干预对策		自杀现场紧急干预流程		5	
			自杀干预基本操作程序		5	
职业素养（15%）	工作态度		态度端正、工作认真、主动		5	
	协调能力		与小组成员、同学之间能合作交流、协调工作		5	
	职业作风		能做到依法、文明、准确执法		5	
项目成果（30%）	流程完整		流程完整，无遗漏		10	
	操作规范		按工作要点完成实训		10	
	实训报告		认真撰写实训报告		5	
	成果展示		能准确表达、汇报实训成果		5	
			合计		100	

4. 行业专家评价。工作流程是否正确，是否熟练掌握岗位技能，是否符合实际工作要求。

行业专家评价表

班级：		姓名：		学号：	
任务 7.4		自杀罪犯心理危机干预			
评价项目		评价标准		分值	得分
自杀罪犯心理危机干预流程及技术		工作流程正确		30	
		掌握岗位技能熟练		40	
		符合工作要求		30	
合计				100	

5. VR 自助训练系统评价。根据以上评价信息，填写综合评价表。

综合评价表

综合评价	自评（15%）	小组互评（30%）	教师评价（40%）	行业专家评价（10%）	VR 系统评价（5%）	综合得分

拓展阅读

1. 邵晓顺主编：《服刑人员心理矫治：理论与实务》，群众出版社 2012 年版。

2. 马立骥主编：《罪犯心理与矫正》，中国政法大学出版社 2013 年版。

3. 吴宗宪主编：《国外罪犯心理矫治》，中国轻工业出版社 2004 年版。

相关法律法规

1. 《广东省监狱管理局罪犯心理矫治工作规定》。

2. 《中华人民共和国精神卫生法》（2012 年颁布，2018 年修正）。

3. 卫生部（现卫建委）等部门《关于进一步加强精神卫生工作指导意见的通知》。

4. 国家卫计委（现卫建委）、中宣部、中央综法办等《关于加强心理健康服务的指导意见》。

5. 国家卫生健康委、中央政法委、中宣部等《关于印发全国社会心理服务体系建设试点工作方案的通知》。

6. 国家卫生健康委办公厅、中央政法委办公厅、教育部办公厅等《关于印发全国社会心理服务体系建设试点 2021 年重点工作任务的通知》。

7. 国家卫生健康委办公厅《关于印发社会心理服务体系建设试点地区基层人员培训方案的通知》。

8. 《中华人民共和国突发事件应对法》（2007 年）。

相关知识点

1. 自杀危险性：

（1）根据情形相对重要性大小排列，自杀危险性主要有十大因素：①自杀前两周抑郁程度重；②有自杀未遂既往史；③自杀当时的急性应激强度大；④自杀前一个月的生命质量低；⑤自杀前两天有重大事件发生或者有剧烈的人际冲突；⑥慢性心理压力大；⑦熟人曾有过自杀行为；⑧有血缘关系的人曾有过自杀行为；⑨自杀前一个月社会交往少。

（2）罪犯者有下列表现之一，可确定为有自杀危险：①行动上准备自杀工具、遗书等物品；②感情脆弱，流露悲观言论，或有较强悲观厌世心理的严重病残罪犯；疾病久治不愈或长期受到病痛折磨；③因家庭发生变故失去生活信心，或因婚姻感情等问题思想压力大，失去生活勇气的；④有重大余罪或服刑期间重新犯罪，自知罪责难逃，畏罪心理强烈；⑤羞耻心、悔罪心重，自觉出狱后无脸见人；⑥害怕劳动或认为劳动任务重、难以忍受的；⑦经常受到他犯打骂、欺凌或受冤枉；⑧有其他自杀迹象的。[1]

（3）根据相关量表测验结果评估罪犯自杀危险性。可以使用通用量表 MMPI、EPQ、16PF、SDS、SAS 等寻找自杀相关因素。可使用专门为监狱罪犯编制的量表 COPA-PI 进行测验，若其中有人 PD10 分数高，可以从中筛选出自杀高危人群。还可以使用国外专门预测自杀的贝克自杀量表。

有学者参照国外编制了自杀危险性评估量表，评分大于十分的提示有较高的自杀危险性。

自杀企图的危险性评估量表

与自杀企图有关的事项	1. 孤独	0	身边有人伴随
		1	附近有人，或有电话联系
		2	附近无人，或失去联系
	2. 时间	0	有时间进行干预
		1	不大可能有时间干预
		2	几乎没有时间进行干预或挽救
	3. 病人的警惕性	0	不警惕，可与他人接触
		1	被动警惕，如回避，但不阻止他人的帮助
		2	主动警惕，如锁上门
	4. 自杀时的求助行动	0	能告诉他人自己想自杀
		1	与他人保持联系，但不告诉对方准备自杀
		2	不与帮助者联络便自杀
	5. 预料死亡前最后行动	0	没有
		1	有所准备，但不完全
		2	有明确计划（如改遗嘱、提取钱款）
	6. 遗书	0	没有
		1	写了遗书，但又撕毁
		2	留下遗书

---

[1] 吴顺发、孙波、刘金华："狱内重大危险罪犯排查控管等问题的思考"，载《中国监狱学刊》2006 年第 3 期。

续表

		0	认为其所作所为没有生命危险
自我报告	1. 病人的叙述	1	不能确定是否有生命危险
		2	坚持其所作所为有生命危险
		0	不想死
	2. 意图	1	不能保证是想活或想死
		2	想去死
		0	情绪冲动,没有预谋
	3. 预谋	1	考虑自杀行动不足1小时
		2	考虑自杀行动大于1天
		0	乐意被抢救脱险
	4. 对自杀后抢救的反应	1	被抢救脱险,病人说不清是高兴还是后悔
		2	后悔被救脱险
危险性	1. 根据病人言行及上述检查	0	肯定能活着
		1	不大可能会死
		2	可能或肯定会死
	2. 如果医生不处理,病人会死吗	0	不会死
		1	不一定
		2	会死亡

2. 自杀危机干预的原则:

(1) 五要:①保持平静、沉稳,对当事人随之而来的暴风雨般的情绪要有心理准备;②给当事人充分倾诉的机会,以便确定危机类型、诱发事件及严重程度,不要尝试消解自己被当事人引起的沮丧感;③必要时询问客观问题,只要方式得当则可有镇静作用;④要直接面对事情涉及的深层及潜意识原因;⑤可向社区医务、法律援助等机构求援。

(2) 十不要:①不要对危机罪犯责备或说教;②不要批评危机罪犯或对他的选择行为提出质疑;③不要与其讨论自杀的是非对错;④不要被危机罪犯所告诉你的危机已过去的话所误导;⑤不要否定危机罪犯的自杀意念;⑥不要急躁要保持冷静;⑦不要分析危机罪犯的行为或对其进行解释;⑧不要让危机罪犯保守自杀的秘密;⑨不要把自杀行为说成是光荣的、浪漫的、神秘的,以防止别人盲目仿效;⑩不要忘记跟踪观察。

3. 自杀危机干预中的注意事项:

(1) 关心处于危机中的人,需要耐心聆听。

(2) 干预者避免对自杀问题的误解。

(3) 治疗者是帮助危机罪犯去应付他们的危机,不是包办代替。

（4）处于危机状态的人往往考虑不周，不宜对重大事项作出决定。

（5）要注意安全，既要采取一定的措施确保自杀者的人身安全，同时也要保证干预者的人身安全，尤其是女干警进行干预时。

（6）提供充分信息，帮助危机罪犯处理有关问题。

（7）避免在治疗者和危机罪犯之间形成依赖关系。

4. 预防罪犯自杀心理危机策略：

（1）对新入监的罪犯进行心理测量，并建立心理档案。定期跟踪观察，及时发现异常行为，采取有针对性的疏导措施。

（2）加强对罪犯进行文化教育，特别是心理健康知识方面的普及，对不同文化层次的罪犯进行不同程度的教育，力求让他们尽快摆脱文盲或半文盲的状态。积极引导他们进入主流文化。

（3）建立健全心理评估和矫治机制，培养具有心理学方面专业知识的一线民警，通过对罪犯进行心理咨询，能及时发现罪犯的心理疾病和心理障碍。

（4）建立心理预警指标体系，准确诊断心理危机。根据罪犯心理危机形成的机制，科学合理地设计并确定各项指标的权重分数。以罪犯入监、适应劳动强度、生活事件、身体状况、经济状况、人格倾向等各方面的因素，在心理危机形成中所占比例来确定预警级别，利用计算机网络建成基于大数据的心理危机预警指标体系平台，提高心理危机干预的效能。

（5）加强监狱环境方面的设计，加强对违禁品的清缴，特别是绳索、刀具等能作为自杀工具的违禁品，尽量减少用于自杀的工具来源。

（6）监狱管理部门要尽量让与社会隔离的特殊群体多了解外界的动态和发展趋势，加强罪犯与家庭成员之间的沟通；鼓励其开阔视野，增强通过努力改造、争取早日出去的信心。

数字化资源

项目八

狱内突发事件应急处置

走进二十大：推进国家安全体系和能力现代化，坚决维护国家安全和社会稳定

我们要坚持以人民安全为宗旨、以政治安全为根本、以经济安全为基础、以军事科技文化社会安全为保障、以促进国际安全为依托，统筹外部安全和内部安全、国土安全和国民安全、传统安全和非传统安全、自身安全和共同安全，统筹维护和塑造国家安全，夯实国家安全和社会稳定基层基础，完善参与全球安全治理机制，建设更高水平的平安中国，以新安全格局保障新发展格局。

提高公共安全治理水平。坚持安全第一、预防为主，建立大安全大应急框架，完善公共安全体系，推动公共安全治理模式向事前预防转型。推进安全生产风险专项整治，加强重点行业、重点领域安全监管。提高防灾减灾救灾和重大突发公共事件处置保障能力，加强国家区域应急力量建设。强化食品药品安全监管，健全生物安全监管预警防控体系。加强个人信息保护。

【任务8.1】 罪犯脱逃事件的应急处置

任务描述

《刑法》第316条规定的脱逃罪，是指依法被关押的罪犯、被告人、犯罪嫌疑人逃脱羁押场所及其他摆脱司法机关监管的行为。《监狱法》第42条规定："监狱发现在押罪犯脱逃，应当即时将其抓获……"监狱在发生罪犯脱逃事件的应急处置中，关键在于快速反应，通过追缉堵截以及对逃犯关系人的摸排，发现线索，及时捕获逃犯，减少对社会的危害，履行法律赋予监狱的神圣职责。

项目八 狱内突发事件应急处置

实训目标

知识目标	能力目标	思政目标
使学生了解罪犯脱逃事件应急处置的基本内容和要求。 掌握此类事件应急处置的基本方法和工作流程。 学会制作相关台账记录。	培养学生应对、处置罪犯脱逃事件的能力。 培养学生通过分析脱逃事件的特点,采取合适措施,制定追逃方案的能力。	培养学生爱岗敬业的职业素养。 激发学生不畏辛苦,全力保障监所安全、社会安全的使命担当。

实训重难点

【实训重点】掌握罪犯脱逃事件应急处置的流程和方法。

【实训难点】罪犯脱逃事件应急处置方案的制定与执行。

罪犯脱逃事件应急处置流程

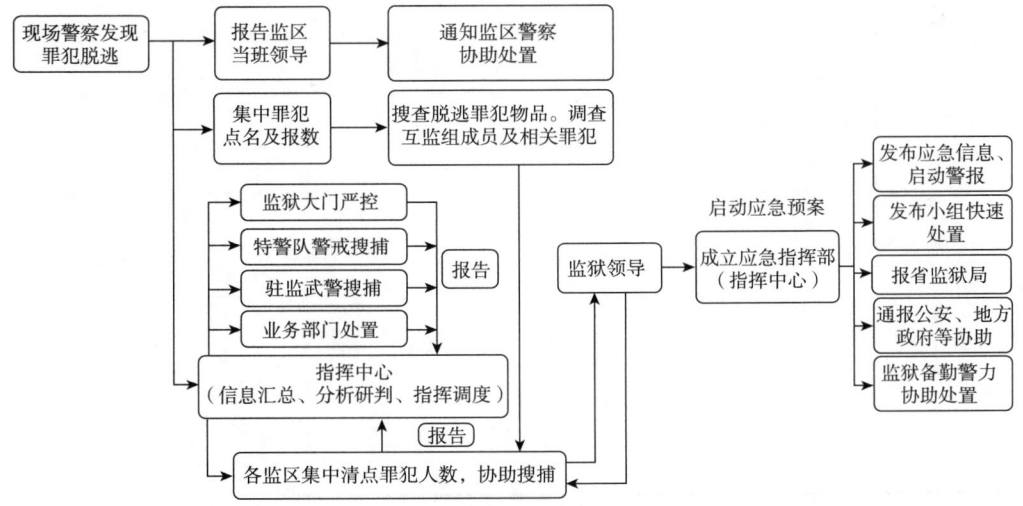

【实训情境 8.1.1】监狱对罪犯脱逃事件的先期处置

实训情境描述

××监狱集体脱逃案

2003 年 3 月 1 日 6 时 30 分许,××监狱四监区罪犯起床整理内务后,在监舍前面的坝子里等待集合开饭。6 时 45 分,2 名罪犯炊事员推着送饭车来到四监区西南侧后门送饭,监督岗罪犯打开后门放 2 名罪犯炊事员进来。罪犯赵×国按照事前的预谋策划,突然大喊一声"走!"随后,罪犯钟×清手持一把砖刀、罪犯万×国手持一根石工钻子、罪犯赵×国手持一根扁担,罪犯张×、刘×刚、金×术 3 人紧随其后,冲出四监区后门,径直跑到修建中的监狱西南侧走道式围墙处。罪犯钟×清第一个跑到围墙边,顺着施工跳板爬上近 8 米高的监狱西南侧走道式围墙,然后从围墙跳下。其余罪犯发现走道式围墙下部预留的一道施工便门，便钻出施工便门，翻越监狱的围墙脱逃。罪犯钟×清从围墙上跳下后腰部和腿部受伤，仍爬出监狱的围墙脱逃。

实训任务书

1. 按照罪犯脱逃事件监狱处置规范，制作《罪犯脱逃登记表》。
2. 熟悉脱逃事件处置预案。

任务分组

学生任务分配表

班级		组号		指导老师	
组长		学号			
组员	姓名	学号	姓名	学号	
任务分工					

实训准备

1. 复习狱内突发事件应急处置的理论知识，掌握监狱先期处置突发事件的程序步骤；
2. 阅读实训情景案例，结合实训任务书，分析罪犯脱逃应急处置工作的实训重点和难点；
3. 布置实训场地，准备实训物资。

实训实施

1. 报告监区当班领导。

⇨引导问题1：应如何发布应急信息，组建应急处置小组？

> **小提示**
>
> 指挥中心接到现场警察报警后,应立即指令事发监区通过点名、搜查脱逃罪犯物品、调查互监组成员及相关罪犯等途径迅速查明脱逃罪犯的人数、姓名、具体时间、原因、方式、脱逃地点、社会关系、体貌特征和可能的方向。
>
> 指挥中心根据指令及时拉响警报,指挥调度监区、特警队、驻监武警及业务部门应急警力参与处置。非事发监区听到警报后立即集合,清点、控制本监区罪犯,并第一时间向指挥中心报告。

2. 指挥中心进行信息汇总、分析研判、指挥调度。

➡ 引导问题2:指挥中心在罪犯脱逃案件先期处置中的具体工作任务包括哪些?

_____
_____
_____
_____

> **小提示**
>
> 发生突发事件时,现场警察应迅速向指挥中心、狱政管理部门报告,紧急情况可越级报告。指挥中心、相关业务部门报告监狱领导、省监狱局,通报地方政府有关部门。
>
> 指挥中心、狱政管理等部门迅速报告监狱主要领导决定是否启动应急处置预案。应急预案启动后,组建应急处置小组,一般设在指挥中心。

3. 制作罪犯脱逃登记表。

罪犯脱逃登记表

单位: 省 监狱   罪犯编号:

姓名					
性别		民族		出生年月	照片
判决机关			罪名		
刑种			原判刑期	剩余刑期	

续表

体貌特征	身高：			
	穿着：			
	特征：			
家庭住址			户籍所在地	
主要社会关系				
脱逃经过				
采取的措施				
科室意见				
监狱意见				
备注				

【实训情境8.1.2】认真分析案情，实施追缉堵截

实训情境描述

同实训情景8.1.1"实训情境描述"。

实训任务书

依据罪犯脱逃事件应急处置的相关理论知识，各组同学们在仔细分析案例的情况下，分小组制订一份针对实训情境中的脱逃人员的追捕方案，填写《脱逃罪犯捕回登记表》。

实训准备

1. 复习狱内突发事件应急处置的理论知识，掌握罪犯脱逃案件的特点及常见的查缉措施；

2. 了解监狱管理局追捕工作预案的内容，制订出符合本次案情的追捕方案。

实训实施

1. 分析案情特点。

⇨引导问题 1：分析罪犯脱逃的特点。

_____
_____
_____

⇨引导问题 2：分析脱逃罪犯关系人及摸排方法。

_____
_____
_____

⇨引导问题 3：分析脱逃罪犯可能选择的藏匿地点和生存方式。

_____
_____
_____

2. 选择查缉措施。

⇨引导问题 4：监狱追捕中常见的查缉措施有哪些？

_____
_____
_____

图 8-1　追缉逃犯

⇨ 引导问题5：监狱追捕工作中如何排查线索及对逃犯的重点关系人进行摸排与布控？

_____
_____
_____
_____

相关知识点

1. 排查的内容

（1）罪犯本人的基本情况：罪犯本人简历；体貌特征；犯罪规律、特点；犯罪类型、对象、作案地点、手段、工具、作案特点、销赃方式以及脱逃罪犯捕前活动区域；罪犯服刑期间的改造表现和日常行为特点；生活习惯、特长爱好、衣着特点、性格特点；社会阅历、受教育情况、经济状况、生存能力、技能特长等。

（2）罪犯脱逃的基本情况：包括脱逃时间、地点、经过、手段；脱逃的动机、目的，脱逃有无其他诱发因素，脱逃前有哪些异常征兆。

（3）罪犯的关系人及基本情况：关系人的基本情况；关系人的政治态度、经济状况、对社会法律的认知情况；与逃犯的关系性质、亲疏程度、平时的往来情况、有无两性关系、利害关系、财产纠纷；通信工具；其他需要或者可能了解掌握的情况信息。

2. 监狱追捕工作中的线索排查方法

（1）在狱内挖掘线索：查阅罪犯的档案、资料；在犯群中进行调查，号召罪犯坦白、检举、揭发，提供线索。调查的重点是与脱逃罪犯交往密切、接触较多、关系好的同乡、同案、狱友、靠拢政府的罪犯班组长；认真勘查现场，开展现场访问：首先，认真搜查遗留物及脱逃罪犯的个人物品、书信，从中发现线索；其次，要重点调查访问罪犯脱逃案件的目击者或罪犯脱逃前最后看见逃犯以及最先发现罪犯脱逃的人员（包括民警、武警、职工、家属、罪犯及社会公民），以尽可能准确确定罪犯脱逃时间，判明或者初步判明其脱逃、方向、路线。

（2）在追缉过程中发现线索：要注意观察沿途有无可供判断罪犯脱逃方向路线的痕迹、物品；坚持跟踪追缉与走访调查同时并举；利用警犬进行追踪。

（3）派出追捕民警进行外部调查。

3. 对逃犯重点关系人的摸排和布控

（1）摸排应当全面。

（2）筛选重点关系人和知情人。

（3）有针对性地做好重点关系人的工作。

3. 如何实施抓捕行动。

⇨引导问题 6：发现脱逃罪犯藏身落脚点后如何开展抓捕活动？

___

___

___

图 8-2　抓捕逃犯

4. 填写脱逃罪犯捕回登记表。

脱逃罪犯捕回登记表

单位：　　　　　　　　　　　　　　　　　　罪犯编号：

姓名		性别		出生日期	
罪名		刑期（种）		脱逃日期	
捕获经过					
在逃期间有无犯罪行为及主要犯罪事实					
发生脱逃事故应吸取教训					
对罪犯的处置意见					
狱政部门意见					

续表

监狱意见	
备注	

5. 罪犯脱逃事件应急处置要点。

➡引导问题 7：罪犯脱逃案件的处置要点有哪些？

_____
_____
_____

评价反馈

1. 学生自评。学生进行自我评价，并将结果填入学生自评表中。

学生自评表

班级：	姓名：	学号：	
任务 8.1	罪犯脱逃事件的应急处置		
评价项目	评价标准	分值	得分
先期处置程序的掌握	能掌握罪犯脱逃事件的先期处置程序，正确填写脱逃罪犯登记表	10	
案情分析	根据脱逃犯罪的特点，防控罪犯脱逃事件的发生	10	
关系人排查	掌握关系人排查的范围与方法	5	
藏匿地点排查	掌握脱逃罪犯藏匿地点排查的范围与方法	5	
查缉措施的应用	能正确运用各项查缉措施	10	
抓捕方案的制定	合理制定抓捕方案	10	
处置要点	掌握罪犯脱逃事件的处置要点	10	
工作态度	态度端正，没有无故缺勤、迟到、早退现象	10	
工作质量	能按计划完成工作任务	10	
协调能力	与小组成员、同学之间能合作交流、协调工作	10	
职业素质	能做到文明执法、责任担当	10	
合计		100	

2. 生生互评。学生以小组为单位，对以上学习情境的过程与结果进行互评，并填写互评表。

学生互评表

学习情景								罪犯脱逃事件的应急处置					
评价项目	分值	等级						评价对象（组别）					
								1	2	3	4	5	6
计划合理	10	优	10	良	8	中	6	差	4				
方案准确	10	优	10	良	8	中	6	差	4				
团队合作	10	优	10	良	8	中	6	差	4				
组织有序	10	优	10	良	8	中	6	差	4				
实训质量	10	优	10	良	8	中	6	差	4				
完成效率	10	优	10	良	8	中	6	差	4				
过程完整	10	优	10	良	8	中	6	差	4				
过程规范	10	优	10	良	8	中	6	差	4				
成果展示	20	优	20	良	16	中	12	差	8				
合计	100												

3. 教师评价。教师对学生实训过程与结果进行评价，并填写教师综合评价表。

教师综合评价表

班级：		姓名：		学号：	
任务 8.1			罪犯脱逃事件的应急处置		
评价项目		评价标准		分值	得分
考勤（10%）		没有无故迟到、早退、旷课现象		10	
实训过程（70%）	先期处置	能掌握罪犯脱逃事件的先期处置程序，正确填写脱逃罪犯登记表		10	
	案情分析	根据脱逃犯罪的特点，防控罪犯脱逃事件的发生		5	
	关系人排查	掌握关系人排查的范围与方法		5	
	藏匿地点排查	掌握脱逃罪犯藏匿地点排查的范围与方法		5	
	查缉措施的应用	能正确运用各项查缉措施		5	
	抓捕方案的制定	合理制定抓捕方案		10	
	处置要点	掌握罪犯脱逃事件的处置要点		10	

续表

职业素养 （20%）	工作态度	态度端正，没有无故缺勤、迟到、早退现象	5	
	工作质量	能按计划完成工作任务	5	
	协调能力	与小组成员、同学之间能合作交流、协调工作	5	
	职业素质	能做到文明执法、责任担当	5	
实训成果 （20%）	过程完整	按时完成实训任务	5	
	过程规范	按要求完成实训任务	5	
	成果展示	准确汇报、展示实训成果	10	
合计			100	
综合评价	自评（20%）	小组互评（30%）	教师评价（50%）	综合得分

拓展思考题

上网搜索 2021 年 10 月发生在吉林的监狱服刑人员朱×健脱逃事件。运用所学专业知识，根据此事件设计一份应急处置预案。再收集梳理吉林监狱及公安机关追捕方案的内容，并对此方案进行评价。

图 8-3 朱×健越狱过程

数字化资源

【任务 8.2】罪犯自杀事件的应急处置

任务描述

狱内罪犯自杀问题历来是特点问题之一，"无脱逃、无自杀、无行凶、无安全事故"是监狱工作实践中执行的标准，其中"无自杀"的标准是一项重要标准，也关乎监狱和政府的公众形象。监狱内罪犯是自杀的高发群体，如何在这个自杀高发人群中有效降低罪犯自杀率，对罪犯自杀进行科学处置是最为直接的方法。

图 8-4　狱内自杀案件现场

实训目标

知识目标	能力目标	思政目标
使学生了解罪犯自杀事件应急处置的基本内容和要求。 掌握自杀事件应急处置的基本方法和工作流程。 学会制作相关台账记录。	培养学生应对、处置罪犯自杀事件的能力。 培养学生通过分析自杀事件的特点，采取合适措施，预防和处置狱内自杀事件。	培养学生爱岗敬业的职业素养。 引导学生及时处置，敬畏生命。

实训重难点

【实训重点】掌握罪犯自杀事件应急处置的流程和方法。

【实训难点】罪犯自杀事件应急处置方案的制定与执行。

📝 **罪犯自杀事件应急处置流程**

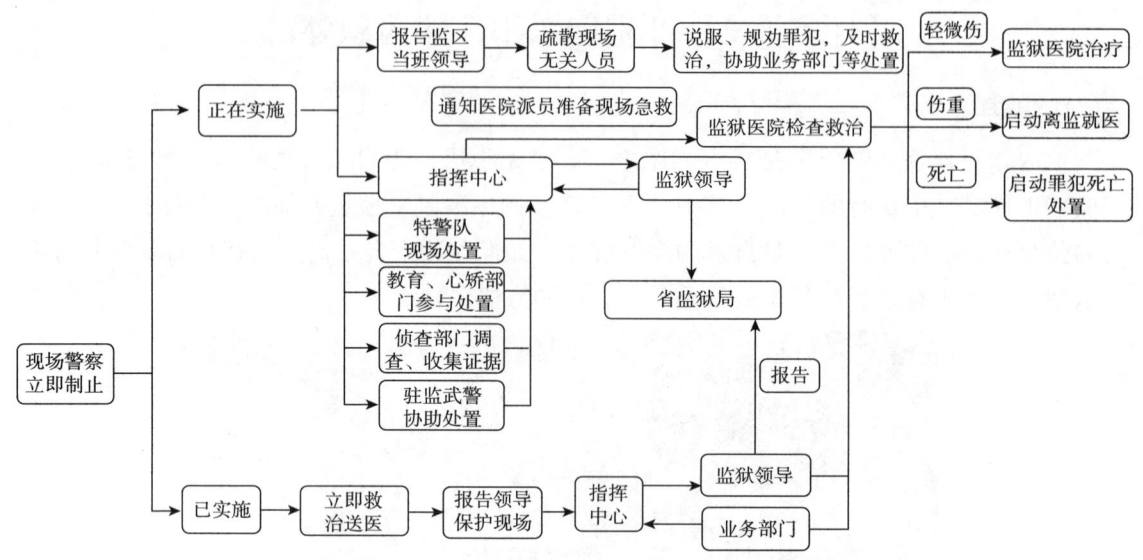

【实训情境 8.2.1】 监狱对罪犯自杀事件的应急处置

📝 **实训情境描述**

×监狱服刑人员陈×自杀未遂事件

2008 年 2 月某日凌晨 1 点 40 分左右，×监狱二监区一分监区值日犯向值班民警报告，12 号监房罪犯陈×在自己铺位上用皮带实施自杀，被同监犯人及时救下。值班民警当即赶至现场，此时罪犯陈×已经平躺在下铺，只见其右侧颈部一条清晰的宽约 2.5 公分皮带勒痕。经了解：罪犯陈×在 1 点 30 分左右，仰卧于自己的铺位上，将系裤子的皮带绞成八字形，一头套自己颈部，另一头拴在床架横档上进行自缢。由于其失去知觉，在挣扎过程中，惊动睡在下铺的夹控犯李××，李犯当即起身边抢救边呼喊其他罪犯，在其他罪犯共同努力下将罪犯陈×救下后放在下铺，同时通过夜值星犯报告了值班民警。

📝 **实训任务书**

了解罪犯自杀事件的特点，按照罪犯自杀事件应急处置规范，同学们分小组在模拟监禁中心进行演练，并拍摄制作演练视频，填写实训报告书。

📋 **任务分组**

学生任务分配表

班级		组号		指导老师	
组长		学号			
组员	姓名		学号	姓名	学号
任务分工					

📋 **实训准备**

1. 复习狱内突发事件应急处置的理论知识，掌握监狱先期处置突发事件的程序步骤；
2. 阅读实训情景案例，结合实训任务书，分析罪犯自杀事件应急处置工作的实训重点和难点；
3. 设计视频拍摄内容，凸显本次实训目标；
4. 布置实训场地，准备实训物资。

📋 **实训实施**

1. 罪犯自杀案件现场处置。

⇨引导问题1：罪犯自杀案件发生后该如何进行现场处置？

_____
_____
_____
_____

2. 监狱业务部门对罪犯自杀案件处置。

⇨引导问题2：罪犯自杀案件发生后监狱其他业务部门该如何进行处置？

_____
_____
_____
_____

3. 分析事件原因，及时固定证据。

▷ 引导问题 3：导致罪犯自杀的原因是什么？

___

___

___

评价反馈

1. 学生自评。学生进行自我评价，并将结果填入学生自评表中。

学生自评表

班级：		姓名：		学号：	
任务 8.2		罪犯自杀事件的应急处置			
评价项目		评价标准		分值	得分
前期处置		能掌握罪犯自杀事件的现场前期处置程序		15	
业务部门处置		有效阻止罪犯自杀行为		15	
原因分析		有效排查，查漏补缺		15	
处置要点		掌握罪犯自杀事件的处置要点		15	
工作态度		态度端正，没有无故缺勤、迟到、早退现象		10	
工作质量		能按计划完成工作任务		10	
协调能力		与小组成员、同学之间能合作交流、协调工作		10	
职业素质		能做到文明执法、责任担当		10	
		合计		100	

2. 生生互评。学生以小组为单位，对以上学习情境的过程与结果进行互评，并填写互评表。

学生互评表

学习情景		罪犯自杀事件的应急处置										
评价项目	分值	等级							评价对象（组别）				
									1	2	3	4	5	6
计划合理	10	优	10	良	8	中	6	差	4						
方案准确	10	优	10	良	8	中	6	差	4						
团队合作	10	优	10	良	8	中	6	差	4						
组织有序	10	优	10	良	8	中	6	差	4						

续表

实训质量	10	优	10	良	8	中	6	差	4			
完成效率	10	优	10	良	8	中	6	差	4			
过程完整	10	优	10	良	8	中	6	差	4			
过程规范	10	优	10	良	8	中	6	差	4			
成果展示	20	优	20	良	16	中	12	差	8			
合计	100											

3. 教师评价。教师对学生实训过程与结果进行评价，并填写教师综合评价表。

教师综合评价表

班级：		姓名：		学号：	
任务 8.2		罪犯脱逃事件的应急处置			
评价项目		评价标准		分值	得分
考勤（10%）		没有无故迟到、早退、旷课现象		10	
实训过程（60%）	前期处置	能掌握罪犯自杀事件的现场前期处置程序		10	
	业务部门处置	有效阻止罪犯自杀行为		10	
	原因分析	有效排查、查漏补缺		10	
	处置要点	掌握罪犯自杀事件的处置要点		10	
	工作态度	态度端正，没有无故缺勤、迟到、早退现象		5	
	工作质量	能按计划完成工作任务		5	
	协调能力	与小组成员、同学之间能合作交流、协调工作		5	
	职业素质	能做到文明执法、责任担当		5	
实训成果（30%）	过程完整	按时完成实训任务		10	
	过程规范	按要求完成实训任务		10	
	成果展示	准确汇报、展示实训成果		10	
合计				100	
综合评价	自评（20%）	小组互评（30%）	教师评价（50%）	综合得分	

拓展思考题

1. 罪犯自杀事件给监狱带来的影响。

2. 如何识别及预防罪犯自杀。

3. 上网搜索"罪犯朱胜文跳楼自杀身亡"事件，分析事发始末，请谈谈你对该事件的发生及处置的看法,以及该事件有何警示意义。

📝 **数字化资源**

📝 **相关法律法规**

《中华人民共和国监狱法》第 55、73 条。

【任务 8.3】 罪犯哄监闹狱事件的应急处置

📝 **任务描述**

哄监闹狱是指监狱出现的,有多名罪犯参与的,用哄闹、打杂破坏监禁设施或生产工具、绝食、拒绝参加劳动等方式,公开向监狱方提出要求或者表达不满情绪的行为。《监狱法》第 58 条第 1 款中,将"聚众哄闹监狱"作为一种破坏监管秩序的情形,认为严重影响监狱的安全与稳定。对于罪犯哄监闹狱事件的及时处置,对于监狱的长治久安具有重要意义。

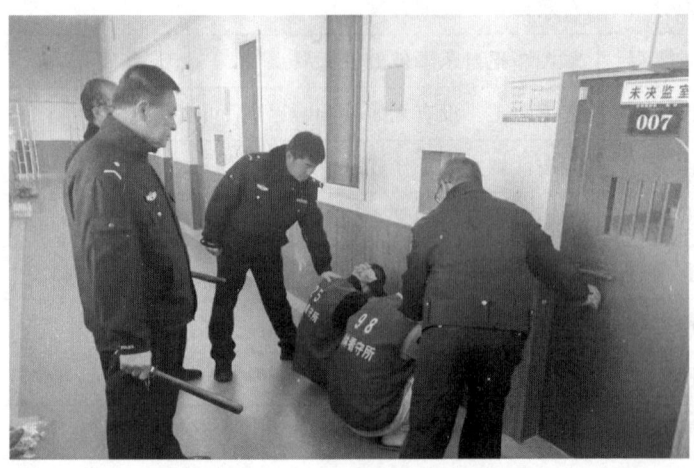

图 8-5　罪犯公共监狱事件处置

项目八 狱内突发事件应急处置

实训目标

知识目标	能力目标	思政目标
使学生了解罪犯哄监闹狱事件应急处置的基本内容和要求。 掌握哄监闹狱事件应急处置的基本方法和工作流程。 学会制作相关台账记录。	培养学生应对、处置罪犯哄监闹狱事件的能力。 培养学生通过分析哄监闹狱事件的特点，采取合适措施，预防和处置狱内哄监闹狱事件。	培养学生爱岗敬业的职业素养。 引导学生平时工作从细微处着眼、准确研判、快速反应。

实训重难点

【实训重点】掌握罪犯哄监闹狱事件应急处置的流程和方法。

【实训难点】罪犯哄监闹狱事件应急处置方案的制定与执行。

罪犯哄监闹狱事件应急处置流程

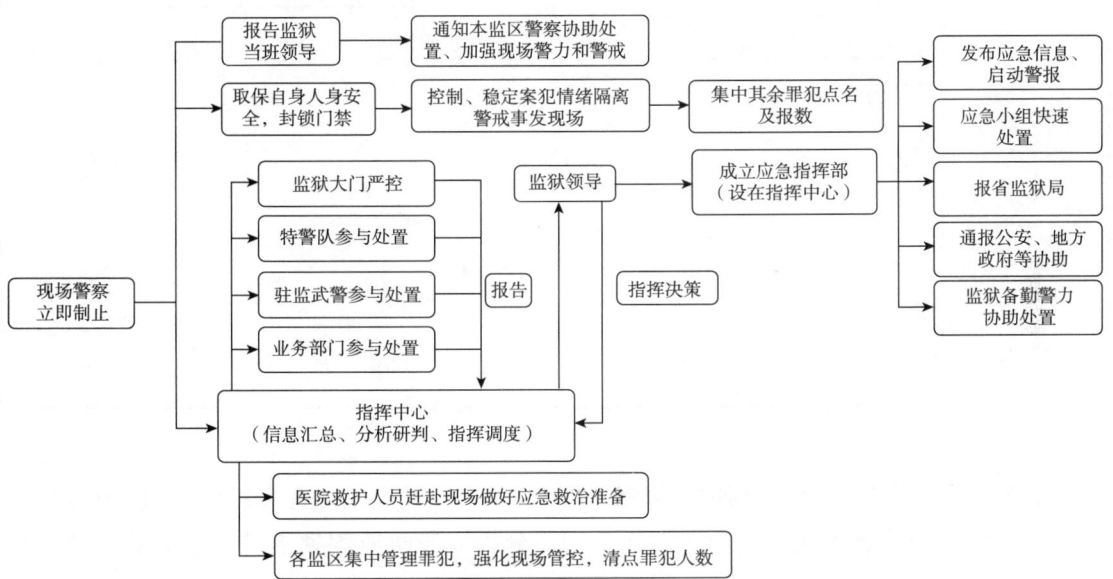

【实训情境 8.3.1】 监狱对罪犯哄监闹狱事件的应急处置

实训情境描述

××监狱罪犯集体绝食事件

2006 年 6 月 28 日至 30 日，××监狱发生一起由少数罪犯操纵的、由 300 名罪犯参与的哄监绝食的严重狱内又犯罪案件。这 300 名绝食罪犯原系另一监狱在押人员，因于 6 月 14 日在另一监狱集体绝食而被调至该监狱服刑。到××监狱后，300 名罪犯决心把在另一监狱的威风带到该监狱，他们把所在监舍的门锁全部撬毁，在监狱修复一次后又再次全部撬毁，这种状态一直持续至 6 月 28 日中午 12 时的集体绝食事件开始。

实训任务书

了解罪犯哄监闹狱事件的特点，按照罪犯哄监闹狱事件应急处置规范，讨论处置要点，设计相关情景进行演练，拍摄演练视频，生生互评，并填写实训报告书。

任务分组

学生任务分配表

班级		组号		指导老师	
组长		学号			
组员	姓名		学号	姓名	学号
任务分工					

实训准备

1. 复习狱内突发事件应急处置的理论知识，掌握监狱先期处置突发事件的程序步骤。

2. 阅读实训情景案例，结合实训任务书，分析罪犯哄监闹狱事件应急处置工作的实训重点和难点。

3. 设计视频拍摄内容，凸显本次实训目标。

4. 布置实训场地，准备实训物资。

实训实施

1. 罪犯哄监闹狱事件的先期处置。

⇨引导问题 1：如何发现罪犯哄监闹狱事件险情？

▷引导问题2：简述罪犯哄监闹狱事件发生后的上报程序。
_____
_____
_____

▷引导问题3：如何研判案情？
_____
_____
_____

2. 罪犯哄监闹狱事件的处置要点。

▷引导问题4：监狱各业务部门如何参与处置罪犯哄监闹狱事件？
_____
_____
_____

▷引导问题5：监区干警如何对罪犯哄监闹狱事件进行恰当处置？
_____
_____
_____

3. 罪犯哄监闹狱事件的善后处理。

▷引导问题6：怎样做到查明原因，排查隐患，彻底善后。
_____
_____
_____

评价反馈

1. 学生自评。学生进行自我评价，并将结果填入学生自评表中。

学生自评表

班级：	姓名：		学号：	
任务8.3	罪犯哄监闹狱事件的应急处置			
评价项目	评价标准		分值	得分
先期处置程序的掌握	能掌握罪犯哄监闹狱事件的先期处置程序		30	
案情研判	分析本次危机事件的特点，为处置提供依据		10	

续表

处置要点	掌握罪犯哄监闹狱事件的处置要点	20
工作态度	态度端正，没有无故缺勤、迟到、早退现象	10
工作质量	能按计划完成工作任务	10
协调能力	与小组成员、同学之间能合作交流、协调工作	10
职业素质	能做到文明执法、责任担当	10
	合计	100

2. 生生互评。学生以小组为单位，对以上学习情境的过程与结果进行互评，并填写互评表。

学生互评表

学习情境		罪犯哄监闹狱事件的应急处置										
评价项目	分值	等级						评价对象（组别）				
								1	2	3	4	5	6
计划合理	10	优	10	良	8	中	6	差	4				
方案准确	10	优	10	良	8	中	6	差	4				
团队合作	10	优	10	良	8	中	6	差	4				
组织有序	10	优	10	良	8	中	6	差	4				
实训质量	10	优	10	良	8	中	6	差	4				
完成效率	10	优	10	良	8	中	6	差	4				
过程完整	10	优	10	良	8	中	6	差	4				
过程规范	10	优	10	良	8	中	6	差	4				
成果展示	20	优	20	良	16	中	12	差	8				
合计	100											

3. 教师评价。教师对学生实训过程与结果进行评价，并填写教师综合评价表。

教师综合评价表

班级：		姓名：	学号：	
任务 8.3		罪犯哄监闹狱事件的应急处置		
评价项目		评价标准	分值	得分
考勤（10%）		没有无故迟到、早退、旷课现象	10	

续表

实训过程（50%）	先期处置程序的掌握	能掌握罪犯哄监闹狱事件的先期处置程序	10	
	案情研判	分析本次危机事件的特点，为处置提供依据	10	
	处置要点	掌握罪犯哄监闹狱事件的处置要点	10	
职业素养（20%）	工作态度	态度端正，没有无故缺勤、迟到、早退现象	5	
	工作质量	能按计划完成工作任务	10	
	协调能力	与小组成员、同学之间能合作交流、协调工作	10	
	职业素质	能做到文明执法、责任担当	10	
实训成果（20%）	过程完整	按时完成实训任务	5	
	过程规范	按要求完成实训任务	10	
	成果展示	准确汇报、展示实训成果	10	
合计			100	
综合评价	自评（20%）	小组互评（30%）	教师评价（50%）	综合得分

拓展思考题

1. 上网搜索曾发生的罪犯哄监闹狱事件，归纳罪犯哄监闹狱的常见原因，分析干警的处置预案，并对处置过程进行评析。

2. 如何避免罪犯哄监闹狱事件的发生？

3. 监区干警在处理罪犯哄监闹狱事件过程中所体现的素质能力有哪些？

数字化资源

项目九

收监与释放

走进二十大：严格做到依法办事，继续全面推进中国式现代化司法行政工作

"两个确立"是党在新时代取得的重大政治成果，是推动党和国家事业取得历史性成就、发生历史性变革的决定性因素。监狱机关首先是政治机关，必须深刻领悟"两个确立"的决定性意义，坚定不移在思想上政治上行动上同以习近平同志为核心的党中央保持高度一致。

党的二十大报告通篇围绕全面建设社会主义现代化国家展开，监狱工作要深刻把握中国式现代化的本质要求，自觉把监狱工作置于现代化建设全局中来定位，把党的二十大确定的决策部署转化为监狱系统工作任务，更好履行监狱机关职责使命，切实以政法工作现代化保障中国式现代化。

【任务9.1】 收监

任务描述

按照《监狱法》第15条第1款和《中华人民共和国刑事诉讼法》（以下简称《刑事诉讼法》）关于刑罚执行的规定以及监狱行刑事务管理的相关知识，对新入监的罪犯进行收监验证、收监检查、收监登记等工作，掌握新犯收监各环节的工作流程和工作要点，能够独立或配合完成收监工作。

实训目标

知识目标	能力目标	思政目标
掌握收监的工作流程与工作要点。 掌握释放的工作流程与工作要点。	培养刑罚执行能力。 学会检查相关法律文书，核对罪犯的基本信息及身份，按要求进行安全检查，办理收监手续，制作入监登记表。	培养学生公正执法、爱岗敬业的职业素养。

实训重难点

【实训重点】掌握收监的流程和实操技能。

项目九　收监与释放

【实训难点】掌握收监过程中各项工作的操作规范和具体要求。

收监流程图

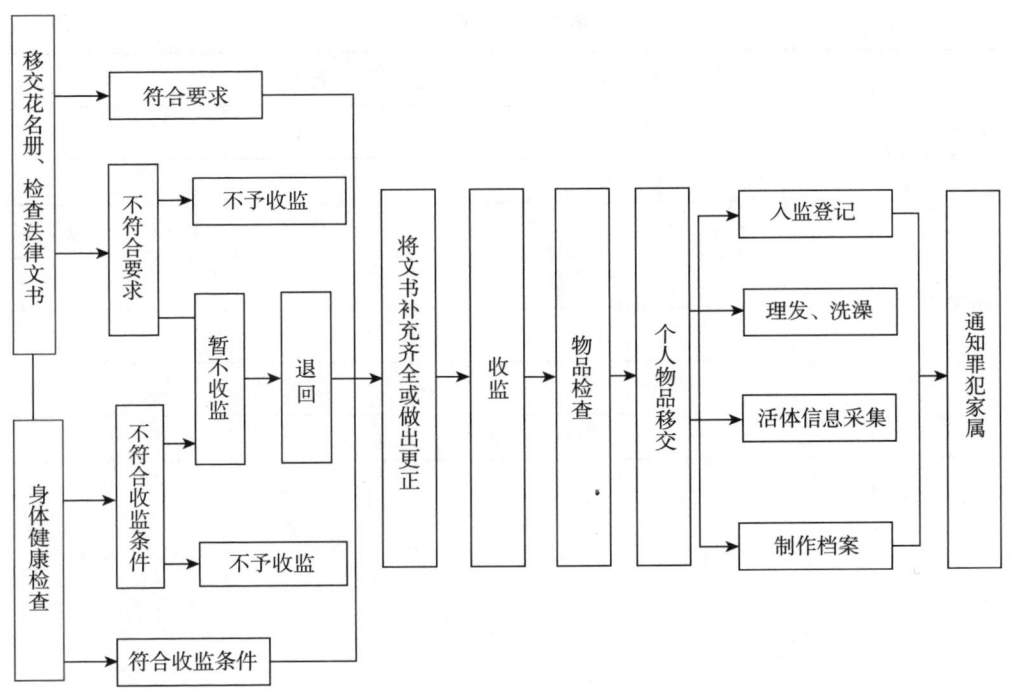

【实训情境9.1.1】收监验证

实训情境描述

按照省（市、区）监狱管理局规定的定点收押单位、收押范围、收押对象的相关规定及监狱收监流程，掌握移交罪犯花名册和检验罪犯法律文书的方法及注意事项。

图9-1　民警交接收监文件

实训任务书

1. 按收监验证流程，分小组进行演练，拍摄演练视频并上传到学习通。

213

2. 在三维模拟仿真实训中心自助完成收监验证的仿真实训。

📝 **任务分组**

学生任务分配表

班级		组号		指导老师	
组长		学号			
组员	姓名		学号	姓名	学号
任务分工					

📝 **实训准备**

1. 回顾《狱政管理》课程中收监的理论知识，熟记监狱收监的对象和法律文书生效的依据。

2. 阅读实训任务书，了解收监验证工作流程和工作要点。

3. 结合实训任务书分析收监验证工作的实训重点和难点。

4. 根据实训任务书的要求完成分组。

📝 **实训实施**

1. 收监验证工作流程。

⇨引导问题1：完成收监验证工作有哪些步骤？

_____
_____
_____

2. 收监验证各环节工作内容。

⇨引导问题2：收监验证具体分为_____和_____两部分工作。

⇨引导问题3：对押解警察进行证件检查，包括哪些内容？

_____
_____
_____

⇨引导问题4：对罪犯进行身份核对，包括哪些内容？

_____
_____
_____
_____

小提示

要认真甄别收监对象

履行收监职责的监狱人民警察还必须到负责接收新犯的入监监区现场，清点、辨认被交付执行的罪犯与罪犯移交花名册和法律文件提供的媒体信息是否一致。这是整个收监验证环节的难点，同时也是当前收监工作普遍存在的盲点。《刑事诉讼法》和《监狱法》都没有明确把罪犯媒体信息规定为收监必备的文件，受习惯思维的影响，交付单位与接收单位相互信任，以及受收监场地、时间、技术条件等客观因素的制约，导致往往会忽视这一细节。实践中，收监时移交的媒体信息是非常有限的，通常只有看守所在办理罪犯出所制作的掌纹卡和粘贴在掌纹卡上的正面相，接收方无法直观地辨别人、档是否一致。在犯罪智能化和组织化形势下，以及整容技术发达的当今社会，如果不执行严密的程序，就极可能发生错误收监的现象。

⇨引导问题5：为什么要对罪犯的法律文书进行检验？

_____
_____
_____
_____

⇨引导问题6：新入监普通罪犯的法律文书包括_____、_____、_____、_____四种。

⇨引导问题7：怎样判断新入监罪犯的法律文书齐备？

_____
_____
_____
_____

⇨引导问题8：除了在种类和数量上对法律文书进行检验外，还应该检验哪些内容？

_____
_____
_____

⇨引导问题9：对于邪教类罪犯、患有严重疾病的罪犯、我国港澳台地区及外籍罪犯还应该查验哪些法律文书？

_____
_____
_____

⇨引导问题10：当发现法律文书不符合监狱收监要求时，应当怎样做？

_____
_____
_____

小提示

要把握暂不收监的条件

根据《监狱法》第17条及《刑事诉讼法》第265条第1款的规定，经检查发现被判处有期徒刑的服刑人员有下列情形，不具有社会危险性的，可以暂不收监：①有严重疾病需要保外就医的；②怀孕或正在哺乳自己婴儿的妇女；③生活不能自理，适用暂予监外执行不致再危害社会的。

对符合条件决定暂不收监的服刑人员，应当由交付执行的人民法院决定暂予监外执行，交由服刑人员居住地的公安机关执行刑罚。暂不收监的法定情形消失后，原判刑期尚未执行完毕的服刑人员，由公安机关送交监狱收监执行剩余的刑罚。

思政小课堂

⇨引导问题 11：根据收监验证的流程，画出收监验证流程思维导图。

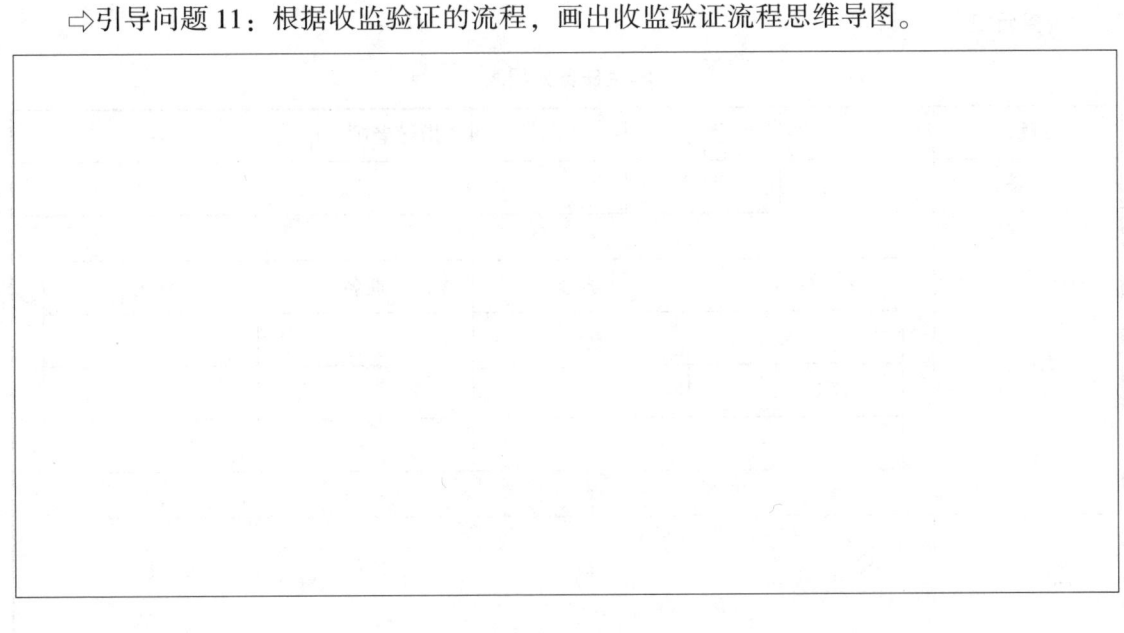

【实训情境 9.1.2】 收监检查

实训情境描述

按照《监狱法》第 18 条第 1 款的规定，罪犯收监，应当严格检查其人身和所携带的物品。对罪犯进行人身和物品的检查，可以防止罪犯携带违禁品、危险品和非生活必需品入监，确保监狱安全。妥善保管罪犯携带入监的合法财物，是我国监狱人权政策的体现。

图 9-2　罪犯物品检查

实训任务书

1. 了解"三品"的内容和范围，掌握辨识"三品"的方法。
2. 在教师准备的多种物品中，查找"三品"并归类。
3. 认真阅读《监狱法》第 18 条的相关规定，了解入监检查的工作内容和工作流程。
4. 按收监检查流程，分小组进行演练，拍摄演练视频，上传到教学平台。
5. 在三维模拟仿真实训中心自助完成收监检查的仿真实训。

任务分组

学生任务分配表

班级		组号		指导老师	
组长		学号			
组员	姓名	学号	姓名	学号	
任务分工					

实训准备

1. 复习《狱政管理》课程中人身和物品检查的理论知识，熟记《监狱法》第 18 条的规定。
2. 阅读实训任务书，了解收监检查工作流程和工作要点。
3. 结合实训任务书分析收监检查工作的实训重点和难点。
4. 按照训任务书的要求完成分组。

实训实施

1. "三品"的辨别和查找。

⇨引导问题 1：什么是"三品"？

_____
_____
_____

⇨引导问题 2：违禁品包括_____。

危险品包括_____。

非生活必需品包括_____。

2. 收监检查的工作流程。
⇨引导问题 3：收监检查工作有哪些步骤？

_____
_____
_____

3. 收监检查各环节工作内容。
⇨引导问题 4：怎样进行搜身检查？

_____
_____
_____

⇨引导问题 5：怎样进行物品检查？

_____
_____
_____
_____

> **小提示**
>
> **检查的重点**
>
> 要重点检查罪犯有无夹藏金银首饰、现金、刃具、毒品、通信工具等危险品和违禁品，同时除内衣、毛衣、袜子外，罪犯的其他便服一律清理，统一更换制式囚服、囚鞋。

⇨引导问题 6：怎样与看守所押解警察进行物品的移交？

_____
_____
_____

⇨引导问题 7：画出物品移交的流程图。

⇨引导问题 8：移交罪犯个人物品时，应该填写_____。

⇨引导问题 9：在进行罪犯个人物品移交时，有哪些注意事项？

_____

_____

_____

⇨引导问题 10：将罪犯的个人物品清点清楚后，应该填写_____。

⇨引导问题 11：按要求填写《罪犯物品保管清单》。

财物持有人姓名		性别		出生日期	
人员编号		监室编号			
移送机关		联系方式			
家庭住址		联系电话			
身份证号码					
编号	名称	型号	数量	特征	备注
1					
2					
3					
4					
5					
6					
财物变动记录					
随身财物持有人签名：			经办人签名：		
随身财物处理情况：					
上述物品本人已于与　　年　　月　　日　　时　　分验收，封装袋封口及袋体均完好无破损，袋内物品无遗漏。					
持有人签收：					

【实训情境 9.1.3】收监登记

📖 **实训情境描述**

对符合收监条件的罪犯,监狱应组织罪犯进行活体信息采集,填写《罪犯入监登记表》。

📖 **实训任务书**

1. 熟悉收监登记的工作流程。
2. 罪犯活体信息采集的方法。
3. 填写《罪犯入监登记表》。
4. 能够建立罪犯正、副卷档案。
5. 按收监检查流程,分小组进行演练,拍摄演练视频,上传到教学平台。
6. 在三维模拟仿真实训中心自助完成收监检查的仿真实训。

📖 **任务分组**

学生任务分配表

班级		组号		指导老师	
组长		学号			
组员	姓名		学号	姓名	学号
任务分工					

📖 **实训准备**

1. 复习《狱政管理》课程中收监登记的理论知识。
2. 阅读实训任务书,了解收监登记的工作流程和工作要点。
3. 结合实训任务书分析收监登记工作的实训重点和难点。

4. 按照实训任务书的要求完成分组。

实训实施

1. 收监登记的工作流程。

⇨引导问题1：收监登记要完成哪些工作？
_____
_____
_____

⇨引导问题2：活体信息采集包括_____和_____。

2. 收监登记各环节工作内容。

⇨引导问题3：捺印指纹的顺序是_____。

⇨引导问题4：捺印指纹有哪些注意事项？
_____
_____
_____

⇨引导问题5：对新入监的罪犯要拍哪些种类的照片？
_____
_____
_____

⇨引导问题6：怎样组织罪犯进行拍照？
_____
_____
_____

⇨引导问题7：《罪犯入监登记表》有几部分构成？每部分有哪些内容？
_____
_____
_____

思政小课堂

⇨引导问题8：填写《罪犯入监登记表》要注意哪些问题？
_____
_____
_____

⇨引导问题9：什么是三假罪犯？
_____
_____
_____
_____

思政小课堂

小提示

填写《罪犯入监登记表》的注意事项

《罪犯入监登记表》的各项内容要按要求逐项填写，为了避免"三假"罪犯现象的出现，要注意核对罪犯的姓名、年龄、家庭地址、文化程度、主要社会关系等基本内容，要通过找罪犯谈话的方式予以鉴别核实。此外，必要时可以通过信函向有关机关了解罪犯的真实情况。

⇨引导问题10：填写罪犯入监登记表。

罪犯入监登记表

单位：　　　　　　　　编号：　　　　　　　　入监日期：　　　年　月　日

姓　名		别　名		性　别		
民　族		出生日期		文化程度		
捕前职业		原政治面貌		特　长		
身份证号				口　音		
籍贯（国籍）		原户籍所在地				

续表

家庭住址					婚姻状况	
拘留日期		逮捕机关			逮捕日期	
判决书号		判决机关			判决日期	
罪　　名			刑　　种			
刑　　期		刑期起止	自　年　月　日 至　年　月　日		附加刑	
曾受何种惩处						
本人简历						
主要犯罪事实						

家庭成员及主要社会关系	关系	出生年月	政治面貌	工作单位（职业）	家庭住址	联系电话

同案犯	姓名	性别	出生年月	捕前职业	罪名	刑期	家庭住址

⇨ 引导问题11：如何将新入监的罪犯材料进行归档？

_____
_____
_____

⇨ 引导问题12：罪犯正副卷档案有什么区别？

_____
_____
_____

⇨ 引导问题13：画出收监登记工作流程的思维导图。

评价反馈

1. 学生自评。学生评价自己是否能完成收监的理论学习，是否能按照普通罪犯收监的工作流程完成收监工作，是否按时完成实训报告、操作视频等实训成果资料，有无任务遗漏。

学生进行自我评价，并将结果填入学生自评表中。

学生自评表

班级：		姓名：		学号：	
任务9.1		收监登记			
评价项目		评价标准		分值	得分

续表

收监验证	明确收监验证的验证步骤	5	
	明确收监验证的验证内容	5	
	熟练掌握法律文书的检验方法	5	
	明确暂不收监的条件	5	
	对存在问题的法律文书进行合理处置	5	
收监检查	能够对"三品"进行准确判断	5	
	能够对"三品"正确处置	3	
	明确人身和物品检查的流程	2	
	掌握搜身和物品检查的方法	5	
	掌握收监检查的工作要点	5	
	能够配合完成收监检查工作	5	
收监登记	明确收监登记的工作步骤	5	
	掌握指纹捺印的方法	5	
	掌握入监照相的方法	5	
	能够熟练使用罪犯入监活体采集仪	2	
	会填写《罪犯入监登记表》	5	
	能够建立罪犯正、副卷档案	3	
工作态度	态度端正,没有无故缺勤、迟到、早退现象	5	
工作质量	按要求认真完成实训任务	5	
协调能力	与小组成员间合作交流、协调工作	5	
职业素养	能做到依法、文明、准确执法	5	
创新意识	能够学以致用、大胆探索	5	
合计		100	

2. 生生互评。同组学生之间相互进行评价。评价协作伙伴是否按流程进行收监工作,是否掌握收监工作的操作要点和注意事项。指出操作中存在的问题,并予以纠正。异组学生之间相互进行评价。总结其他小组在实训表现中的优缺点,指出操作中存在的问题,并予以纠正。

学生以小组为单位,对以上学习情境的过程和结果进行互评,将互评结果填入学生互评表中。

学生互评表

学习情景		情景名称:							评价对象（组别）					
评价项目	分值	等级							1	2	3	4	5	6
计划合理	8	优	8	良	7	中	6	差	4					
方案准确	8	优	8	良	7	中	6	差	4					
团队合作	8	优	8	良	7	中	6	差	4					
组织有序	8	优	8	良	7	中	6	差	4					
工作质量	8	优	8	良	7	中	6	差	4					
工作效率	8	优	8	良	7	中	6	差	4					
流程完整	10	优	10	良	8	中	6	差	4					
操作规范	16	优	16	良	12	中	8	差	4					
实训报告	16	优	16	良	12	中	8	差	4					
成果展示	10	优	10	良	8	中	6	差	4					
合计	100													

3. 教师评价。实训报告书写、实训视频制作是否规范，报告内容是否出自真实实训，演练过程是否详尽，认识体会是否深刻，是否起到了实训的作用。

教师综合评价表

班级:		姓名:	学号:	
任务9.1		收监登记		
评价项目		评价标准	分值	得分
考勤（10%）		没有无故迟到、早退、旷课现象	10	
工作过程（48%）	收监验证	明确收监验证的验证步骤	3	
		明确收监验证的验证内容	3	
		熟练掌握法律文书的检验方法	3	
		明确暂不收监的条件	3	
		对存在问题的法律文书进行合理处置	3	
	收监检查	能够对"三品"进行准确判断	3	
		明确人身和物品检查的流程	3	
		掌握搜身和物品检查的方法	3	
		掌握收监检查的工作要点	3	
		能够配合完成收监检查工作	3	

续表

		明确收监登记的工作步骤	3	
		掌握指纹捺印的方法	3	
	收监登记	掌握入监照相的方法	3	
		能够熟练使用罪犯入监活体采集仪	3	
		会填写《罪犯入监登记表》	3	
		明确收监登记的工作步骤	3	
职业素养（15%）	工作态度	态度端正、工作认真、主动	5	
	协调能力	与小组成员、同学之间能合作交流、协调工作	5	
	职业作风	能做到依法、文明、准确执法	5	
项目成果（27%）	流程完整	流程完整，无遗漏	10	
	操作规范	按工作要点完成实训	10	
	实训报告	认真撰写实训报告	5	
	成果展示	能准确表达、汇报实训成果	2	
		合计	100	

4. 行业专家评价。工作流程是否正确，是否熟练掌握岗位技能，是否符合实际工作要求。

行业专家评价表

班级：		姓名：		学号：	
任务9.1			收监登记		
评价项目		评价标准		分值	得分
收 监		工作流程正确		30	
		掌握岗位技能熟练		40	
		符合工作要求		30	
		合计		100	

5. VR自助训练系统评价。根据以上评价信息，填写综合评价表。

综合评价表

综合评价	自评（15%）	小组互评（30%）	教师评价（40%）	行业专家评价（10%）	VR系统评价（5%）	综合得分

拓展思考题

1. 保外就医撤销的收监应该如何进行？
2. 脱逃捕回的收监应该如何进行？
3. 假释撤销的收监应该如何进行？

数字化资源

相关知识点

一、收监的含义

收监，是指监狱将人民法院交付执行的符合法定条件和法律手续完备的罪犯收入监狱开始执行刑罚的活动。收监标志着监狱对罪犯执行刑罚的开始，意味着罪犯开始对自己的犯罪行为接受刑罚的惩罚，承担刑事责任。除法定的监管场所外，其他任何机关、团体、组织和个人都无权以收监的名义对他人实施非法关押，剥夺他人人身自由。为便于区分收监的普通情形与特殊情形，将判决生效后直接由看守所投送到监狱服刑的罪犯的收押称为新犯收监；将保外就医期间、假释考验期内因触犯相关法规，或以非法手段骗取保外就医、假释，以及脱逃捕回等罪犯的收押，统称为特殊收监。

二、收监的对象

依据《监狱法》第15条第1款对监狱收监的规定和《刑事诉讼法》关刑罚执行的规定，交付监狱执行刑罚的对象是指依法被判处有期徒刑、无期徒刑和死刑缓期二年执行三种刑罚的罪犯。被判处管制、拘役和死刑立即执行的服刑人员分别由公安机关和人民法院负责执行。也就是说，从被判处的主刑来看，监狱的收监对象只有有期徒刑、无期徒刑和死刑缓期二年执行这三种刑种的服刑人员，其他刑种的服刑人员都不属于监狱的收监对象。

例外的是，根据《刑事诉讼法》相关规定和《监狱法》第15条第2款的规定，对于被判处有期徒刑的罪犯，在被交付执行刑罚前，剩余刑期在3个月以下的，由看守所代为执行，所以这种情形不属于监狱的收监范围。

三、判决和裁定生效

人民法院交付监狱执行的判决，必须是已经发生法律效力的、依法应由监狱执行的刑事判决，不符合这个条件的，不能收监。根据《刑事诉讼法》的规定，下列判决和裁定是发生法律效力的判决和裁定：①已过法定期限没有上诉、抗诉的判决和裁定；②终审的判决和裁定；③最高人民法院核准死刑的判决和高级人民法院核准死刑缓期二年执行的判决。

数字化资源

【任务9.2】释放

任务描述

按照《宪法》《刑事诉讼法》的相关规定及《监狱法》第35条的规定，对符合释放条件的罪犯做好出监准备，完成结算劳动报酬、签发释放证明、办理释放手续、移交罪犯个人物品等工作，掌握罪犯释放各环节的工作流程和工作要点，能够独立或配合完成罪犯的释放工作。

实训目标

能力目标	思政目标
培养学生的刑罚执行能力。使学生了解监狱释放工作的基本内容和要求，掌握释放的基本方法和工作流程。学会结算劳动报酬、签发释放证明、移交罪犯个人物品，按要求办理释放手续，并掌握几种特殊罪犯释放的具体要求。	培养学生公正执法、爱岗敬业的职业素养。

实训重难点

【实训重点】掌握释放的工作流程和实操技能。

【实训难点】掌握释放过程中各项工作的操作规范和具体要求。

释放流程图

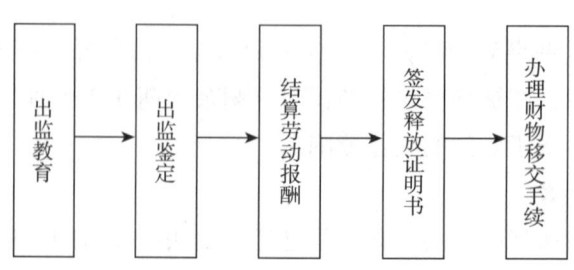

【实训情境 9.2.1】 释放准备

实训情境描述

罪犯释放前对其进行出监教育、完成出监鉴定。通过出监教育，让罪犯了解社会政策与变化，巩固改造成果，为顺利回归社会生活做好准备；通过出监鉴定，对罪犯在服刑期间的改造情况做出全面、实事求是的评价，填写《罪犯出监鉴定表》，有利于公安机关和司法行政机关了解罪犯情况，继续帮教，对回归社会的罪犯进行考察。

图 9-3 罪犯出监教育现场图

实训任务书

1. 了解罪犯释放前 3 个月的准备工作，掌握出监教育的内容。
2. 了解罪犯释放前 1 个月的准备工作，掌握《罪犯出监鉴定表》的制作方法。
3. 分组完成《罪犯出监鉴定表》的填写，上传到教学平台。

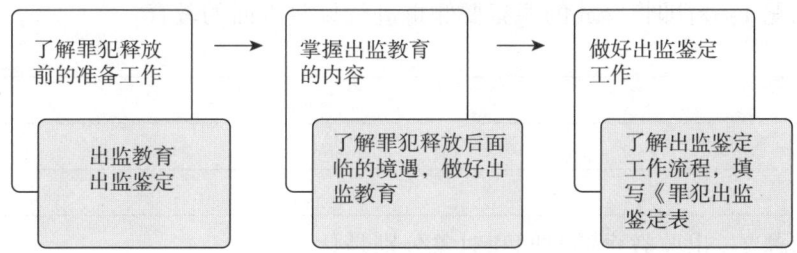

任务分组

学生任务分配表

班级		组号		指导老师	
组长		学号			
组员	姓名	学号	姓名	学号	
任务分工					

实训准备

1. 复习《狱政管理》课程中释放准备工作的相关的理论知识。
2. 结合实训任务书分析罪犯释放准备工作的实训重点和难点。
3. 阅读实训任务书，了解《罪犯出监鉴定表》的填写方法和要点。
4. 按照实训任务书的要求完成分组。

实训实施

1. 出监教育。

⇨引导问题1：对即将释放的罪犯要侧重进行哪些方面的教育？

_____
_____
_____

⇨引导问题2：出监教育的时间和对象分别是什么？

_____
_____
_____

数字化资源

2. 出监鉴定。

⇨引导问题3：填写监狱各部门在罪犯出监前1个月的释放准备工作任务清单。

释放准备工作任务清单

部门	主要工作	注意事项

⇨引导问题4：《罪犯出监鉴定表》的主要内容有哪些？

_____
_____
_____
_____

⇨引导问题5：填写《罪犯出监鉴定表》。

罪犯出监鉴定表

姓　名		别　名		性　别			民　族	
出生日期				健康状况				
家庭住址								
原户籍所在地								
罪　名		原判法院					判决书号	
刑　期	原判刑期			附加刑				
	原判刑期 起　　止	年　月　日起 年　月　日止		刑期变动 情　　况				
出监原因		文化程度		原有		有何技 术特长 及等级		
出监时间				现有				

续表

主要犯罪事实	
家庭成员及主要社会关系	
本人简历	
改造表现	
服刑期间奖惩情况	
监区意见	签名： 年　　月　　日
监狱意见	签名： 年　　月　　日
备注	

小提示

几种特殊罪犯释放的要求

（1）外籍犯与我国港澳台罪犯。监区狱政干事统计3个月内监狱在押的入境犯或外籍犯刑满释放人员名单报狱政部门审核。提前3个月打印外籍犯、我国港澳台犯《公民因私往来（出境）审批表》（一式三份）；由罪犯填写《申请表》（一式四份，外籍犯填写《签证申请表》、我国港澳台犯填写《中华人民共和国出入境通行证申请表》，原证件有效的则一式二份）。将《公民因私往来（出境）审批表》（一式三份）、《签证申请表》或《中华人民共和国出入境通行证申请表》（一式四份）、罪犯副档和出入境证件标准照片（4张）于罪犯释放前3个月上报狱政部门，由监狱业务部门、分管领导、省监狱管理局业务部门和省监狱管理局分管领导逐层审核、审批后，函告省政府外事办。

（2）危害国家安全类、邪教类的罪犯。危害国家安全的罪犯、被国家安全机关或公安机关列控的罪犯、邪教类等重点罪犯释放前，监狱的狱内侦查部门要发函通知原办案国家安全机关或公安机关，以便于他们掌握这几类罪犯释放后的情况。

思政小课堂

【实训情境9.2.2】办理释放手续

实训情境描述

监狱按照法定程序，为释放的罪犯办理释放手续。

图9-4 即将释放的罪犯宣誓

实训任务书

1. 掌握办理释放手续的流程。
2. 掌握申请结算劳动报酬的流程。

3. 学会填写《释放证明书》。
4. 能够独立或协作办理罪犯财务移交的手续。
5. 掌握几种特殊罪犯的释放要求。
6. 分组完成模拟演练，将演练视频上传到教学平台。

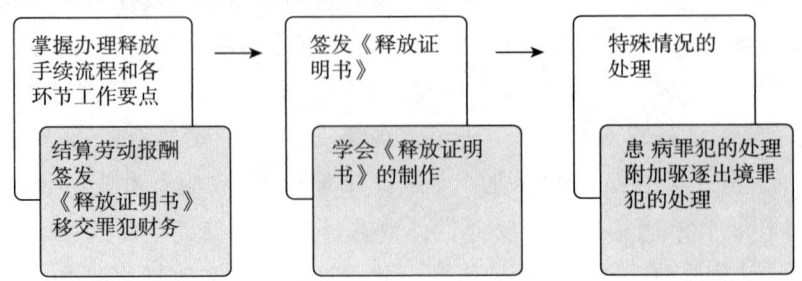

任务分组

学生任务分配表

班级		组号		指导老师	
组长		学号			
组员	姓名	学号		姓名	学号
任务分工					

实训准备

1. 复习《狱政管理》课程中办理释放手续的相关的理论知识。
2. 结合实训任务书分析办理罪犯释放手续的实训重点和难点。
3. 阅读实训任务书，了解《释放证明书》的填写方法和要点。
4. 按照实训任务书的要求完成分组。

实训实施

1. 结算劳动报酬。

⇨引导问题1：结算罪犯的劳动报酬有哪些环节？

_____

_____

_____

⇨引导问题2：画出结算劳动报酬的工作流程图。

2. 签发释放证明书。

⇨引导问题3：释放证明书是服刑人员准予释放的_____；是公安机关为罪犯办理户籍登记的_____。

⇨引导问题4：《释放证明书》分为_____、_____和_____三联。

⇨引导问题5：《释放证明书》要填写哪些的内容？

_____

_____

_____

_____

⇨引导问题6："三证"是指什么？

_____

_____

_____

_____

➡引导问题7：填写《释放证明书》。

| 释放证明书
（存根）
（　）狱释字第　号

姓名 _____
性别 _____
出生日期 ___年___月___日
原户籍所在地 _____
_____
罪名 _____
刑期 _____
原判刑期 自_____
　　　　　至_____
附加刑 _____
执行期间刑种、刑期变动情况 _____
释放理由 _____
释放后住址 _____
_____
填发人 _____
审核人 _____
填发日期 ___年___月___日

本释放证明书和副本已发给我。
被释放人 _____（签名）
　　　　　___年___月___日 | 狱
释
字
第
号 | 释放证明书

（　）狱释字第　号

兹有_____，__，___年___月___日生，原户籍所在地 _____
_____
因_____，于___年___月___日经_____
人民法院判处 _____，
附加_____。服刑期间，减刑___次，减刑___年___月，加刑___次，加刑___年___月，实际执行刑期 ___年，附加_____。现因_____予以释放。
特此证明。

（公章）
____年___月___日 | 狱
释
字
第
号 | 释放证明书
（副本）
（　）狱释字第　号

兹有_____，__，___年___月___日生，原户籍所在地 _____
_____
因_____，于___年___月___日经_____
人民法院判处 _____，
附加_____。服刑期间，减刑___次，减刑___年___月，加刑___次，加刑___年___月，实际执行刑期 ___年，附加_____。现因_____予以释放。
特此证明。
（公章）
____年___月___日

注意事项：
1.持证人必须在___年___月___日以前将本证明书副本送达_____派出所办理户口登记手续。
2.本证明书私自涂改无效。 |

数字化资源

3. 移交财物。

➡引导问题8：罪犯可持《_____》将存在监狱的个人物品取回。

➡引导问题9：财务科按《罪犯刑满释放费用发放表》规定金额给刑释罪犯_____，罪犯在《罪犯刑满释放费用发放表》上_____确认。

➡引导问题10：对患有重病的罪犯，释放时有哪些规定？

_____
_____
_____

小提示

路费和生活补助的发放

监狱可以根据实际情况，给刑满释放人员发放回家费用、途中伙食住宿费，以保证其能够安全地回到家里。

如果罪犯在服刑期间因公致残，释放时可根据国家有关规定和具体情况发给生活补助费。

数字化资源

思政小课堂

评价反馈

1. 学生自评。学生评价自己是否能完成收监的理论学习，是否能按照普通罪犯收监的工作流程完成收监工作，是否按时完成实训报告、操作视频等实训成果资料，有无任务遗漏。

学生进行自我评价，并将结果填入学生自评表中。

学生自评表

班级：		姓名：		学号：	
任务9.2			办理释放手续		
评价项目		评价标准		分值	得分
释放准备		明确释放准备的时间结点		5	
		明确释放准备的工作内容		5	
		熟练掌握出监教育的方法		5	
出监鉴定		明确出监鉴定的内容		5	
		掌握《罪犯出监鉴定表》制作方法		10	
		明确报送《罪犯出监鉴定表》流程		5	

续表

办理释放手续	明确结算劳动报酬的流程	10	
	掌握《释放证明书》的制作方法	5	
	明确罪犯财物移交流程	10	
工作态度	态度端正，没有无故缺勤、迟到、早退现象	5	
工作质量	按要求认真完成实训任务	10	
协调能力	与小组成员间合作交流、协调工作	10	
职业素养	能做到依法、文明、准确执法	10	
创新意识	能够学以致用、大胆探索	5	
合计		100	

2. 生生互评。同组学生之间相互进行评价。评价协作伙伴是否按流程进行收监工作，是否掌握收监工作的操作要点和注意事项。指出操作中存在的问题，并予以纠正。异组学生之间相互进行评价。总结其他小组在实训表现中的优缺点，指出操作中存在的问题，并予以纠正。

学生以小组为单位，对以上学习情境的过程和结果进行互评，将互评结果填入学生互评表中。

学生互评表

学习情境		情景名称：											
评价项目	分值	等级							评价对象（组别）				
									1	2	3	4	5	6
计划合理	8	优	8	良	7	中	6	差	4					
方案准确	8	优	8	良	7	中	6	差	4					
团队合作	8	优	8	良	7	中	6	差	4					
组织有序	8	优	8	良	7	中	6	差	4					
工作质量	8	优	8	良	7	中	6	差	4					
工作效率	8	优	8	良	7	中	6	差	4					
流程完整	10	优	10	良	8	中	6	差	4					
操作规范	16	优	16	良	12	中	8	差	4					
实训报告	16	优	16	良	12	中	8	差	4					
成果展示	10	优	10	良	8	中	6	差	4					
合计	100													

3. 教师评价。实训报告书写、实训视频制作是否规范，报告内容是否出自真实实训，

演练过程是否详尽，认识体会是否深刻，是否起到了实训的作用。

教师综合评价表

班级：		姓名：		学号：	
任务 9.2			办理释放手续		
评价项目		评价标准		分值	得分
考勤（10%）		没有无故迟到、早退、旷课现象		10	
工作过程（40%）	释放准备	明确释放准备的时间结点		2	
		明确释放准备的工作内容		5	
		熟练掌握出监教育的方法		3	
	出监鉴定	明确出监鉴定的内容		5	
		掌握《罪犯出监鉴定表》制作方法		5	
		明确报送《罪犯出监鉴定表》流程		5	
	办理释放手续	明确结算劳动报酬的流程		5	
		掌握《释放证明书》的制作方法		5	
		明确罪犯财物移交流程		5	
职业素养（15%）	工作态度	态度端正、工作认真、主动		5	
	协调能力	与小组成员、同学之间能合作交流、协调工作		5	
	职业作风	能做到依法、文明、准确执法		5	
项目成果（35%）	流程完整	流程完整，无遗漏		10	
	操作规范	按工作要点完成实训		10	
	实训报告	认真撰写实训报告		10	
	成果展示	能准确表达、汇报实训成果		5	
合计				100	

4. 行业专家评价。工作流程是否正确，是否熟练掌握岗位技能，是否符合实际工作要求。

行业专家评价表

班级：	姓名：	学号：
任务 9.2	办理释放手续	

续表

评价项目	评价标准	分值	得分
办理释放手续	工作流程正确	30	
	掌握岗位技能熟练	40	
	符合工作要求	30	
合计		100	

5. VR自助训练系统评价。根据以上评价信息，填写综合评价表。

综合评价表

综合评价	自评（15%）	小组互评（30%）	教师评价（40%）	行业专家评价（10%）	VR系统评价（5%）	综合得分

拓展思考题

1. 释放外籍罪犯的应该如何进行？
2. 释放港澳台地区的罪犯应该注意什么？
3. 释放危害国家安全类的罪犯、邪教类的罪犯有哪些注意事项？
4. 对于附加驱逐出境的罪犯，释放时有哪些特殊规定？
5. 对于释放后的罪犯要如何进行考察？

相关知识点

一、刑满释放

刑满释放是指罪犯被人民法院所判处的刑期或经裁定减刑后的刑期届满，刑罚已经执行完毕而获得的释放。刑满释放是在监狱行刑活动中最为普遍、最为常见的一种释放，是监狱的一项经常性的工作，监狱关押的绝大多数服刑人员都是由于服刑期满而获得释放的。刑满释放需要具备的条件是：

1. 必须是被判处有期徒刑的罪犯。被人民法院判处死刑缓期二年执行和无期徒刑的服刑人员，由于其刑期在服刑过程中的不确定性，在未获得裁定减为有期徒刑之前，是不可能存在刑满释放的可能的。只有被判处有期徒刑或经过减刑后刑期是有期徒刑的罪犯才能成为刑满释放的主体，这是刑满释放的对象条件。

2. 必须是服刑期满。这是刑满释放的时限条件。没有这项条件的存在，刑满释放的结果将不会发生。有期徒刑罪犯、死刑缓期二年执行和无期徒刑减为有期徒刑的罪犯，在服完人民法院所确定的刑期或因减刑、再犯罪处理后重新确定了刑期后，即可获得释放。

二、根据重新修改后的判决或裁定释放

根据重新修改后的判决或裁定释放是指监狱依据人民法院重新修改的判决或裁定，将无罪的在押人员或服满改判刑期的罪犯，解除监禁状态，依法恢复人身自由的刑事活动。

在司法实践中,由于多种主客观因素的影响,难免会出现个别原判在事实认定、法律适用上有错的情况,这就使一些不该判刑的人被判了刑,或者应当判轻刑的人被判了重刑。一旦发现这类情况,人民法院应本着实事求是、有错必纠的原则,按照《刑事诉讼法》确定的审判监督程序,撤销原判决,并作出无罪释放或判处较轻刑罚的判决或裁定。监狱应以人民法院重新修改的判决或裁定为依据,立即着手处关押在监狱中的无罪人员或服刑期限已达到改判所确定的刑期的服刑人员的出狱事宜,并协助人民法院做好这部分人的释放工作。

三、特赦

特赦是指监狱依据国家法律有关规定对处在关押改造过程中的某些特定服刑人员,免除其刑罚全部或一部分的执行,提前予以释放的制度。

特赦是赦免的一种,它由国家权力机关以特赦令的形式实施,由于国情不同,世界各国对特赦的法律规定不尽相同。我国1954年的《宪法》有大赦、特赦的规定,1978年的《宪法》和1982年的《宪法》则只有特赦的规定。在司法实践中我国未使用过大赦。我国的特赦释放具有以下几个特点:

1. 特赦是以一类或几类服刑人员为对象,而不是适用于个别服刑人员。

2. 特赦是对经过一定期间的关押和改造并具有改恶从善表现的服刑人员实行的,而不是对没有经过一定关押时期,不愿悔改的服刑人员实行的。

3. 特赦的内容不是免除罪犯的全部刑罚和刑事责任,而只是对服刑改造中的服刑人员免除其原判刑罚的剩余部分,或减轻其原判刑罚,提前恢复其人身自由。

4. 特赦由国家最高权力机关决定。根据《宪法》第67条和第80条的规定,决定特赦的权限属于全国人民代表大会常务委员会,并由中华人民共和国主席据此发布特赦令。

四、假释

假释是监狱根据人民法院的假释裁定,将符合法定条件的罪犯附条件地予以提前释放的活动。依法假释的罪犯,监狱应依照人民法院生效裁定书载明的日期按期释放并发给证明文书。被假释的罪犯,其法律身份并未改变,只是执行场所和执行主体变更为其居住地和居住地的公安机关。违反国家监督管理的有关法律、法规的服刑人员,存在着随时被撤销假释送回监狱的可能。

项目十

监所文书制作

走进二十大：坚持以习近平法治思想为指引，努力建设更高水平的法治中国

党的二十大新闻中心 2022 年 10 月 19 日上午举行记者招待会，司法部党组成员围绕"坚持以习近平法治思想为指引 努力建设更高水平的法治中国"主题与记者交流，提出将聚焦行政立法、行政执法、刑事执行和公共法律服务这四大职能，进一步扎实推进司法行政工作取得新的成效。

依法加强监督管理，刑事执行工作将迈上新的台阶。我们推进了监狱工作的标准化、规范化、法治化建设，全面排查减刑、假释暂予监外执行的案件，健全案件办理的责任制，强化制度的刚性约束，重拳整治违法违纪问题。我们还推动制定实施了社区矫正法，加强对社区矫正工作的监督管理，全力维护国家安全和社会大局稳定。

【任务 10.1】提请减刑环节执法文书的制作

任务描述

依据《刑法》《刑事诉讼法》《监狱法》《最高人民法院关于办理减刑、假释案件具体应用法律的规定》《监狱提请减刑假释工作程序规定》对符合条件的罪犯的减刑提请审核工作，掌握这项工作过程中需要制作哪些执法文书以及如何制作这些文书等。

实训目标

知识目标	能力目标	思政目标
根据实训情境，使学生能够熟悉减刑提请审核程序。掌握对罪犯的减刑提请审核工作中需要制作哪些执法文书以及如何制作这些文书。	培养学生分析判断能力及文书制作能力。	深挖本任务蕴含的自由平等、公正法治、自强创新等思政元素和思政载体，弘扬社会主义核心价值观。培养学生公正执法、爱岗敬业的职业素养。

实训重难点

【实训重点】 掌握对罪犯的减刑提请审核的文书。

【实训难点】掌握最新的相关法律规定，并能结合实训情境制作罪犯的减刑提请审核文书。

提请减刑的工作规程图

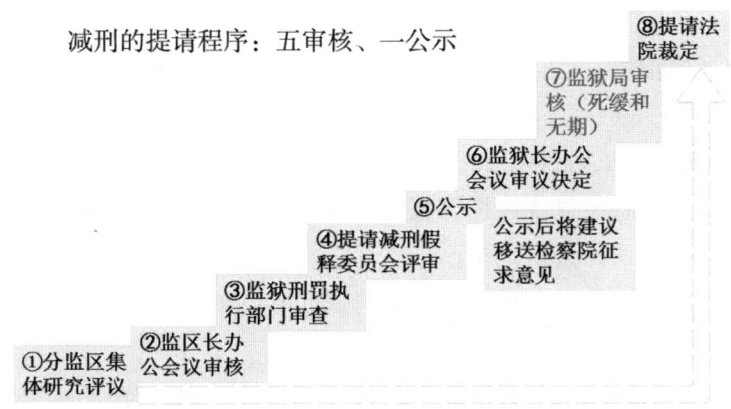

【实训情境 10.1.1】提请减刑的具体工作流程

实训情境描述

罪犯刘××，男，1990年2月5日出生，汉族，原户籍所在地江西省××市常业区青细乡，犯盗窃罪，2013年1月20日被常业区人民法院以（2013）常法刑初字第15号刑事判决书判处有期徒刑15年，附加罚金1万元，刑期自2012年3月8日起至2027年3月7日止，2013年2月1日送江西省某监狱服刑。服刑期间刑期变动情况：2015年3月、2017年5月因确有悔改表现，分别被裁定减刑1年、1年3个月。

罪犯刘××在考核期内确有悔改和立功表现。

悔改表现事实：能认罪悔罪，深挖犯罪根源，多次表示对自己的犯罪行为追悔。作为改积委纪律组长能带头严格遵守监规纪律，大胆制止其他罪犯的违规行为。"三课"学习认真，成绩良好，平均成绩达到85分。兼任分监区文化扫盲班教师，教学成果明显。踊跃投稿，累计投稿数25篇。积极参加劳动，超工时1400小时，分监区罪犯中名列第二。节约原辅材料价值800余元，取得提高产品质量的技术革新成果一项。取得的主要改造成绩：获得监狱单项表扬1次、记功1次；2017年度被评为记功，2018年度被评为监狱级改造积极分子；考核累计分360分。

立功表现事实：劳动期间罪犯质量员孔××批评罪犯余××对产品质量弄虚作假，余××恼羞成怒，随手操起一根铁棍向孔××的头部挥去，站在一旁的刘××见此情形冲上前去，用双手抓住余××抡起铁棒的双臂，阻止了一起即将发生的惨剧。罪犯刘××立功事实的具体细节及相关证据：时间，2018年12月5日上午10时15分；地点，劳动现场；肇事罪犯使用的凶器，一根直径3.5厘米、长80厘米的铁棒；证人证言，现场值班民警李××的证言、现场目击罪犯王××的证言。

罪犯刘××的改造表现、考核周期、考核累计分已符合法定呈报减刑的条件，经分监区集体评议，监区长办公会审核，监狱提请减刑假释评审委员会评审，2019年10月25日，经监狱长办公会决定提请人民法院裁定减刑1年9个月。

实训任务书

1. 深入了解罪犯情况，监区组织专门民警进行广泛的调研，对符合条件的罪犯进行初步摸排。对符合条件的罪犯，监区应组织罪犯书写考核期内的个人总结，罪犯所在小组对拟将提请减刑的罪犯进行小组评议；

2. 召开监区全体警察会议集体评议拟提请减刑的罪犯是否符合减刑、假释的条件；

3. 做好监区集体评议的会议记录；

4. 拟定公示的减刑罪犯的名单，将拟提请减刑名单在监区公示3日，无异议后提出减刑建议；

5. 刑罚执行科对监区上报的减刑案卷材料进行审核，对不符合办案要求的一律补正，对证据不足、材料不客观真实的不予呈报；

6. 对监狱减刑假释暂予监外执行评审委员会评议审核后，结果公示；

7. 监狱长办公会议审议决定提请名单；

8. 制作减刑假释建议书及相关法律文书材料，整理上报监狱所在地的中级或高级人民法院。

任务分组

学生任务分配表

班级		组号		指导老师	
组长		学号			
组员	姓名		学号	姓名	学号
任务分工					

实训准备

1. 复习《监狱刑罚执行》《监狱执法文书》课程中提请减刑的理论知识，熟记提请减刑的法律规定和操作程序。
2. 阅读实训任务书，了解提请减刑工作流程和工作要点。
3. 结合实训任务书分析提请减刑工作的实训重点和难点。
4. 按照实训任务书的要求完成分组。

实训实施

1. 提请减刑工作流程。

⇨引导问题1：完成提请减刑工作有哪些步骤？

_____
_____
_____

2. 提请减刑工作内容。

⇨引导问题2：提请减刑工作具体概括为"_____
_____"。

⇨引导问题3：对罪犯提请减刑，需要制作哪些执法文书？

_____
_____
_____

⇨引导问题4：如何制作这些执法文书，需要注意些什么？

_____
_____
_____
_____

小提示

要注意《罪犯减刑审批表》中审批意见的填写

如果对死缓罪犯、无期徒刑罪犯提起减刑，该文书的最终审核机关是省、自治区、直辖市监狱管理局，审批意见可参照监狱意见填写。各审批栏的具体意见为：同意提请减为无期徒刑，剥夺政治权利终身，或者同意减为有期徒刑×年×个月，剥夺政治权利期限改为×年。

上述审批意见应当由行政首长签名，注明职务、日期。监狱及省级监狱管理机关还需加盖单位公章。

⇨引导问题5：减刑专题会议记录有几种？属于何种格式？结构上包括哪几部分？

⇨引导问题6：《拟提请减刑情况公示》结构上由哪几部分组成？

⇨引导问题7：《公示异议复核决定书》有几联，如何填制？

⇨引导问题8：《罪犯减刑审批表》属于何种格式？结构上包括哪几部分？

⇨引导问题9：《提请减刑建议书》属于何种格式？结构上包括哪几部分？

⇨引导问题10：《提请减刑建议书》制作过程中有哪些要求？

⇨引导问题11：根据提请减刑工作的流程，画出提请减刑流程思维导图。

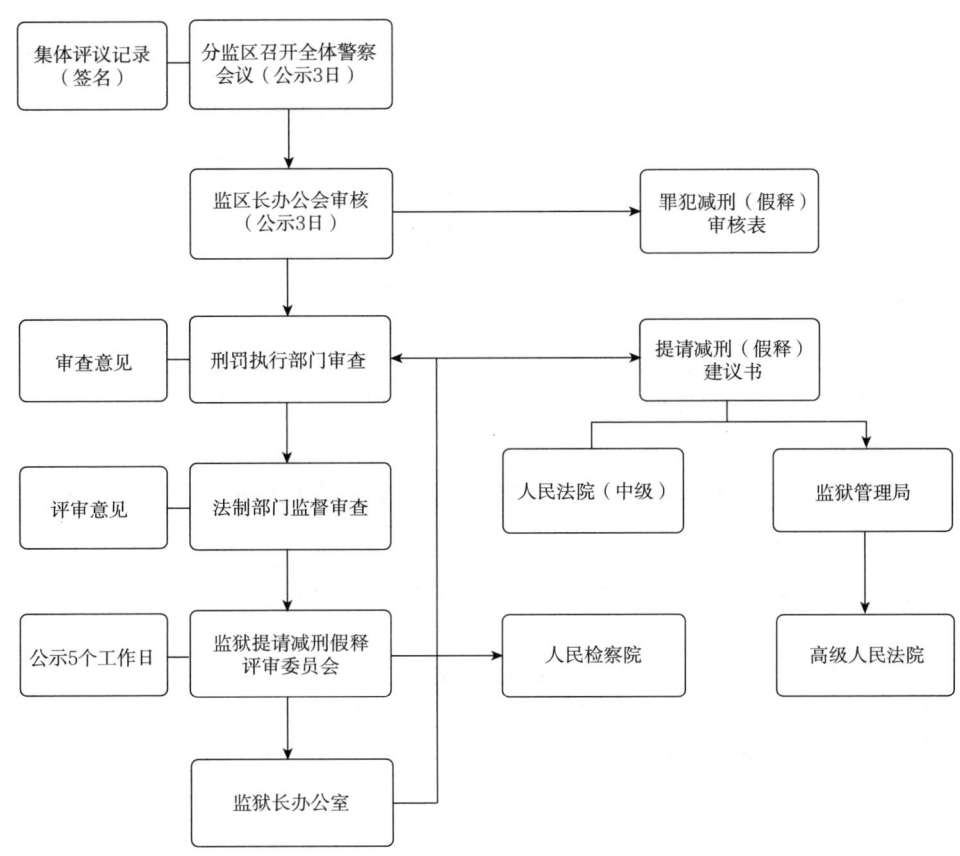

评价反馈

1. 学生自评。学生评价自己是否能完成对罪犯申诉、控告、检举环节的理论学习、是否能按照处理罪犯提出申诉的工作流程完成工作内容,是否按时完成相关文书的制作。

学生进行自我评价,并将结果填入学生自评表中。

学生自评表

班级:		姓名:		学号:	
任务 10.1			提请减刑环节执法文书的制作		
评价项目		评价标准		分值	得分
制作相关执法文书	制作减刑专题会议记录、《拟提请减刑情况公示》《公示异议复核决定书》	概念、法律依据		10	
		内容结构		15	
		制作要求、注意事项		15	
	制作《罪犯减刑审批表》《提请减刑建议书》	概念、法律依据		10	
		内容结构		10	
		制作要求、注意事项		15	

续表

工作态度	态度端正，没有无故缺勤、迟到、早退现象	5	
工作质量	按要求认真完成实训任务	5	
协调能力	与小组成员间合作交流、协调工作	5	
职业素养	能做到严格按照要求制作执法文书	5	
创新意识	能够学以致用、大胆探索	5	
合计		100	

2. 生生互评。同组学生之间相互进行评价。评价协作伙伴是否按要求掌握了相关理论知识，是否掌握相关文书的制作要求和注意事项。指出操作中存在的问题，并予以纠正。异组学生之间，相互进行评价。总结其他小组在实训表现中的优缺点，指出操作中存在的问题，并予以纠正。

学生以小组为单位，对以上实训情境的过程和结果进行互评，将互评结果填入学生互评表中。

学生互评表

学习情景		情景名称：												
评价项目	分值	等级							评价对象（组别）					
									1	2	3	4	5	6
计划合理	8	优	8	良	7	中	6	差	4						
方案准确	8	优	8	良	7	中	6	差	4						
团队合作	8	优	8	良	7	中	6	差	4						
组织有序	8	优	8	良	7	中	6	差	4						
工作质量	8	优	8	良	7	中	6	差	4						
工作效率	8	优	8	良	7	中	6	差	4						
流程完整	10	优	10	良	8	中	6	差	4						
操作规范	16	优	16	良	12	中	8	差	4						
实训报告	16	优	16	良	12	中	8	差	4						
成果展示	10	优	10	良	8	中	6	差	4						
合计	100														

3. 教师评价。实训报告书写、实训视频制作是否规范，报告内容是否出自真实实训，演练过程是否详尽，认识体会是否深刻，是否起到了实训的作用。

教师综合评价表

班级：		姓名：		学号：	
任务 10.1			提请减刑环节执法文书的制作		
评价项目		评价标准		分值	得分
考勤（10%）		没有无故迟到、早退、旷课现象		10	
工作过程（60%）	制作相关执法文书	制作减刑专题会议记录《拟提请减刑情况公示》《公示异议复核决定书》	概念、法律依据	10	
			内容结构	10	
			制作要求、注意事项	10	
		制作《罪犯减刑审批表》《提请减刑建议书》	概念、法律依据	10	
			内容结构	10	
			制作要求、注意事项	10	
职业素养（10%）	工作态度	态度端正、工作认真、主动		3	
	协调能力	与小组成员、同学之间能合作交流，协调工作		3	
	职业作风	能做到依法、文明、准确执法		4	
项目成果（20%）	流程完整	流程完整，无遗漏		5	
	操作规范	按工作要点完成实训		5	
	实训报告	认真撰写实训报告		5	
	成果展示	能准确表达、汇报实训成果		5	
合计				100	

4. 行业专家评价。工作流程是否正确，是否熟练掌握岗位技能，是否符合实际工作要求。

行业专家评价表

班级：	姓名：	学号：	
任务 10.1	提请减刑环节执法文书的制作		
评价项目	评价标准	分值	得分
提请减刑环节执法文书的制作	工作流程正确	30	
	掌握岗位技能熟练	40	
	符合工作要求	30	
合计		100	

5. VR 自助训练系统评价。根据以上评价信息，填写综合评价表。

综合评价表

综合评价	自评（15%）	小组互评（30%）	教师评价（40%）	行业专家评价（10%）	VR 系统评价（5%）	综合得分

拓展思考题

1. 根据以上实训情境，制作五个减刑专题会议记录。
2. 根据以上实训情境，制作《拟提请减刑情况公示》和《公示异议复核决定书》。
3. 根据以上实训情境，填制一份《罪犯减刑审批表》。
4. 根据以上实训情境，拟制一份《提请减刑建议书》。

相关法律法规

1. 《中华人民共和国刑法》第 50 条、第 57 条、第 78 条。
2. 《中华人民共和国刑事诉讼法》第 261 条、第 273 条、第 274 条。
3. 《中华人民共和国监狱法》第 29~34 条。
4. 《最高人民法院关于办理减刑、假释案件具体应用法律的规定》。
5. 《监狱提请减刑假释工作程序规定》。
6. 《最高人民法院关于减刑、假释案件审理程序的规定》。
7. 《最高人民法院关于办理减刑、假释案件具体应用法律的补充规定》。

相关知识点

1. 《罪犯减刑审批表》的样式：

罪犯减刑审批表

单位： 　　　　　　　　　　　　　　罪犯编号：

姓名		别名		性别		文化程度	
籍贯		民族		出生日期			
家庭住址							
罪名		刑种		原判刑期			
刑期起止	自　　年　月　日 至　　年　月　日			附加刑			
刑期变动							

续表

犯罪事实	
改造表现	
监区意见	（签字） 年　月　日
科室意见	（签字） 年　月　日
监狱意见	（签字） 年　月　日
监狱管理局意见	（签字） 年　月　日
备注	

2.《提请减刑建议书》的样式：

提 请 减 刑 建 议 书

　　　　　　　　　　　　　　　　　　　　　　　　　（　　）监减字第　　号

　　罪犯_____，男（女），_____年____月____日出生，____族，原户籍所在地_____，因_____罪经_____人民法院于_____年____月____日是以（_____）_____字第____号刑事判决书判处_____，附加_____，刑期自_____年____月____日至_____年____月____日止，于_____年____月____日送我狱服刑改造。服刑期间执行刑期变动情况：_____

_____

　　该犯在近期确有_____表现，具体事实如下：

_____
_____
_____
_____
_____
_____
_____
_____
_____

　　为此，根据《中华人民共和国刑法》第____条第____款、《中华人民共和国监狱法》第____条、《中华人民共和国刑事诉讼法》第____条第____款的规定，建议对罪犯____予以减刑____。特提请裁定。

　　　　此致
　　_____人民法院

　　　　　　　　　　　　　　　　　　　　　　　　　　　　　　（公章）
　　　　　　　　　　　　　　　　　　　　　　　　　　____年____月____日

　　附：罪犯_____卷宗材料共____卷____册____页。

【任务10.2】 对罪犯申诉、控告、检举环节执法文书的制作

任务描述

了解依据《刑事诉讼法》《监狱法》，对罪犯提出申诉、控告、检举应如何处理，掌握这项工作过程中需要制作哪些执法文书以及如何制作这些文书。

实训目标

知识目标	能力目标	思政目标
根据实训情境，使学生能够熟悉对罪犯提出申诉、控告、检举的处理程序。 掌握对处理罪犯提出的申诉、控告、检举工作中需要制作哪些执法文书以及如何制作这些文书。	培养学生分析判断能力及文书制作能力。	深挖本任务蕴含的自由平等、公正法治、自强创新等思政元素和思政载体，弘扬社会主义核心价值观。 培养学生公正执法、爱岗敬业的职业素养。

实训重难点

【实训重点】掌握处理罪犯提出申诉、控告、检举工作的文书。

【实训难点】掌握相关法律规定，并能结合实训情境制作对罪犯提出申诉、控告、检举的处理文书。

罪犯提出申诉（原判决确有错误）的工作流程图

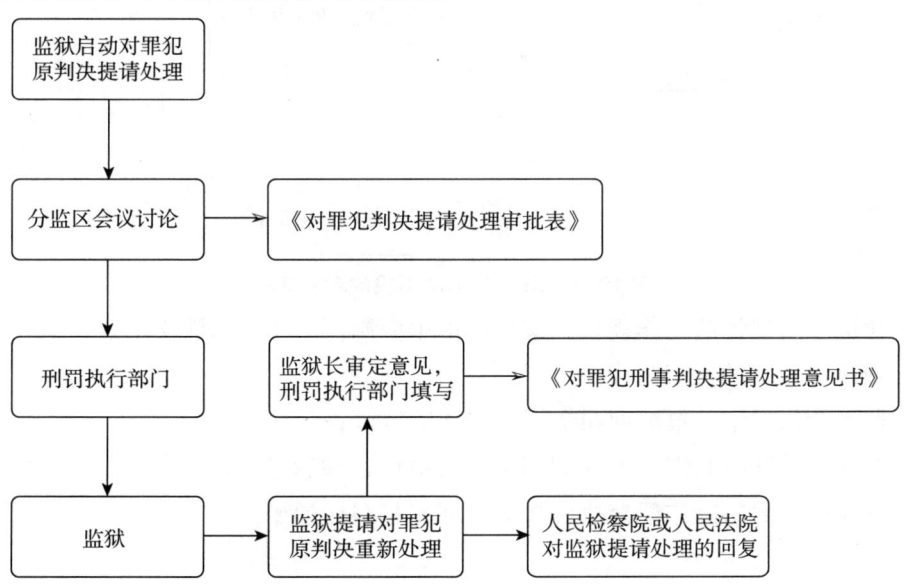

【实训情境 10.2.1】 处理罪犯申诉的具体工作

实训情境描述

罪犯王××经×县人民法院以［200×］法刑终字第78号刑事判决书以重婚罪判处有期徒刑4年。罪犯王××至200×年入监以来，一直不服判决，提出申诉，提出的申诉理由是：××县人民法院认定事实有错误，以重婚罪定罪量刑与法律规定不相符合，要求××人民法院予以改判。

实训任务书

1. 通过查阅"三书一表"、个人改造档案和与罪犯个别谈话方式，了解罪犯王××个人基本情况及他的想法，重点掌握人民法院判决情况，通过对罪犯王××的情况的全面掌握，重点分析人民法院的判决情况，做出初步分析判断，罪犯王××提出申诉，并非不认罪悔罪、无理缠诉。

2. 通过个别谈话的方式，告知罪犯如果对判决不服，他有哪些救济途径。

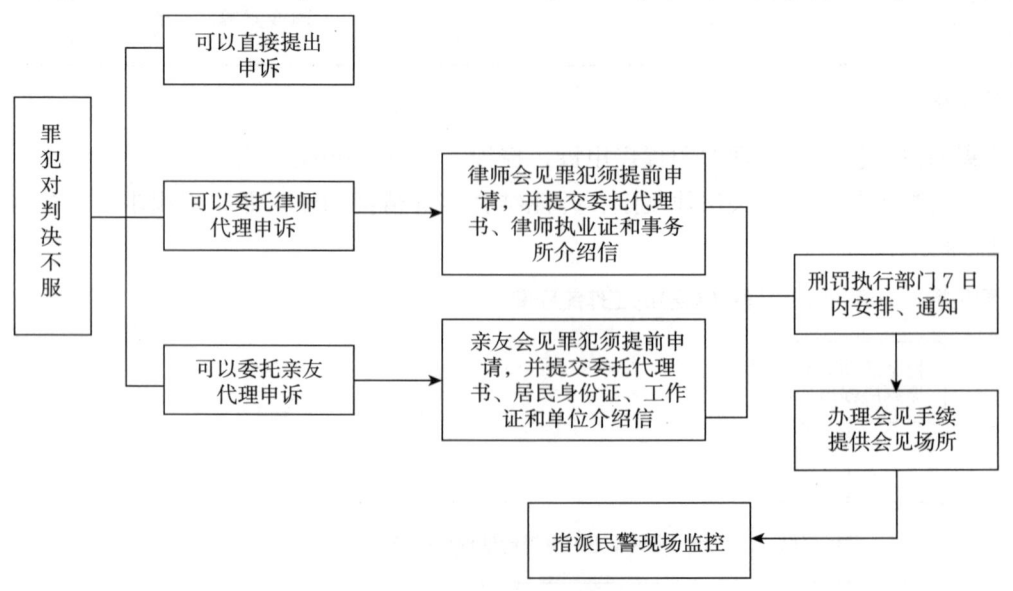

图10-1 罪犯对判决不服的救济途径

3. 学生应了解申诉的工作规程，掌握申诉中应制作的相关执法文书。

4. 完成申诉环节的文书制作。

（1）监区会议讨论，报请刑罚执行部门和监狱审查。

（2）刑罚执行部门制作《对罪犯刑事判决提请处理意见书》。

（3）刑罚执行部门制作配套执法文书《罪犯材料转递函》。

任务分组

学生任务分配表

班级		组号		指导老师	
组长		学号			
组员	姓名		学号	姓名	学号
任务分工					

实训准备

1. 熟悉《刑法》《刑事诉讼法》《监狱法》相关规定；
2. 熟悉申诉、控告、检举工作规程；
3. 认真审查罪犯的申诉材料，确认罪犯申诉的性质，区别对待。

实训实施

1. 处理申诉的工作流程。

⇨引导问题1：处理申诉时应做哪些工作？

_____
_____
_____

⇨引导问题2：如何制作《对罪犯刑事判决提请处理意见书》？

_____
_____
_____
_____

⇨引导问题3：如何制作《罪犯材料转递函》？

_____
_____
_____

2. 处理罪犯控告或检举的工作内容。

⇨引导问题4：处理罪犯控告或检举材料应做哪些工作？

_____
_____
_____

⇨引导问题5：根据以上案例，综合分析后，提出解决方案，并制作相应的执法文书。

_____
_____
_____

⇨引导问题6：制作这些执法文书需要注意些什么？

_____
_____
_____

小提示

处理申诉时应做到

（1）及时转交当地人民检察院或原判人民法院处理，不得扣压。

（2）对罪犯多次申诉，得不到回复的，填写《罪犯材料转递函》予以催办。

（3）监狱认为原判决可能有错误的，制作《对罪犯刑事判决提请处理意（4）见书》，提请人民检察院或原判人民法院处理。

处理罪犯控告或检举材料应做到

（1）及时处理或转递处理。

（2）属于控告检举监外人员材料，填写《罪犯材料转递函》，随附控告、检举材料转递公安机关或检察机关处理。

（3）属于控告、检举狱内民警的材料转由监狱纪检部门处理。

（4）属于控告、检举狱内罪犯的材料，转由狱侦、狱政部门调查处理。

（5）信件转递程序。罪犯所有申诉、控告、检举信件都要先交监区干警，除给监狱上级机关和司法机关的信件外都要经过干警检查,进行登记后交给监狱狱政科,狱政科再次进行检查登记后通过机要交换或邮局平信寄出。

(6)监狱狱政科根据信件反映的内容,负责转交有关部门处理,处理结果要向罪犯进行反馈。

评价反馈

1. 学生自评。学生评价自己是否能完成对罪犯申诉、控告、检举环节的理论学习、是否能按照处理罪犯提出申诉的工作流程完成工作内容,是否按时完成相关文书的制作。

学生进行自我评价,并将结果填入学生自评表中。

学生自评表

班级:		姓名:		学号:	
任务10.2		对罪犯申诉、控告、检举环节执法文书的制作			
评价项目		评价标准		分值	得分
制作《对罪犯刑事判决提请处理意见书》《罪犯材料转递函》	制作《对罪犯刑事判决提请处理意见书》	概念、法律依据		10	
		内容结构		15	
		制作要求、注意事项		15	
	制作《罪犯材料转递函》	概念、法律依据		10	
		内容结构		10	
		制作要求、注意事项		15	
工作态度		态度端正,没有无故缺勤、迟到、早退现象		5	
工作质量		按要求认真完成实训任务		5	
协调能力		与小组成员间合作交流、协调工作		5	
职业素养		能做到严格按照要求制作执法文书		5	
创新意识		能够学以致用、大胆探索		5	
合计				100	

2. 生生互评。同组学生之间相互进行评价。评价协作伙伴是否按要求掌握了相关理论知识,是否掌握相关文书的制作要求和注意事项。指出操作中存在的问题,并予以纠正。异组学生之间,相互进行评价。总结其他小组在实训表现中的优缺点,指出操作中存在的问题,并予以纠正。

学生以小组为单位,对以上实训情境的过程和结果进行互评,将互评结果填入学生互评表中。

学生互评表

学习情景		情景名称:												
评价项目	分值	等级							评价对象（组别）					
									1	2	3	4	5	6
计划合理	8	优	8	良	7	中	6	差	4					
方案准确	8	优	8	良	7	中	6	差	4					
团队合作	8	优	8	良	7	中	6	差	4					
组织有序	8	优	8	良	7	中	6	差	4					
工作质量	8	优	8	良	7	中	6	差	4					
工作效率	8	优	8	良	7	中	6	差	4					
流程完整	10	优	10	良	8	中	6	差	4					
操作规范	16	优	16	良	12	中	8	差	4					
实训报告	16	优	16	良	12	中	8	差	4					
成果展示	10	优	10	良	8	中	6	差	4					
合计	100													

3. 教师评价。实训报告书写、实训视频制作是否规范，报告内容是否出自真实实训、演练过程是否详尽，认识体会是否深刻，是否起到了实训的作用。

教师综合评价表

班级:		姓名:		学号:	
任务 10.2		对罪犯申诉、控告、检举环节执法文书的制作			
评价项目			评价标准	分值	得分
考勤（10%）			没有无故迟到、早退、旷课现象	10	
工作过程（60%）	制作《对罪犯刑事判决提请处理意见书》《罪犯材料转递函》	制作《对罪犯刑事判决提请处理意见书》	概念、法律依据	10	
			内容结构	10	
			制作要求、注意事项	10	
		制作《罪犯材料转递函》	概念、法律依据	10	
			内容结构	10	
			制作要求、注意事项	10	
职业素养（10%）	工作态度		态度端正、工作认真、主动	3	
	协调能力		与小组成员、同学之间能合作交流，协调工作	3	
	职业作风		能做到依法、文明、准确执法	4	

续表

项目成果（20%）	流程完整	流程完整，无遗漏	5	
	操作规范	按工作要点完成实训	5	
	实训报告	认真撰写实训报告	5	
	成果展示	能准确表达、汇报实训成果	5	
合计			100	

4. 行业专家评价。工作流程是否正确，是否熟练掌握岗位技能，是否符合实际工作要求。

行业专家评价表

班级：	姓名：	学号：		
任务 10.2	对罪犯申诉、控告、检举环节执法文书的制作			
评价项目	评价标准		分值	得分
对罪犯申诉、控告、检举环节执法文书的制作	工作流程正确		30	
	掌握岗位技能熟练		40	
	符合工作要求		30	
合计			100	

5. VR 自助训练系统评价。根据以上评价信息，填写综合评价表。

综合评价表

综合评价	自评（15%）	小组互评（30%）	教师评价（40%）	行业专家评价（10%）	VR 系统评价（5%）	综合得分

拓展思考题

1. 根据以上实训情境，制作《对罪犯刑事判决提请处理意见书》。
2. 根据以上实训情境，制作《罪犯材料转递函》。

相关法律法规

1. 《中华人民共和国刑事诉讼法》第 275 条。
2. 《中华人民共和国监狱法》第 23 条、第 24 条。

> **相关知识点**

1. 《对罪犯刑事判决提请处理意见书》的样式：

对罪犯刑事判决提请处理意见书（存根）	对罪犯刑事判决提请处理意见书
（　）监处字第　号 姓名：_____ 罪名：_____ 刑期：_____ 提请理由：_____ _____ _____ _____ 转递单位：_____ 时间：　年　月　日 承办人：_____ 回复时间：__年__月__日 回复结果：_____ _____ _____	（　）监处字第　号 _____： 罪犯_____经_____人民法院以（__）____字第__号刑事判决书判处_____。在刑罚执行中，我监（所）发现对罪犯_____的判决可能有错误。具体理由是：_____ _____ _____ _____ _____ 为此，根据《中华人民共和国监狱法》第二十四条、《中华人民共和国刑事诉讼法》第二百七十五条的规定，提请你院对_____的判决予以处理，并将处理结果函告我监（所）。 （公　章） 　　年　月　日

(字第　号)

2. 《罪犯材料转递函》的样式：

罪犯_____材料转递函 （存根） （　）字第　号 罪犯姓名_____ 材料类型_____ 材料卷数、页数_____ 材料摘要_____ _____ _____ _____ 转递单位_____ 填发时间_____ 承办人：_____ 回复时间：_____	罪犯_____材料转递函 （回执） （　）字第　号 _____监狱： 你监（_____）____字第 ____号材料转递函及其材料已 收到，经核对无误。 回复地址：_____ 通信信箱：_____ 邮政编码：_____ （公章） 年　月　日 注：接到材料转递函，请即将此回执寄给发函单位。	罪犯_____材料转递函 （　）字第　号 _____： 现将_____ _____ _____ 寄去，请查收。 （公章） 年　月　日

项目十一

狱内侦查

走进二十大：以法治化现代化提升侦监工作质量

　　树立法治化、现代化理念是法治中国建设和公正司法实践的必然要求。法治中国建设从整体层面上讲，包括科学立法、严格执法、公正司法和全民守法四项内容。公正司法作为具体层面的法治实践，更要具体体现在公正司法的鲜活个案中。如果冤假错案防范不了、把不住关，法治中国建设就是空话，公正司法就会大打折扣。侦查监督工作是检察机关公正司法的重要环节，是确保办案质量、提高司法公信力的首道关口，必须坚守法律底线。唯有以法治化、现代化理念为统领，才能依法办案、依法监督，才能筑牢公正司法的实践基础，打造法治中国建设的制度"大厦"。

【任务 11.1】 狱内犯罪防控

任务描述

　　不忘初心，牢记使命，做好狱内防控工作是认真贯彻党的二十大提出的新时代的三个务必的必要要求。狱内犯罪不仅性质恶劣、危害极大，而且严重破坏监管秩序。稳定的监管秩序是改造罪犯的前提条件，只有把犯罪预防工作做好，创造一个安全的监管环境，才能保证准确有效地执行监狱作为刑罚执行机关的职能，完成对罪犯执行刑罚的任务，提高罪犯改造质量。同时，对狱内犯罪分子予以严惩并做好预防工作，还能掌握罪犯的思想动态，控制危险分子或嫌疑人的活动，将犯罪消灭在预谋阶段，减少和防止狱内又犯罪活动才能消除监狱安全隐患，最大限度地减少狱内犯罪的发生。

实训目标

知识目标	能力目标	思政目标
使学生了解狱内侦查防控的基本内容和要求，掌握对狱内犯罪控制、对重点罪犯控制、对重要场所控制的基本方法和工作流程。	培养学生的狱内侦查防控的执行能力。	培养学生慎思笃行、执法文明的职业素养。

项目十一 狱内侦查

实训重难点

【实训重点】掌握对狱内犯罪防控、对重点罪犯控制的流程和实操技能。
【实训难点】掌握狱内防控过程中各项工作的操作规范和具体要求。

狱内犯罪防控工作流程图

【实训情境 11.1.1】 对狱内犯罪的控制

实训情境描述

狱内犯罪控制是狱内侦查部门经常面对的工作，无论是从维护监狱安全和稳定正常的改造秩序角度考虑，还是从狱内案件所造成的恶性影响和严重后果看，防控狱内犯罪和预谋案件都要比侦破已发案件显得更为重要。

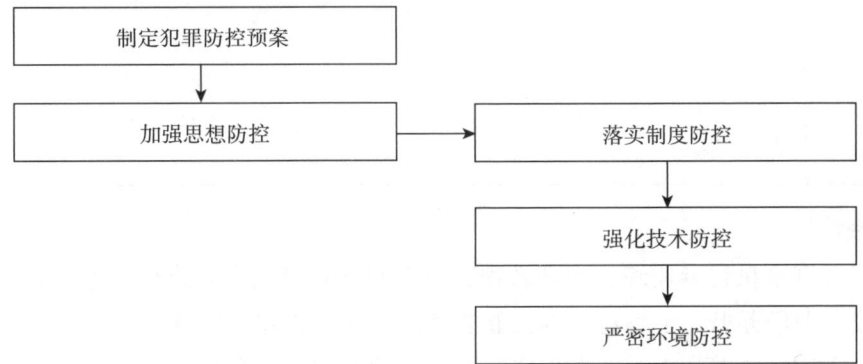

实训任务书

1. 按狱内犯罪防控预案的内容，分小组创设不同犯罪案件的应急处置预案，将预案上传到教学平台。
2. 观看视频影像，感知思想防控、制度防控、环境防控、技术防控的防控方式。

图 11-1 监狱指挥中心视频监控技术防控

任务分组

学生任务分配表

班级		组号		指导老师	
组长		学号			
组员	姓名	学号		姓名	学号
任务分工					

实训准备

1. 复习《刑事执行专业综合实训教程》之项目八：狱内突发事件应急处置。
2. 阅读实训任务书，了解对狱内犯罪防控的工作流程和工作要点。
3. 结合实训任务书分析对狱内犯罪防控工作的实训重点和难点。
4. 按照实训任务书的要求完成分组。

实训实施

1. 狱内犯罪防控工作流程。

⇨引导问题1：完成狱内犯罪防控工作有哪些步骤？

_____

_____

_____

2. 狱内防控工作各环节工作内容。

⇨引导问题2：制订狱内犯罪防控的预案有哪些内容：_____、_____、_____、_____、_____。

⇨引导问题3：狱内犯罪防控的组织指挥应由哪些人参与？

_____

⇨引导问题4：狱内犯罪防控的实体防控有哪些环节？

⇨引导问题5：狱内犯罪防控的处置措施有哪些环节？

📝 **小提示**

要重点掌握狱内犯罪控制的工作程序

狱内犯罪控制的工作程序包括制定犯罪防控预案、加强思想防控、落实制度防控、强化技术防控、严密环境防控。狱内防控预案包括组织指挥、快速反应力量、实体防范、处置措施。组织指挥，要建立以党政挂帅、有产职能部门负责人、狱侦、狱政、教育改造部门参加的犯罪防控智慧领导小组，统一指挥、协调关系、制定对策、实施处置，并负责后勤保障工作。实体防范包括预案的制定、预案现场行为的一般性的内容、预案中对环节、周界的控制、预案中要明确各防范力量到达现场的时间，包括布置警戒时间，以及各种通信、指挥、救护、交通设施到达预订位置的时间。处置措施包括案前预防、案中预防、案后预防。

3. 思想防控的工作内容。
⇨引导问题6：思想防控的任务？

⇨引导问题7：思想防控的形式有哪三种_____、_____、_____。
⇨引导问题8：怎样做到思想防控区别对待，因人施教？

📝 **小提示**

要把握思想防控

思想防控的任务是增强罪犯的法制观念，树立正确的人生观和道德观，认识犯罪根源，坚定改造信心，从思想上消除犯罪意识。具体任务有：使绝大多数罪犯不产生犯罪心理，使犯罪心理不外化为犯罪行为，使罪犯人自动中止犯罪行为。思想教育的形式有法制教育、道德人生观教育、形势政策和前途教育。在对不同的罪犯进行思想教育时应注意做到因人施策：对重点危险分子，要在公开防范控制的基础上，制定转化承包方案，有针对性地进行思想教育工作；对一般违法行为的罪犯要加强帮教，坚持正面教育的原则，动之以情，晓之以理，导之以行，给他们关心和温暖，使其心灵复苏，自愿接受教育改造；对改造表现好的罪犯，要多给予表扬、鼓励，进一步巩固改造成果。

4. 制度防控的工作内容。

⇨引导问题9：制度防控有哪些内容？

⇨引导问题10：安全制度防范制度包含哪些内容？

小提示

要把握制度防控

制度防控是指利用各种监管防范制度，及时了解犯情动态，掌握犯情动向，规范罪犯行为和控制重点罪犯的防范措施，包括安全防范制度、定期分析研究犯情制度、重点罪犯防范控制制度、安全检查制度。其中安全防范制度包括清点制度、查铺制度、"四固定"制度、罪犯互监制度、重点要害部位和重要场所的防范控制制度。安全检查制度的重点包括安全警戒设施检查，如围墙、电网；可用于作案的工具、凶器的检查，如生产工具；易燃易爆剧毒物品检测，如散存危险品；枪支弹药检查；现金检查等。

5. 技术防控和环境防控的工作内容。

⇨引导问题11：技术防控包含哪些形式？

⇨引导问题 12：环境防控有哪些内容？

_____
_____
_____

小提示

要把握技术防控和环境防控

技术防控是利用现代科学技术手段预防狱内不安全事件或案件发生的一种防范措施。随着时代的进步，只有用现代科学技术武装起来的狱内侦查部门，才能适应当前和未来的斗争形势需要。技术防控包括安装侦听器、设置视频监控系统、智慧周界、警用巡逻机器人、警用无人机等。

环境防控是通过对监管环境的建设，防止罪犯脱逃、集体越狱等。环境防控包括监管警戒环境预防，如围墙高度的设定、电网；要害部位环境防控，如易燃易爆危险品和重要物资仓库等使用技术手段或安装监控设施进行监控；劳动环境防控，如工业单位生产车间应达到安全生产标准；学习环境防控，如教学楼、教室、图书阅览室等要安装视频监控等；休息环境防控，监舍应安装防护装置；娱乐环境防控，罪犯的娱乐场所应设置在生活区，注意安全，便于管理。

【实训情境 11.1.2】对重点罪犯的控制

实训情境描述

重点罪犯是指狱内具有潜在或现实危险、必须重点防范的罪犯。加强对重点罪犯的管理教育工作，可以预防和减少狱内罪犯的违纪行为和又犯罪活动，确保狱内的安全稳定。

图 11-2 对重点罪犯控制的程序

实训任务书

1. 按重点罪犯排查认定标准，分类别进行测试，让学生掌握 ABC 类罪犯的认定标准，并将作业上传到教学平台。
2. 模拟不同类型的罪犯，让学生分小组模拟演练对重点罪犯的排查认定工作。
3. 学生分小组模拟对重点罪犯的管控。

图 11-3　重点罪犯监听监控

任务分组

学生任务分配表

班级		组号		指导老师	
组长		学号			
组员	姓名		学号	姓名	学号
任务分工					

实训准备

1. 预习《重点罪犯排查认定的标准》，熟记罪犯的认定依据。
2. 阅读实训任务书，了解重点罪犯的排查认定工作。
3. 结合实训任务书掌握对重点罪犯的管理和控制。
4. 按照实训任务书完成分组。

实训实施

1. 掌握罪犯排查认定的标准。

⇨引导问题1：重点罪犯排查认定的标准有哪些？

_____

_____

_____

小提示

重点罪犯排查认定标准

类别	认定标准
A	①危害国家安全罪犯； ②黑社会性质组织犯罪集团的罪犯； ③黑社会性质组织犯罪集团的首要分子； ④走私、贩卖、运输、制造毒品犯罪集团的首要分子； ⑤司法部监狱管理局《关于建立重要罪犯报告制度的通知》〔(95)司狱字第60号〕规定的八类重要罪犯； ⑥上级领导机关指定按重要罪犯管理的其他罪犯。
B	①经入监教育后仍不认罪服判并且不服从管教的罪犯； ②有脱逃、行凶、暴狱、投毒及其他狱内又犯罪危险的罪犯； ③有自杀危险的罪犯； ④黑社会性质组织犯罪集团的其他主犯； ⑤走私、贩卖、运输、制造毒品犯罪集团的其他主犯； ⑥被揭发有余罪的罪犯； ⑦在狱内有涉毒行为的罪犯； ⑧姓名虚假或家庭住址不实等身份不明的罪犯； ⑨有其他危险，监狱认为有必要列为B类重点罪犯的罪犯。
C	①因家庭变故或受各种处理后情绪或行为异常的罪犯； ②自伤自残的罪犯； ③散布抗改言论、对警察有严重对抗情绪或行为的罪犯； ④性格偏激、内向、压抑、孤僻，有危险行为的罪犯； ⑤有其他现实危险的罪犯。

2. 对重点罪犯开展排查认定、撤销。

⇨引导问题2：A类、B类和C类罪犯应怎样排查认定？

⇨引导问题3：重点罪犯的排查认定程序？

⇨引导问题4：重点罪犯的排查撤销程序？

小提示

要掌握重点罪犯的排查认定和撤销程序

A类和可明确认定的B类重点罪犯由入监监区在罪犯入监后10天内排查认定；B、C类重点罪犯由监区分监区在罪犯分到本单位后10天内初步完成首次排查。

重点罪犯的排查认定由监区（分监区）集体研究后提出名单，专管警察负责填写《__类重点罪犯审批表》一式三份，经监区（分监区）审查，报侦查科、教育科审核，呈监狱分管管教工作领导审批。呈报审批工作一周内完成，审批表一份存侦查科、一份存教育科、一份存重点罪犯"蓝色档案"。

对B类重点罪犯经1年、C类重点罪犯经6个月教育考核后，参照重点罪犯审批手续并附上"蓝色档案"呈报监狱分管管教工作领导审批撤销。

3. 对重点罪犯的管理和控制。

⇨引导问题5：重点罪犯管控要求有哪些？

⇨引导问题6：重点罪犯的管控措施包括_____、_____、_____、_____四种。

小提示

要把握重点罪犯的管理和控制

对重点罪犯的管控要求：对入监监区排查认定的Ａ、Ｂ类重点罪犯在入监教育结束后，由侦查科提出方案交狱政科办理手续，其他监区（分监区）排查认定的Ｂ、Ｃ类重点罪犯由所在的监区（分监区）负责管理，确需调整的由狱侦科统一安排后交狱政科办理；重点罪犯在同一监狱内不同监区的调动，必须经侦查科审核、报监狱分管管教审批后由狱政科办理；对重点罪犯的控制以罪犯互监组、包夹罪犯夹控为主，根据工作需要物建耳目进行监控；重点罪犯的日常会见仅限于亲属、监护人，每次会见不超过3人，并严格按照处遇标准安排会见，由专管警察监听监视；重点罪犯一律不准担任事务犯、从事特别工种劳动。对重点罪犯的床位和劳动岗位每月至少搜查2次；Ａ类重点罪犯的提审、提解、采访、离监探亲、离监就医由省监狱管理局审批；专管警察对每名重点罪犯的个别谈话教育每月不少于2次，个别谈话教育记录本使用省监狱管理局统一的格式；每月底由专管警察对重点罪犯进行一次考核，考核结果填写在"蓝色档案"登记表中；对重点罪犯的减刑、假释、保外就医要依法从严掌握；对危害国家安全罪犯、因其他罪名被判但属于从事危害国家安全和社会政治稳定活动被公安、国安机关列控的罪犯，省监狱管理局在减刑、假释、保外就医前，应书面通报原办案单位。

重点罪犯的管控措施包括：包夹控制、耳目控制、严管队控制、禁闭控制。

【实训情境11.1.3】 对重要场所的控制

实训情境描述

狱内重要场所，是指罪犯劳动、生活、学习的处所和重点要害部位。

通过对狱内重要场所的控制，可以发现罪犯中的疑人疑事、预谋犯罪线索和安全隐患，以便采取有效措施，及时排除；可以当场抓获正在实施犯罪的罪犯；可以保障重要场所的安全，建立一个安全稳定的监管环境。

图11-4 对重点场所的控制程序

实训任务书

1. 学习狱内重要场所的内容，分小组进行模拟演练，提高对重点危险场所的敏感性。
2. 掌握对狱内重要场所的控制方法。

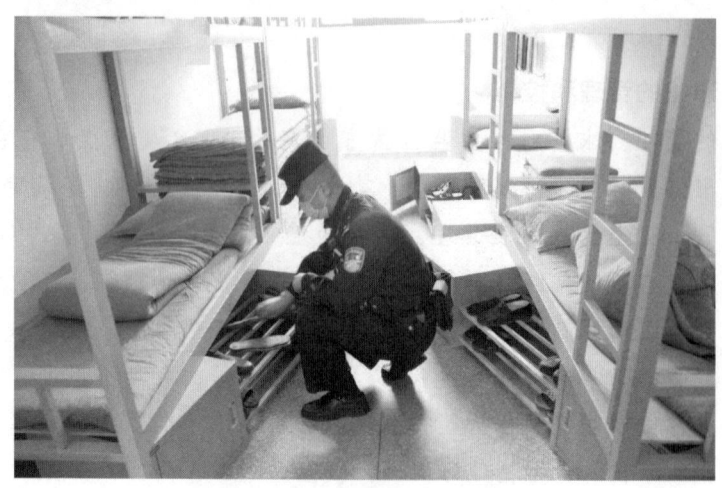

图 11-5 重点场所清查

任务分组

学生任务分配表

班级		组号		指导老师	
组长		学号			
组员	姓名		学号	姓名	学号
任务分工					

实训准备

1. 了解监狱的构造,熟悉狱内的重点场所。
2. 阅读实训任务书,了解和掌握各种重要场所的控制方法。
3. 结合实训任务书,明确对重要场所控制的重点难点。
4. 按照实训任务书的要求分组完成实训任务。

📝 **实训实施**

1. 熟悉狱内重要场所的范围。
  ➪引导问题1：狱内有哪些重要场所？
  ___
  ___
  ___

📝 **小提示**

要掌握狱内的重要场所

重要场所的范围主要包括监舍、食堂、禁闭室、劳动场所、动力设施、水源、重要物资仓库、易燃易爆危险品存放处及文化娱乐、集会等场所。这些地方罪犯多、流动量大，情况复杂、容易出现漏洞，一些重点要害部位一旦被罪犯利用，会造成严重危害后果。因此，监狱应根据本单位的实际情况，把这些重要场列入重点控制范围。

2. 对狱内重要场所的控制。
  ➪引导问题2：对狱内重要场所的控制有哪几个步骤？
  ___
  ___
  ___
  ___

📝 **小提示**

对狱内重要场所的控制

充分依靠干警、职工群众和积极分子；严格落实狱内重要场所的安全保卫制度；做好狱内重要场所控制的专门工作；开展狱内重要场所的安全检查；安装必要的技术防范装置进行监控；实行分级管理。

  ➪引导问题3：如何充分依靠干警、职工群众和积极分子？
  ___
  ___
  ___
  ___

> **小提示**
>
> **充分依靠干警、职工群众和积极分子**
>
> 经常进行敌情和安全防范教育；监狱人民警察亲临现场、直接管理；充分发挥积极分子的作用。

➡ 引导问题4：从哪些方面严格落实狱内重要场所的安全保卫制度？

_____
_____
_____
_____

> **小提示**
>
> **狱内重要场所的安全保卫制度**
>
> 安全岗位责任制、出入要害制度是指根据狱内重要场所安全的实际需要，建立用火、用电、设备维修管理、安全操作等安全生产制度。

➡ 引导问题5：怎样做好狱内重要场所控制的专门工作？

_____
_____
_____
_____

> **小提示**
>
> **做好狱内重要场所控制的专门工作**
>
> （1）深入调查研究，发现和掌握犯情动态，依靠要害部位的积极分子，了解要害部位的各种反常情况和不安全因素，从中发现敌情和违法犯罪线索，以加强预防工作。
>
> （2）建立控制耳目网络，进行秘密监控。针对监狱的要害部位，罪犯活动的公共场所要按照要求布建足够数量的控制耳目，既要照顾到重点，又要照顾到全面，使控制耳目形成网络，充分发挥秘密监控力量的作用。
>
> （3）加强侦查控制工作。对于有危害要害安全而一时又不能调离的可疑对象，应列为重点调研对象，加强调查控制，抓紧弄清。凡要立为专案的对象，原则上应调离要害部位，易地侦查。不便调离的，必须严密控制，使阴谋无法得逞。发生事故、事件要组织力量认真查破，严肃打击处理犯罪分子或追究失职人员。

⇨引导问题 6：如何开展狱内重要场所的安全检查？

_____
_____
_____
_____

小提示

对狱内重要场所的安全检查

（1）监区场所检查。主要是指对监区场所外围设置的警戒设施和安全防护设施部位进行的检查。具体包括：围墙、电网、岗楼、报警装置、照明系统、警戒隔离带以及下水道防护栏等。

（2）生活区场所检查。主要是指对罪犯生活、学习场所的物品进行的检查。防止罪犯把违禁物品和危险物品带入生活、学习现场，危及监狱的安全。具体包括：监室、教室、阅览室、活动室、浴室、保管室等。

（3）生产区场所检查。主要是指对罪犯生产现场以及生产工具和生产物资进行的检查。具体范围包括：车间、库房、生产工具、生产物资及各种安全生产防护设施装备等。

评价反馈

1. 学生自评。学生评价自己是否能完成对狱内犯罪、重点罪犯和重要场所的防范控制程序和方法，是否能按照法律的工作流程完成狱内侦查犯罪防控工作，是否按时完成实训报告、操作视频等实训成果资料，有无任务遗漏。

学生进行自我评价，并将结果填入学生自评表中。

学生自评表

班级：	姓名：	学号：	
任务 11.1	狱内犯罪防控		
评价项目	评价标准	分值	得分
对狱内犯罪的控制	犯罪防控预案的制定	5	
	掌握案前、案中、案后的防控方法	5	
	利用多种形式开展思想教育防控	5	
	熟悉各种安全防范制度落实制度防控	5	
	了解环境防控的内容	5	

续表

对重点罪犯的控制	掌握重点罪犯排查认定的标准	5	
	能够对重点罪犯进行排查认定	3	
	能够实施对重点罪犯的管理	2	
	掌握重点罪犯的管控要求	5	
	掌握重点罪犯的管控措施	5	
	建立重点罪犯的转档与台账	5	
对重要场所的控制	明确重要场所的范围	5	
	掌握依靠干警、职工群众和积极分子开展控制	5	
	了解狱内重要场所的安全保卫制度控制	5	
	能够对狱内监区场所开展安全检查	4	
	能够对生活区场所开展检查	3	
	能够对生产区场所开展检查	3	
工作态度	态度端正、没有无故缺勤、迟到、早退现象	5	
工作质量	按要求认真完成实训任务	5	
协调能力	与小组成员间合作交流、协调工作	5	
职业素养	能做到依法、文明、准确执法	5	
创新意识	能够学以致用、大胆探索	5	
合计		100	

2. 生生互评。同组学生之间相互进行评价。评价协作伙伴是否按流程进行狱内防控工作，是否掌握狱内防控工作的操作要点和注意事项，并能指出操作中存在的问题，并予以纠正。异组学生之间，相互进行评价。总结其他小组在实训表现中的优缺点，指出操作中存在的问题，并予以纠正。

学生以小组为单位，对以上学习情境的过程和结果进行互评，将互评结果填入学生互评表。

学生互评表

学习情景		情景名称：											
评价项目	分值	等级							评价对象（组别）				
									1	2	3	4	5	6
计划合理	8	优	8	良	7	中	6	差	4					
方案准确	8	优	8	良	7	中	6	差	4					
团队合作	8	优	8	良	7	中	6	差	4					

续表

组织有序	8	优	8	良	7	中	6	差	4				
工作质量	8	优	8	良	7	中	6	差	4				
工作效率	8	优	8	良	7	中	6	差	4				
流程完整	10	优	10	良	8	中	6	差	4				
操作规范	16	优	16	良	12	中	8	差	4				
实训报告	16	优	16	良	12	中	8	差	4				
成果展示	10	优	10	良	8	中	6	差	4				
合计	100												

3. 教师评价。实训报告书写、实训视频制作是否规范，报告内容是否出自真实实训，演练过程是否详尽，认识体会是否深刻，是否起到了实训的作用。

教师综合评价表

班级：		姓名：	学号：	
任务 11.1		狱内犯罪防控		
评价项目		评价标准	分值	得分
考勤（10%）		没有无故迟到、早退、旷课现象	10	
工作过程（60%）	对狱内犯罪的控制	犯罪防控预案的制定	3	
		掌握案前、案中、案后的防控方法	3	
		利用多种形式开展思想教育防控	3	
		熟悉各种安全防范制度落实制度防控	3	
		了解环境防控的内容	3	
	对重点罪犯的控制	掌握重点罪犯排查认定的标准	3	
		能够对重点罪犯进行排查认定	3	
		能够实施对重点罪犯的管理	3	
		掌握重点罪犯的管控要求	3	
		掌握重点罪犯的管控措施	3	
		建立重点罪犯的转档与台账	3	
	重要场所的控制	明确重要场所的范围	3	
		掌握依靠干警、职工群众和积极分子开展控制	3	
		了解狱内重要场所的安全保卫制度控制	3	
		能够对狱内监区场所开展安全检查	3	
		能够对生活区场所开展检查	3	

续表

职业素养（15%）	工作态度	态度端正、工作认真、主动	5	
	协调能力	与小组成员、同学之间能合作交流，协调工作	5	
	职业作风	能做到依法、文明、准确执法	5	
项目成果（15%）	流程完整	流程完整，无遗漏	10	
	操作规范	按工作要点完成实训	10	
	实训报告	认真撰写实训报告	5	
	成果展示	能准确表达、汇报实训成果	2	
合计			100	

4. 行业专家评价。工作流程是否正确，是否熟练掌握岗位技能，是否符合实际工作要求。

行业专家评价表

班级：		姓名：	学号：	
任务 11.1		狱内犯罪防控		
评价项目		评价标准	分值	得分
狱内犯罪防控		工作流程正确	30	
		掌握岗位技能熟练	40	
		符合工作要求	30	
合计			100	

拓展思考题

1. 认真研究下面给出的数据，结合数据分析狱内犯罪控制应做好哪些工作。

137 例重特大案件、脱逃案件案发时间统计表

项目 案发时间	重特大案件		脱逃案件		合计	比例（%）
	件数	比例（%）	件数	比例（%）		
6—18 时	29	41.43	27	40.30	56	40.88
18—0 时	18	25.71	18	26.87	36	26.28
0—6 时	23	32.86	22	32.83	45	32.85
合计	70	100	67	100	137	100

133 例重特大案件、脱逃案件作案工具统计表

项目	作案工具	重特大案件	脱逃案件
生活用品、劳动工具及材料	布绳	5	4
	自制刀	15	11
	铁铣	1	0
	剪刀	3	1
	大铁剪	1	1
	铁锥子	1	0
	杀猪刀	1	0
	镰刀	1	1
	锄头	1	1
	铁齿耙	1	1
	铁锯	0	2
生活用品、劳动工具及材料	斧头	1	0
	铁钩	3	3
	大铁钳	1	1
	角铁	1	0
	扳手	2	1
	手钳	1	0
	铁镐	1	1
	钢钎	3	3
	铁锤	7	6
	氧焊切割机	1	1
	炸药	6	2
	汽车	1	1

续表

其他物品	菜刀	4	2
	便桶铁把手	1	1
	砖头	2	0
	铁凳	1	0
	床板	1	1
	铁锁	0	1
	棍棒	7	7
	木梯	2	2
合计		76	55

2. 认真研究下面给出的数据，结合数据分析狱内重点罪犯管理与控制应做好哪些工作。

331例重特大案件、脱逃案件涉案罪种统计表

项目罪种	盗窃	抢劫	流氓	受贿	强奸	故意杀人	故意伤害	贪污	贩毒	诈骗	脱逃	抢夺	敲诈	卖淫	运毒	非法买卖枪支	其他	数罪并罚	罪种合计	罪数合计
重特大案件	34	38	16	4	15	11	33	3	2	7	3	1	1	2	3	1	4	26	18	170
脱逃案件	47	39	9	4	13	8	18	3	0	8	7	1	1	0	2	1	2	22	15	161
合计	81	77	25	8	28	19	51	6	2	15	10	2	2	2	5	2	6	48	33	331

137例重特大案件、脱逃案件案犯统计表

项目刑期		不足5年	5-10年	10-15年	16-20年	无期	死缓	合计
重特大案件	人数	4	26	66	15	22	13	146
	比重	2.74	17.81	45.21	10.27	15.07	8.9	100
脱逃案件	人数	10	20	59	13	18	13	133
	比重	7.52	15.04	44.36	9.77	13.54	9.77	100

3. 认真研究下面给出的数据，结合数据分析狱内重点场所的管理与控制应做好哪些工作。

229 例重特大案件、脱逃案件案发场所空间统计表

案发场所空间	监舍	围墙	车间	狱外劳动	监区	监门	禁闭室	伙房	厕所	狱内劳动	合计
重特大案件	30	16	16	13	13	9	5	5	1	3	111
脱逃案件	21	25	17	17	19	9	3	2	1	4	118
合计	51	41	33	30	32	18	8	7	2	7	229

相关知识点

国内某监狱全力推进监狱信息化、数据化，构建"大狱侦"安全管控格局

1. 借力大数据，构建大狱侦，为确保监狱安全稳定提供强有力的保障。监狱信息化建设逐步推进，积极探索狱情信息智能管理，建立狱情信息采集、分析、研判、处置、共享、奖惩等 6 项管理机制，探索建立"大数据+大狱侦"的模式，建成"全面收集、分类研判、智能预警、联动处置"的狱情信息管理中心及平台，全面推行狱情分析研判 PPT 演示，全省监狱实现狱情数据化、分析直观化和研判精准化。

2. 切实贯彻"监管安全，狱侦先行"的履职理念，逐步探索监狱执法证据保全办法，明确证据保全责任分工，完善标准审讯室建设，举办现场勘查技能比武，开展狱侦民警队伍业务培训等，逐步建成狱内侦查工作联动机制，重控罪犯管理、包夹"板块移动"、狱内矛盾化解、心理危机干预、劳动岗位安排等实现联动对接，以预防罪犯脱逃和狱内重大案件为重点，强化业务建设，加强内外防控，严打狱内犯罪，打防结合的"大狱侦"格局基本形成。

3. 牢固树立"监管安全，狱侦工作系一半"的责任意识，围绕"四无"（无罪犯脱逃、无狱内重大案件、无重大疫情、无重大生产安全事故）目标，盯紧"四情"（警情、物情、犯情、社情）动态，助力"四防"（人防、物防、技防、联防）落实，全面推行危险罪犯"挂屏管控"、顽固罪犯"挂牌攻坚"、设施隐患"挂图整改"，侦管结合、侦教结合的监狱"大安全"格局基本形成。

数字化资源

【任务 11.2】 狱内案件侦查工作程序

任务描述

狱内案件侦查的基本任务就是要查清侦查对象是否确有又犯罪活动的事实及整个案件的组织、实施情况，包括案件的准备活动、实施犯罪的目的、动机、时间、计划、手段、情节、后果等事实。针对不同性质的案件，采取不同的侦查措施和处理办法，查清案件的性质，深入、细致、客观、全面地搜集证据，及时掌握犯罪动向，在有造成危害的可能时，应采取果断措施，及时予以控制，特别是对那些预谋组织越狱、行凶杀人、发展犯罪组织等罪犯，必须有严格的监控措施，决不能使其预谋得逞。根据我国《刑事诉讼法》的规定，刑事案件的侦查活动是包括侦查破案和预审两个阶段在内的完整的诉讼过程。这一过程始于立案，终于侦查终结。在立案阶段，首先是受理案件。受理案件之后，经过审查任务有犯罪事实需要追究刑事责任时，即予以立案。立案之后，要对案情进行分析判断，确定侦查方向和范围。如系疑难、复杂、重大、特别重大案件，还应在分析判断案情，确定侦查方向和范围的基础上拟定侦查方案。然后根据案件的具体情况和特点，依法采用公开和秘密的侦查手段和措施，全面开展侦查活动，直至破案。破案后，应及时对犯罪嫌疑人进行侦查讯问，并进一步搜集、核实证据，如果达到犯罪事实清楚，证据确实、充分，犯罪性质和罪名认定准确，法律手续完备的条件，应当侦查终结，并对案件作出相应处理。

实训目标

知识目标	能力目标	思政目标
使学生了解狱内侦查工作的基本内容和要求，掌握立案、分析判断案情、拟定侦查方案、侦查破案、侦查终结的基本方法和工作流程。 学会检查相关法律文书，核对罪犯的基本信息及身份，按要求开展相关侦查措施并填写各类登记表。	培养学生的刑事侦查执行能力。	培养学生公正执法、服务人民的职业素养。

实训重难点

【实训重点】掌握狱内侦查的流程和实操技能。

【实训难点】掌握狱内侦查过程中各项工作的操作规范和具体要求。

狱内侦查工作流程图

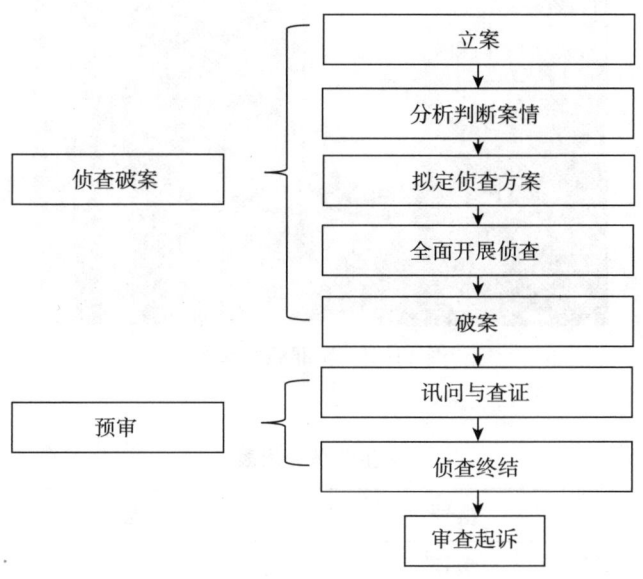

【实训情境 11.2.1】 立案侦查

实训情境描述

立案是刑事诉讼活动的第一个阶段,只有立案以后,侦查行为才是合法的。为此,立案需要遵循一定的规定,办理必要的手续。侦查机关在受理报案、控告、举报或移送的材料以后,经过对事件性质的认真审查,认为犯罪事实存在,具有立案的条件,应当及时填写立案报告表或写出立案请示报告,报请有关领导审批。立案报告批准以后,应做好立案记载,立案的法律手续即告完成,侦查工作就可以全面展开。

实训任务书

1. 按立案的流程,分小组进行演练,将填写的立案登记表、立案记录等材料上传到教学平台。

2. 于模拟监狱分小组完成狱内立案的仿真实训。

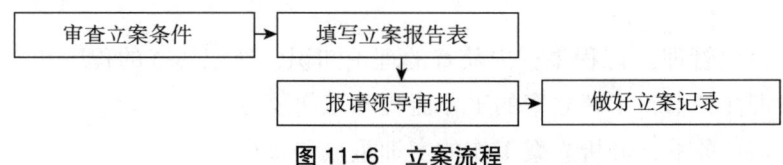

图 11-6 立案流程

图 11-7 犯罪线索举报

任务分组

学生任务分配表

班级		组号		指导老师	
组长		学号			
组员	姓名	学号		姓名	学号
任务分工					

实训准备

1. 预习《狱政管理》课程中狱内侦查的理论知识，熟记侦查的程序和方法。
2. 阅读实训任务书，了解立案的工作流程和工作要点。
3. 结合实训任务书，分析立案工作的实训重点和难点。
4. 按照实训任务书的要求完成分组。

实训实施

1. 审查立案条件。

⇨引导问题1：立案的条件有哪些？

_____
_____
_____

小提示

审查立案的条件

根据司法部颁布的《狱内刑事案件立案标准》规定的立案条件，对所要立的狱内案件进行审查。凡是具备狱内刑事案件立案标准条件之一的，应立案侦查。

2. 填写立案报告工作内容。

⇨引导问题2：立案报告的工作程序分为_____和_____两步骤工作。

⇨引导问题3：立案报告的内容？

_____
_____
_____
_____

小提示

填写立案报告工作内容

经过审查，如果认为需要立案侦查时，应当按照法定程序填写《立案报告表》或写出立案请示报告，报请有关领导审批。

立案报告的内容，包括情况或线索的来源（案件来源）；发现犯罪的时间、地点，犯罪事实及审查情况，立案的法律依据和理由等。

3. 做好立案记录。

⇨引导问题4：立案记录程序有哪些内容？

_____
_____
_____
_____

小提示

要做好立案记录

立案报告批准以后,应做好立案记录,制作《立案决定书》,立案的法律手续即告完成。侦查工作就可以全面展开。

狱内案件立案表

案件类别		发案时间	
案件性质		发案地点	
发案经过和危害情况			
立案根据			
现场勘查情况记录			
侦查计划及措施			
主管科室意见			
监狱意见			

填表人:　　　　　　　　　　　　　填表时间:　　年　月　日

【实训情境 11.2.2】狱内案件侦查组织实施工作程序

实训情境描述

按照狱内案件的侦查途径可以把狱内案件分为"从事到人"的案件和"由人到事"的案件两类。正确地分析判断案情,制订合理的侦查计划,合理组织侦查力量,在既定范围内使用侦查力量和侦查技术手段开展侦查工作,都是狱内侦查工作的重要环节。

图 11-8　犯罪现场勘查

实训任务书

1. 按分析判断案情的流程，分小组拟定侦查计划、分角色扮演侦查班子进行演练，拍摄演练视频，上传到教学平台。
2. 于模拟监狱分小组完成分析判断案情并开展相应侦查活动的仿真实训。

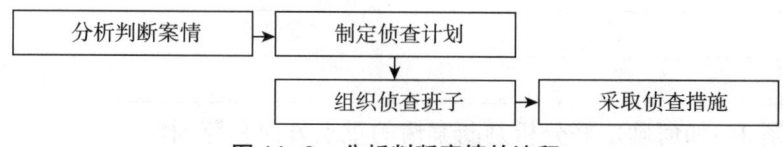

图 11-9　分析判断案情的流程

任务分组

学生任务分配表

班级		组号		指导老师	
组长		学号			
组员	姓名		学号	姓名	学号
任务分工					

实训准备

1. 预习《狱政管理》课程中狱内侦查的理论知识，熟记侦查实施程序和方法。
2. 阅读实训任务书，了解侦查的工作流程和工作要点。
3. 阅读实训任务书，了解分析判断案情的重点和方法。
4. 结合实训任务书，分析侦查措施的种类和方法。
5. 按照实训任务书的要求完成分组。

实训实施

1. 分析判断案情。

➡ 引导问题1：分析判断案情有哪些环节？

_____
_____
_____

➡ 引导问题2：如何确定好分析判断案情的重点方向和范围？

_____
_____
_____

➡ 引导问题3：分析判断案情有哪些方法？

_____
_____
_____

小提示

分析判断案情

分析判断案情应首先抓好两个环节：一是要在全面掌握客观事实的基础上进行科学的分析研究，从而有层次、有步骤地确定犯罪分子具备的条件和依据，并注意结合犯罪分子作案因素进行分析研究；二是要注意抓主要矛盾和矛盾的主要方面，抓住在案件中起决定作用的主要因素、主要方面，全力找出其本质的特征。

分析判断案情的重点方向和范围：①要认真研究立案根据的可靠程度，研究案件是否真实，有无进行专案侦查的必要；②研究侦查对象的本身情况，包括个人历史、家庭情况、社会关系、个人性格特点、原犯罪情况、改造表现、接触人员等；③以犯罪现场为重点，结合收集到的有关犯罪情况，认真分析研究犯罪分子作案时遗留下的有关痕迹和物证，从中发现问题，判断作案对象，确定和调查侦查范围、方向和重点以及采取的侦查措施和手段；④研究侦查对象的整个犯罪活动情况，了解活动的方法、规律和特点、针对不同的具体情况，采取相应的有效对策。

分析的方法：①对案件性质进行分析判断；②对犯罪地点的分析判断；③对犯罪时间的分析判断；④对犯罪人数的分析判断；⑤对犯罪工具、作案手段和方法的分析判断；⑥对罪犯在现场活动过程的分析判断。

2. 制订侦查计划。

⇨引导问题4：侦查计划的内容有哪些？

_____
_____
_____

⇨引导问题5：制订侦查计划的要求有哪些？

_____
_____
_____

⇨引导问题6：如何修改和完善侦查计划？

_____
_____
_____

小提示

制订侦查计划

侦查计划的内容：①侦查对象的姓名、年龄、籍贯、案情、刑期，主要社会关系，主要犯罪事实，在押期间的表现；②立案的根据及其来源，又犯罪事实，初步查证的情况，已掌握的犯罪证据和材料；③对案情的初步分析和判断，侦查的任务和准备采取的侦查措施，侦查工作步骤、方法和要求，侦查力量的组织和分工，以及有关方面的配合，防止罪犯破坏活动、稳定监内秩序的措施；④请示汇报制度、侦查人员应遵守的纪律、完成任务的时间及案件的编号等。

制订侦查计划的要求：计划的合法性；计划的适时性；计划的可行性；计划的明确性；计划的全面系统性。

侦查计划的修改和完善：①由于案情判断的改变，侦查方向和侦查途径也要随之改变，需要重新安排侦查计划，工作部署也要作全面调整；②先前确立的重点侦查对象已澄清，需要重新寻找嫌疑对象，应修改侦查计划的某些部分，重新寻找侦查对象；③侦查对象准确，但因措施不力造成侦查工作停滞不前，需要重新审定计划，并在侦查对策上做相应的调整。

3. 组织侦查队伍。

⇨引导问题 7：组织侦查队伍的方法？

___

> **小提示**
>
> **组织侦查队伍的方法**
>
> （1）应选择熟悉狱政业务、有侦查办案经验的人员担任专案侦查人员或负责狱内侦查领导工作，这是狱内侦查工作得以顺利进行的组织保证。
>
> （2）狱内侦查人员的配备，应根据案件性质、案情繁简、对象多少、对象改造表现、活动能量等情况确定。
>
> （3）人员一经确定，应保持相对稳定，坚持专案专办。每个案件在侦查力量的部署上要注意全面安排，点面结合，既要有重点的进攻，又要有全面的工作部署，使点和面的工作有机地结合起来。
>
> （4）在侦查活动初期，对案情的分析判断往往同时存在着若干种可能性、把其中最大的可能性列为工作的重点是应该和必需的，但应注意决不能因此而忽视其他方面的工作。故随着侦查工作的进度情况，侦查力量应注意及时加以调整。

4. 采取侦查措施。

⇨引导问题 8：如何采取侦查措施？

___

⇨引导问题 9：如何确定嫌疑对象？

___

⇨引导问题 10：如何选择突破口？

___

⇨引导问题11：专案耳目建设的注意事项有哪些？

> **小提示**
>
> **采取侦查措施**
>
> 采取侦查措施的方法：确定嫌疑对象和选择突破口；监控侦查对象和获取犯罪证据；适时使用专案耳目；侦技结合，充分发挥刑事技术手段的作用。
>
> 确定嫌疑对象的方法：摸底排队、公布案情、调查访问等。
>
> 选择突破口：根据对案情的分析判断，选择和利用罪犯中的弱点、矛盾，予以突破。选择突破口是否准确，直接关系到能否迅速查清案情，必须事先认真地研究，周密地设计，充分地准备，不能急于求成，草率从事。
>
> 适时选择专案耳目：①"打进去"的耳目，要重视可靠，有一定活动能力，有接触侦查对象的条件，应选择适当的实际和方法，在确实取信侦查对象的基础上逐步打入；②"拉出来"的耳目，必须是彻底缴械认罪并愿意为我工作的，要掌握和控制耳目的行迹，防止其搞两面派活动，要对耳目加强教育，严密部署；③使用复线耳目时，复线耳目之间应互不知情，不能给耳目布置相同的任务，要注重对耳目考查；④根据狱内犯罪的特点，开展专案侦查必须内线外线相互配合；⑤专案耳目能否发挥作用和发挥作用的大小，关键取决于领导耳目人员的指挥艺术。

【实训情境11.2.3】破案与狱内案件侦查终结工作程序

实训情境描述

破案是在狱内案件的侦查已经成熟的情况下，对有证据证明有犯罪事实的又犯罪嫌疑人依法传讯，或者采取强制措施，将其抓捕归案。狱内案件侦查终结是侦查阶段的最后一道程序，它是对狱内案件全部侦查活动的总结。监狱机关依据事实和法律对案件作出处理决定或者提出处理意见，表明对全案事实的认识和对法律的理解，侦查终结所产生的结果是否正确，对准确及时查明案件事实，依法惩处又犯罪嫌疑人和保障无辜的人不受法律的追究都有着重要的作用。

实训任务书

1. 按破案和侦查终结的流程，分小组模拟演练不同情形破案时机，审查证据材料、制定破案计划等，制作成思维导图，上传到教学平台。

2. 在模拟监狱模拟案情，完整演练狱内侦查过程，拍摄视频，上传学习平台。

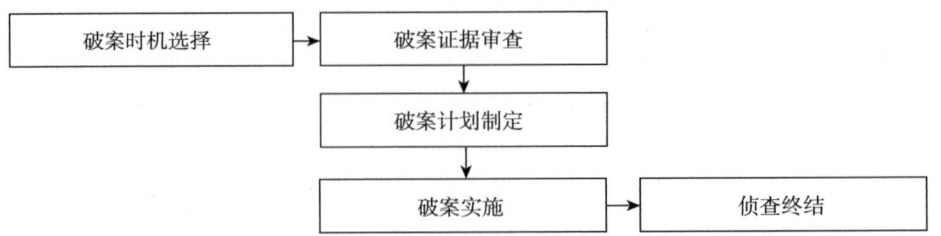

图 11-10　破案和侦查终结的流程

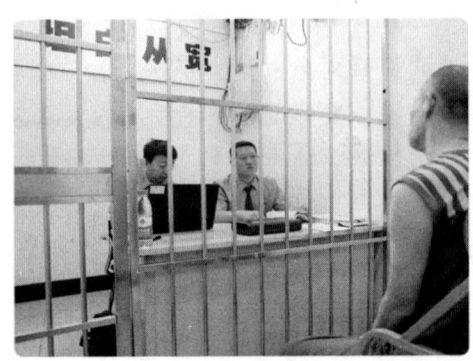

图 11-11　狱内审讯

任务分组

学生任务分配表

班级		组号		指导老师	
组长		学号			
组员	姓名		学号	姓名	学号
任务分工					

实训准备

1. 预习《狱政管理》课程中侦查破案和侦查终结的理论知识，熟记侦查的破案程序和侦查终结程序。

2. 阅读实训任务书,了解破案的工作流程和工作要点。

3. 结合实训任务书,分析侦查终结工作的实训重点和难点。

4. 按照实训任务书的要求完成分组。

实训实施

1. 选择破案时机。

➡引导问题1:破案时机的选择应注意什么?

_____
_____
_____

➡引导问题2:破案的条件有哪些?

_____
_____
_____

小提示

注意破案时机的选择

(1)要贯彻迅速破案的方针,坚持"预防为主、防破结合、抓住战机、迅速破案"的10字狱内侦查工作方针,应抓住战机迅速破案。

(2)破案的条件:①案件的侦查、调查工作已经成熟,主要案情和主要犯罪事实已经查清;②取得了揭露与证实犯罪的充分证据;③所取得的主要证据经审查核实,证明确凿无误。

(3)要兼顾有关案件侦查工作的进展情况。如果正在侦查的此一案件决定破案,会影响到彼一案件的侦查时,对于此一案件只要狱侦部门能够完全控制侦查对象的行动,也可以缓破。

2. 审查破案证据。

➡引导问题3:如何审查破案证据的主要内容?

_____
_____
_____

> 💡 **小提示**

审查破案证据

（1）审查证据材料是否具有客观真实性；

（2）审查证据与案件是否具有相关性；

（3）审查证据的来源是否具有合法性；

（4）审查证据材料之间是否具有一致性；

（5）审查证据中鉴定材料的科学可靠性；

（6）审查证据的数量是否充分。

3. 破案计划的制订。

⇨引导问题4：破案计划的主要内容有哪些？

_____
_____
_____

⇨引导问题5：破案的方法有哪些？

_____
_____
_____
_____

> 💡 **小提示**

破案计划制订

破案计划的内容有：

（1）主要案情，侦查结果，获取的证据和破案理由。

（2）案件中哪些对象应予以关押、隔离或用其他方法控制，哪些罪犯需采取公开宣布，哪些罪犯需采取秘密审讯、关押、隔离时可能发生的问题和具体对策。

（3）需要搜查的有关罪犯的姓名、案情、刑期，搜查的地点、目的和要求。

（4）破案工作的力量组织、人员分工、物质准备、方法、步骤和应注意的问题。

（5）破案的方法，狱内案件的破案方法与社会上的破案方法有所不同。

（6）破案后的处理，如对耳目的掩护措施、狱内秩序的稳定措施、破案后审讯力量的组织等。

破案的方法有：

（1）禁闭审讯。对有现实危害的案件中的首要分子，有继续进行犯罪活动可能的分子，有串供或其他危险的犯罪分子等，都应采取禁闭措施，分别关押，并进行讯问，以达到破获案件的目的。对已脱逃的犯罪分子,应同时积极组织追捕。

(2) 教育坦白。对非行为性及案情不太严重而又能控制犯罪分子活动的案件,可以采取亲属规劝、个别教育等方法,进行政治攻势,促使其坦白。

(3) 严管集训。对案件中的一般成员和罪行较轻的犯罪分子,可以采取严管集训的方法加强思想教育,进行分化瓦解,启发其坦白罪行。

(4) 秘密突审。对危害极大或难以控制、取证较难的案件,可以采取秘密突审的方式,选择有条件突破的对象,经过领导批准,秘密关押,突击讯问,争取在最短时间内展开,达到弄清全案的目的。

4. 审查破案证据。

⇨引导问题6:简述实施破案的程序。

_____
_____
_____
_____

小提示

实施破案

(1) 高度警惕,严防犯罪分子拒捕行凶、自杀、脱逃和毁灭罪证;
(2) 要对罪犯的人身、处所及其他有关处所进行细致搜查;
(3) 对搜查中发现的罪证和案件有关的物品均应扣押,登记造册,造册一式两份;
(4) 有执行搜查人员和被搜查人、见证人签名,在搜查中要严格依法办理。

破案报告表

原案件编号		案别	
破案时间		立案单位	

犯罪嫌疑人姓名	绰号	性别	年龄	民族	职业	违法犯罪经历	处理情况

破案简记及根据:

续表

领导批示：	
承办单位意见	
主办侦查员姓名、职务	

填表日期： 年 月 日

5. 侦查终结。

⇨引导问题7：实施破案后应采取的侦查措施有哪些？

_____
_____
_____

⇨引导问题8：侦查终结后的处理程序是什么？

_____
_____
_____

小提示

侦查终结

破案以后，紧接着是对又犯罪嫌疑人进行讯问或预审。就预审而言，侦查是预审的基础，而预审则是侦查的继续。对于逮捕的又犯罪嫌疑人，通过预审，查明全部案情，追缴赃物罪证，深挖余罪追查犯罪的动机、目的，了解犯罪的手段、方法，加深对敌情的认识。还应根据案件中暴露出的漏洞和隐患，提出建议改进监管工作。预审结束，标志着侦查终结。

侦查终结以后，侦查机关要认真填写《破案报告表》，并写出《起诉意见书》、连同案卷材料、证据一并移送人民检察院处理。在侦审过程中，发现不应对又犯罪嫌疑人追究刑事责任的，应当撤销案件；又犯罪嫌疑人已被逮捕的，应当立即释放，发给释放证明，并且通知原批准逮捕的人民检察院。人民检察院侦查终结的案件，应当作出提起公诉、不起诉或撤销案件的决定。

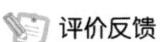 **评价反馈**

1. 学生自评。学生评价自己是否能完成立案的工作流程、是否能按照刑事案件的侦查程序组织狱内案件的侦查,是够能在依照破案和侦查终结的条件开展破案和侦查终结工作,是否按时完成实训报告、操作视频等实训成果资料、有无任务遗漏。

学生进行自我评价,并将结果填入学生自评表。

学生自评表

班级:		姓名:	学号:	
任务 11.2			狱内案件侦查	
评价项目		评价标准	分值	得分
立案		能够根据立案的条件审查案件	5	
		能够填写立案报告表	5	
		能依据报请程序,逐层报批	5	
		明确不予以立案的条件,对不立案案件处理	5	
		做好立案的登记	5	
狱内案件侦查实施工作		能够分析判断案情	5	
		能够制定侦查计划	3	
		能够用常规侦查措施开展工作	2	
		能够确定嫌疑对象并选择侦查突破口	5	
		能够获取证据	5	
		管理使用耳目	5	
破案与狱内案件侦查终结工作程序		能够准确选择破案时机	5	
		掌握破案证据的审查方法	5	
		能够制定破案计划	5	
		能够选用合理的方法破案	2	
		能够组织实施破案	5	
		能够完成侦查终结的处理	3	
工作态度		态度端正,没有无故缺勤、迟到、早退现象	5	
工作质量		按要求认真完成实训任务	5	
协调能力		与小组成员间合作交流、协调工作	5	
职业素养		能做到依法、文明、准确执法	5	
创新意识		能够学以致用、大胆探索	5	
		合计	100	

2. 生生互评。同组学生之间相互进行评价。评价协作伙伴是否按流程进行收监工作，是否掌握狱内案件侦查工作的操作要点和注意事项。指出操作中存在的问题，并予以纠正。异组学生之间，相互进行评价。总结其他小组在实训表现中的优缺点，指出操作中存在的问题，并予以纠正。

学生以小组为单位，对以上学习情境的过程和结果进行互评，将互评结果填入学生互评表。

学生互评表

学习情境		情景名称：											
评价项目	分值	等级						评价对象（组别）					
								1	2	3	4	5	6
计划合理	8	优	8	良	7	中	6	差	4				
方案准确	8	优	8	良	7	中	6	差	4				
团队合作	8	优	8	良	7	中	6	差	4				
组织有序	8	优	8	良	7	中	6	差	4				
工作质量	8	优	8	良	7	中	6	差	4				
工作效率	8	优	8	良	7	中	6	差	4				
流程完整	10	优	10	良	8	中	6	差	4				
操作规范	16	优	16	良	12	中	8	差	4				
实训报告	16	优	16	良	12	中	8	差	4				
成果展示	10	优	10	良	8	中	6	差	4				
合计	100												

3. 教师评价。实训报告书写、实训视频制作是否规范，报告内容是否出自真实实训，演练过程是否详尽，认识体会是否深刻，是否起到了实训的作用。

教师综合评价表

班级：		姓名：		学号：	
任务11.2		狱内案件侦查			
评价项目		评价标准		分值	得分
考勤（10%）		没有无故迟到、早退、旷课现象		10	

续表

工作过程（60%）	立案	能够根据立案的条件审查案件	3	
		能够填写立案报告表	3	
		能依据报请程序，逐层报批	3	
		明确不予以立案的条件，对不立案案件处理	3	
		做好立案的登记	3	
	狱内案件侦查实施工作	能够分析判断案情	3	
		能够制定侦查计划	3	
		能够用常规侦查措施开展工作	3	
		能够确定嫌疑对象并选择侦查突破口	3	
		能够获取证据	3	
		管理使用耳目	3	
	破案与狱内案件侦查终结工作程序	能够准确选择破案时机	3	
		掌握破案证据的审查方法	3	
		能够制定破案计划	3	
		能够选用合理的方法破案	3	
		能够组织实施破案	3	
职业素养（15%）	工作态度	态度端正、工作认真、主动	5	
	协调能力	与小组成员、同学之间能合作交流，协调工作	5	
	职业作风	能做到依法、文明、准确执法	5	
项目成果（15%）	流程完整	流程完整，无遗漏	10	
	操作规范	按工作要点完成实训	10	
	实训报告	认真撰写实训报告	5	
	成果展示	能准确表达、汇报实训成果	2	
合计			100	

4. 行业专家评价。工作流程是否正确，是否熟练掌握岗位技能，是否符合实际工作要求。

行业专家评价表

班级：		姓名：		学号：	
任务11.2		狱内案件侦查			
评价项目		评价标准		分值	得分

续表

狱内案件侦查	工作流程正确	30	
	掌握岗位技能熟练	40	
	符合工作要求	30	
合计		100	

拓展思考题

1. 认真阅读下面案例，并根据立案报告的制作要求，填写立案报告表、制作立案报告。

1996年7月27日下午2时许，山东省某监狱在押服刑人员汝×（男，29岁）在劳动时被同监服刑人员吴×用铁锹砍伤，管教干警立即将受伤的汝×送到医院抢救，并将案犯吴×抓获，然后保护好现场并报侦查科，要求立即勘查现场。监狱侦查科接到报案后马上赶赴现场进行现场勘查，提取吴×砍人的凶器，对现场进行拍照，访问报案人、见证人，作了数份调查访问笔录，并绘制了现场图。凶手吴×被拘留后，侦查人员对其进行了讯问，吴×对自己的罪行供认不讳。综合分析已获取的各种证据材料，认为吴×伤害他人的行为属实，已触犯了《刑法》，构成故意伤害罪，应追究其刑事责任，监狱侦查科决定立案进行侦查。

2. 认真阅读下面案例，分析判断案情。

1992年3月15日市公安局接到报案，中国农业银行分行某办事处金库被犯罪分子从隔壁101室凿洞潜入，盗走现金128万余元。

现场勘验所见：犯罪现场分为两个：一个是与仓库一墙之隔的101室（即关联现场）；另一个是被盗现金的金库（即主体现场）。101室紧邻金库的墙上凿了一个洞（犯罪分子由此潜入金库），地面上有咸鸭蛋皮、面包渣、香烟蒂、燃烧过的若干火柴杆、汽水瓶、水泥碴、切割下的几根钢筋和1.94米长的钢轨、11根木方（枕木）、乙炔罐、氧气瓶、一个揉搓的纸团（经过技术处理，显露出"山河屯森铁"1992年3月6日的火车票面）。金库地面上撒有胡椒面。

现场调查，获悉以下情况：管库员每天都出入金库取款。3月15日早上取款时发现金库被盗。现场周围群众反映，在3月4日之前连续四五天听到凿洞的声音。但在3月4日22点以后，凿洞声突然消失。有关知情人反映：犯罪分子是3个人，其中两个较胖，一个较瘦，一人身穿中尉制服，均操本地口音，年龄均是20多岁的男青年。

3. 认真阅读下列案例，填写破案登记表。

基本情况：被告人严×，男，1970年7月4日生，汉族，武汉市人，初中文化，无职业，住×区望丰村平房59号。主要简历：自幼读书，1991年6月因盗窃被×区人民法院判处有期徒刑2年6个月。1994年7月4日因盗窃被公安局区分局刑事拘留，同年8月15日被公安局依法逮捕。现押于市第二看守所。被告人张×，女，1954年11月15日生，汉族，×市黄陂县人，初中文化，粮管所职工，住区中山路289号4楼2号。主要简历：自幼读书，1994年7月5日被公安局分局刑事拘留，同年8月13日被我局依法逮捕。现押于市第一看守所。

犯罪事实：被告人严×因盗窃判刑，刑满释放后，不思悔改，反而变本加厉大肆在×区进行盗窃犯罪活动，具体如下：1994年4月27日中午，被告人严×窜至荷包湖农场机关宿舍，撬门入室，盗窃何×的人民币1100余元和活期储蓄存折一个（存款3350元），随后到银行支取人民币3000元。同年5月26日上午，被告人严×窜至荷包湖农场中心小学宿舍，采取拉弯窗户钢筋入室的方法盗窃教师刘×活期存折1个（存款400余元），随后到银行支取人民币400元；接着窜至该农场供销社宿舍，采取撞门入室的方法，盗窃张甲的人民币1100元，画王牌录像机1部（价值人民币1620元）、录像带3盘（价值人民币60元）。被告人张×长期与被告人严×同居，在此期间被告人张×明知被告人严×实施盗窃犯罪活动却不告发，并且共同挥霍大量赃款，窝藏大量赃物，破案后从张×家中追回定额约定储蓄单4张等赃物。

相关知识点

1. 侦查方向，是指侦查工作的方向，或者是对某一侦查目标开展侦查工作。侦查方向不等于侦查目标，可以从以下几个方面确定侦查方向：以犯罪动机确定侦查方向；以犯罪条件和犯罪嫌疑人的个人特质确定侦查方向；以犯罪嫌疑人的动向、行踪确定侦查方向。

2. 侦查范围，是根据犯罪分子的居住地区或藏身匿迹的活动范围确定的开展侦查工作的地区范围或行业范围。明确侦查范围，实际上是解决在什么地区、何种行业中去查找犯罪嫌疑人的问题，可以从以下方面确定侦查范围：以犯罪时间为依据确定侦查范围；以犯罪嫌疑人与犯罪现场的关系确定侦查范围；以犯罪嫌疑人的穿戴、语言、遗留的随身物品确定侦查范围；以犯罪手段、方法确定侦查范围。

3. 侦查途径，是指入手侦查工作，发现嫌疑、获取证据、揭露犯罪和揭发犯罪嫌疑人的工作布置。选择最佳的侦查途径的方法：根据着手侦查的案件的现场勘验和现场访问情况，先把所有的侦查途径都列出来，然后认真地分析、比较研究，找出最有可能及时发现嫌疑人、获取证据、证实犯罪的途径。

数字化资源